『青森県の考古学史ノート』（正誤表）

頁・行	誤	正
7頁・19行	「押もの・拾物	「押もの・拾物」
30頁・16～17行	ルビ　くわはら 久原房之助（1853～1932）	ルビ　くはら 久原房之助（1869～1965）
30頁・24行	成田彦栄（1898～1959）に寄贈され、	成田彦栄（1898～1959）に遺族から譲渡され、
59～61頁	アイヌ沢…	アイノ沢…
76頁・17行	前掲書（遠藤2006、村越2007）に	遠藤正夫（2006）・村越潔（2007）に
36・78・79・222・226頁	工藤祐龍	工藤祐龍
120頁・8行	昭和33～35年に	昭和33～36年に
158頁・16行	（後列右から３人目）	（後列右から５人目）
160頁・7行	（文献追加）	岩本義雄・天間勝也・三宅徹也1977『大昔のふるさと』東奥日報社
168頁・1行	（文献追加）	工藤　正1959「田舎館村古代文化」『館城文化』第１集
178頁・16行	「原子社會Ⅲ、…	「原始社會Ⅲ、…
210頁・7行	青森市史編集委員会2004	青森市史編集委員会2006
215頁・7行	（文献追加）	鈴木克彦・岩渕宏子2004「弘前市十腰内２遺跡の発掘報告」『青森県立郷土館調査研究年報』第28号
222頁・18行	久原（くわはら）房之助　30	久原（くはら）房之助　30
226頁・38行	図22　十腰内式土器	図22　十腰内式土器（1～3・6）（今井・磯崎1968）・（4・5）（鈴木・岩渕2004）
231頁・42行	昭和33～35年	昭和33～36年

青森県の考古学史ノート

研究者たちと先史遺跡の記録

福田友之

北方新社

重要文化財　遮光器土偶　　青森県つがる市亀ヶ岡遺跡出土
（東京国立博物館蔵　Image：TNM Image Archives）

はじめに

　青森県には、亀ヶ岡（つがる市）や三内丸山（青森市）・二ツ森（七戸町）など江戸時代後期や明治時代前半から知られた遺跡を筆頭に、多くの先史遺跡が知られており、調査・研究が行なわれてきた。これらの調査・研究は、当初は遺跡・遺物の紹介やこれを残した人種の問題が主となっていたが、明治10年の東京・大森貝塚の発掘調査を経て、明治17年の「人類学会」（現在の日本人類学会）、さらに各地における人類学会などの創設・機関誌発行を通して、研究の方法論も提起されるようになり、一定のテーマに沿った研究が行なわれるようになってきた。

　爾来130有余年、現在の考古学は、発掘件数の増加による膨大な量の遺跡・遺物の情報量のなかで、各種の理化学手法を取り入れた学際的調査・研究へとその裾野を広げてきている。そして現在、ご承知のように、青森県の縄文遺跡群を主に「北海道・北東北の縄文遺跡群」の世界文化遺産登録を目指す状況にいたるなど関心が高まってきている。

　そこで本書では、本県のこれまでの先史時代の遺跡・遺物の調査・研究がどのように行なわれてきたのか、その歩みを振り返ってみることとした。

　ただし、扱う年代は、江戸後期から、本県においても諸開発に伴い行政機関が調査を行なうようになった昭和30〜40年代までを中心に、弥生時代以前のいわゆる先史時代、なかでも縄文遺跡が全遺跡の70パーセント以上を占める本県の状況をも考慮して、縄文時代を中心にした。

　ところで、本県の考古学研究史を扱ったものとしては、すでに弘前大学名誉教授の故村越潔氏による『青森県の考古学史』（2007年）がある。江戸後期から、同氏が同大学教育学部に赴任し、岩木山麓の緊急調査に従事するようになった昭和33年までを対象としたもので、それまでに県内で行なわれた調査・研究事例について、多くの写真図版を駆使し平易にまとめている。また、巻末には精緻な学史年表を付しており、まさに本県の考古学研究のあゆみを知るうえで格好の書となっている。このため、本書とは、重複する部分が多々あるが、以下に述べるように、特色をもたせてまとめた。

　すなわち、本書は、著者がこれまで、学会誌などに発表した考古学史に関わるもののなかで、本県に関わった研究者の努力と遺跡の調査・研究の歩みに視点をあてたものを主に構成したが、今回すべてについて見直し・書き直しを行なうとともに、あらたに書き下ろしたものも含めている。また、参考資料として、現在、世界文化遺産の構成要素となっている国指定史跡の文献一覧等を付し、巻末には本県の昭和30年代以降のものも含めて、これまでの調査・研究年表なども加えている。

　また本書では、理解を助けるため、本文中の人名・地名・難解用語には、（　）を後付けし、生没年や現在の市町村名、簡単な説明をくわえ、さらに、著者名・雑誌名・学会名が旧字体のものは、すべて新字体に変えている。ただし、第Ⅳ・Ⅴ章の文献一覧、巻末の引用文献では、学史を扱うという本書の性格上、あえて旧字体に戻して収録した。

目　次

第Ⅴ章　長い学史をもつ縄文史跡の文献一覧

第Ⅰ章

江戸時代から明治初頭までの遺物発見記事

　わが国の石器時代（※縄文時代）遺物発見の記載は、平安時代の文献にまでさかのぼることができるが、青森県では、確実なところでは江戸時代後半までである。このなかで、代表的なのが、菅江真澄（1754～1829）の紀行文・日記の記載で、三内村の遺跡や亀ヶ岡・花巻の遺跡に関するものである。なかでも、亀ヶ岡遺跡に関する記載は、真澄以外の者によって記されたものもあり、きわめて多い。亀ヶ岡の記載については、慶應義塾大学（三田史学会1959）以来、渡辺兼庸（1960）、鈴木克彦（1979）、藤沼邦彦（2013）らによって紹介されたものがあるが、真澄以外の者による記載や、亀ヶ岡以外の遺跡に関する記載については、筆者（1980）、近年では、村越潔（2001・07）がまとめたものがある。また、江戸時代の文献目録については、渡辺（1960）以降、村越（1982）、筆者（1993・2008）、青森県考古学会（2002）によって作成されたものがある。

　これらの文献等によって、本県の江戸時代における考古学前史の状況を知ることができるが、実は、その後、まだ知られていない史料が再確認されている。そこで本書では、これらの新史料も含め、あらためて総括的に紹介することとするが、本書では、その対象を石器時代遺物を中心に、近代考古学の始まりとされる明治10（1877）年の東京大森貝塚の発掘調査の前までのものとする。

　以下、記載内容の年代が古い文献史料から順に紹介する。

1．『御用格（寛政本）』（弘前市立図書館蔵　津軽家文書）（長谷川校訂1991）

　本書は、弘前藩の日記方が編纂した史料である。弘前藩の藩政に関するきまり、法則、方式、規則などを収録した原史料に基づいて、史料を分類・集成して編年的に仕立てたものとされている。このなかにつぎの記事がある。

　「押もの・拾物

　一、猿賀組代官より八幡崎村百姓之子共、当月十六日同村領田甫之内空地之所より銭穿出、古銭と相見得洗候処八拾目余御座候由、早速御訴可申上候処庄屋共心付不申、右銭遣果候由、則穿出候銭之内四拾文差上旨申出、重而ケ様之儀早速申出候様申遣之、

　　　　　寛延三年五月廿六日　　　　　　　　　　　　（下巻374頁）

　差上物

　一、足軽目付須藤長右衛門より木之耳壱ツ・天狗之矢根三本・小石二ツ・天狗ノ爪壱ツ差上之、

　　　　　享保五年十月十七日　　　　　　　　　　　（同884頁）

　一、相内村高無市兵衛より、畑より鰐口壱ツ穿発候に付差上之、

　　　　但右鰐口御蔵江納候様、尤同人江青銅弐拾目被下置之、

　　　　　享保十年二月九日　　　　　　　　　　　　（同892頁）

　一、広須新田川端村小兵衛借屋門之丞より、田之畔より瓶穿出候付差上之、

　　　　但廿六日、右同人江米弐俵被下置之、

　　　　　享保十一年五月廿二日　　　　　　　　　　（同894頁）

　一、天狗鐇石差上候人数左之通、

　　　　　　　　　　　　　　　　　　　　　　　　津軽頼母

　　　　　　　　　　　　　　　　　　　　　　　　田浦五郎左衛門

長尾弥惣太
櫻庭左太郎
三浦忠兵衛
今　幸大夫
中村権右衛門
郡所
鍛冶町定兵衛
大坂屋宇右衛門

右之通大納戸役江相渡之、
　　元文五年閏七月十四日　　　　　　　　　　　（同903～904頁）

　上記記事のうち、寛延三（1750）年の記事は「八幡崎村」（現平川市八幡崎）の子供たちが付近の空き地から掘り出した古銭（銭種の記載なし）をめぐるものである。尾上町（現平川市）では昭和35（1960）年12月28日に猿賀神社東方の十二森（猿賀字池上3の2）で、用水路工事中に10,467枚にものぼる古銭（皇宋通宝・元豊通宝などの中国銭）が麻紐で結ばれた状態で出土している（八木沢・工藤1961）が、こことの位置関係は不明である。なお、本例以外の津軽地方の古銭出土地については、寛永九（1632）年の赤茶村（現青森市浪岡）例を含め、成田末五郎がまとめたものがある（成田1938）。つぎの差上物の記事はいずれも弘前藩主へ献上した考古資料に関するものである。この最初の享保五（1720）年の記事にある「天狗之矢根」は縄文時代の石鏃（矢じり）であり、石器に関する記録としては本県最古になる。また、享保十（1725）年の記事は、「相内村」（現五所川原市）の畑から、社寺の軒に懸ける鳴器「鰐口」を掘り出したというものである。また、享保十一（1726）年の記事は、「広須新田川端村」（現つがる市柏村）の水田の畔から「瓶」を掘り出したというものである。この地域は岩木川の沖積地であり、縄文遺跡がある可能性が少ないため、この「瓶」は縄文土器とは考えにくい。ちなみに、平成4（1992）年7月に、五所川原市の半沢紀らが、ここから約1kmほど南の桑野木田字若宮で青磁片と瓦質土器片を各1点採集していることから（半沢1993）、この地域一帯には古代・中世の遺跡があった可能性がたかい。なお、村越が指摘した『藩庁日記』享保十一（1726）年五月二十二日の川端村発見の瓶の記事は、おそらく、この広須新田川端村と同じ件であろう。大きさは、高さ1尺8寸、上口差渡1尺4寸、底差渡5寸で、鼠色と記されていることから、須恵器とみている（村越2007）が、珠洲焼の擂り鉢である可能性がたかい。最後の元文五（1740）年の記事は、「天狗鐇石」を献上した弘前藩士や町人らの名前を列記したものである。出土地は記されていないが、「天狗鐇石」は縄文時代の磨製石斧とみられ、18世紀中頃には津軽にも好古趣味が広がっていたことを窺わせてくれる。

　2．『津軽編覧日記』八（明和元年の条）（弘前市立弘前図書館蔵・畑山2007）

　本県の考古記事のなかで、遺物図も併せ紹介した最古のものである。寛政五（1793）年の木立要左衛門守貞編『津軽編覧日記』（写真1）である。弘前藩内の記録で、家臣であった木立家の日記であり、表紙に木立文庫の押印がある。この第八巻の宝暦八（1758）～明和八（1771）年の出来事が

記載されたなかに、明和元（1764）年九月の条に関係記事がある（写真2）。三千石村（現板柳町三千石）で樋を埋める工事の際、石が出たというものである。この記事は、既に村越（2007）には文献名が記されていたが、付図の紹介がなかったため、考古学関係者にはまったくと言っていいほど知られていなかった文献である。そこで、今回、原典に当たってみると、この石は縄文後・晩期の石棒3点で、それぞれに形状・寸法・各部の色調・製作方法（※文中のシンチウは真鍮、シノキは鎬、ム子は棟、タンボは不明、モヤウは模様）、さらに人種などについて細かな記載がなされている。その内容を簡単に記すと、「明和元年九月に、板柳町の三千石で樋（※木樋か）を埋める工事をした際、三十センチほど掘ったところ、三点の石が出てきた。これが何というものかわからないので、昔の蝦夷が作ったものだろうという噂であった。この石は去る十三日に御用所（※弘前藩中枢の部屋で家老や用人の詰め所）に提出した。」というもので、その記事年や記載方法など、きわめて注目すべきものであることがわかった。以下にこの箇所を紹介し、併せて解読文も付すこととした。

写真1　『津軽編覧日記』

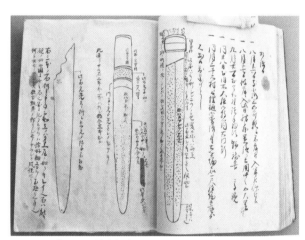

写真2　　『津軽編覧日記』明和元年九月条

　なお、本日記の第八巻には、以下のような畑山信一氏による解読文がある（畑山2007）。それによると、関連する九月の条には、条文の最初と最後の間に石棒図3点が付されている（図1）が、石棒に添えられた注記の解読文がないため、今回紹介するに当たって、あらためて注記の解読を示した。

　なお、本図下段に示した①～③はその説明用に付した仮番号である。

　これとほぼ同様の記事は、『津軽見聞日記』にもある。正徳元（1711）～明和八（1771）年に弘前藩内で起こった諸事項の記録で、藩の重臣であった西館孤清（1829～92）家蔵の『津軽見聞日記』（弘前市立弘前図書館蔵）である。ただし、条文は『津軽編覧日記』と類似しているが、石器図が異なっている。また、同様の記事は、実は『板柳町郷土史』（福士編1940）に既に紹介されている。しかし、日付が十月廿九日と異なり、しかも付図がかなり簡略化されている。典拠は『封内事實秘苑』（工藤行一編1819）とあるが、これら三書の典拠はおそらく同一で、『津軽編覧日記』に拠ったものとみられる。

　なお、この板柳町三千石の発見地については、現在の『青森県遺跡地図』（青森県教育委員会2009）によると、縄文時代の遺跡は未発見であり、不明である。

右之石去ル十三日御用所へ差上候由、

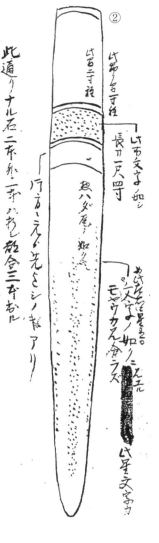

一、同月三千石村二而埋樋御普請二付土を堀候処、一尺程堀候底より
石出候、則図のことし、

図1　明和元年九月の条文解読

「一、同月（※九月）三千石村二而埋樋
御普請二付土を堀候処、一尺程堀候
底より石出候、則図のことし、

① 「此間一寸程　此処ハゞキノ如クシン
チウノ色変候様二筋立
此所ホソミ一歩ヲトル長サ壱尺弐寸
此石刃シノキム子有之剱ノ如シ
此所石ノハダヘキレイ也
此小口イヒビツ（※イビツか）也
此所七歩程　惣ハタアレテ見ユル
柄ノ如ク短ク杖ノタンボノ如シ此所ハダ
ヨリ瓦ノ如ク色モ瓦ノ如シ」

② 「此物ノ間一寸程　此所文字ノ如シ
長サ一尺四寸
此左右二星□□文字ノ如シ
此通リナル石二本外一本ハ折レ都合三本
出ル」

　　　　　　　　行方二元ヨリ先迄シノキアリ
　　　　　　　　如此左右二星カモヤウカ見分ラス
　　　　　　　　此間二寸程
　　　　　　　　惣ハダ瓦ノ如ク

③ 「此石元先共二折レ候而元ノ様子不相
知」

右三本ノ石何と申事不知上ノハタヱ（エ）
瓦ノ如クキレイ也石ハ能キ
硯ノ如御国二無之石也図二記タルヨリハ
恰好細工カラ玉極見事也
何ト云モノカシレス往古蝦夷ノ作リシモ
ノナラント風説セリ」

右之石去ル十三日御用所へ差上候由、

※右の（注記）①～③の解読には、福井敏隆
氏（弘前市立弘前図書館）のご協力をえた。

10

3．菅江真澄の記録

　菅江真澄（1754～1829）（図2－1）は三河（現愛知県（東部）の豊橋）出身の国学者で紀行家としても知られている。県内各地を歩き、名勝や民俗行事のほかに神社・館跡や陽物・石棒を祀るお堂も見たことなどを記しているが、発掘された土器や土偶などについても書きのこしている。そのなかには、今の青森市三内地区の遺跡やつがる市亀ヶ岡遺跡、黒石市花巻遺跡などに関する記録があるが、それ以外の遺跡についても記している。以下、それらを含めて紹介する。

ア．『牧の冬かれ』（菅江真澄全集第2巻。内田・宮本編1971）

　寛政四（1792）年十月八日　矢根社神社（佐井村）で「……川ひとつ渡れば矢の根森にのぼる。この神垣のうちと、あるは近きさかひのこもり、磯輪に石弩（※石鏃）あれば、かゝる社を、やのねもりとはいひき。……」P.274

イ．『栖家能山』（菅江真澄全集第3巻。内田・宮本編1972a）

　寛政八（1796）年四月十四日に三内村（現青森市三内）で「此村の古堰の崩れより、縄形、布形の古き瓦（※縄文土器であろう）、あるは甕の破れたらんやうの形なせるものを、掘り得しを見き。陶作（※土器作りの人びと）のこゝに住たらんなどいへり。おもふに、人の頭、仮面などのかたちせしもの（※土偶）もあり、はた頚鎧（※錏。兜の鉢の後方と左右に垂れて首筋をおおうもの）に似たるものあり……」（P.93）。そして、この付図其一には土器破片1点（図2－2）、其二には土偶破片2点（図2－3）を描いている。この土器は、現在の縄文中期円筒上層c式の口縁部、土偶破片は、疑問もあるが円筒土器文化の板状土偶であろう。

　また、同年五月二十日には「天狗台（現弘前市）にのぼりてつちを掘れば雷斧石（※石斧）、あるは鈴石てふものを拾ふ……」（P.119）と記している。これは、現在の乳井八幡堂遺跡とみられる。

ウ．『外浜奇勝（仮題）』（菅江真澄全集第3巻。内田・宮本編1972b）

　寛政八年七月二日、「……松たてるくさむらを堂の前といふ。此あたりの土をほれば瓶子、小甕、小壺、天の手抉、祝瓶やうの、いにしへの陶のかたしたるうつはのほりいづる。されば、瓶が岡（現亀ヶ岡）の名はふりたれど、近き世のことにや、此山に城つくり、やぐらたてたまはなんの、こゝろねがひし給ふのをりしも聞えたれけ、今館岡といふ。……」P.146・147

エ．『追柯呂能通度』（菅江真澄全集第3巻。内田・宮本編1972c）

　「寒苗（現青森市三内）の里より、みかべのよろひなすもの、あるははにわなすもの、あるはふる瓦やうのものいづるもいとあやしとおもふに、又このころ、黒石のほとりなる、むかしいふ小杭埣、いまいふ花枚（※花牧か。現花巻）の邑のこもり、山ばたけより、さむなへにほりえしに、おなじさまなるものほりいでしとて、しりたる人のをくりしを、めづらしう、かたにしるしぬ。はた、甕が岡（現亀ヶ岡）というふやかたのひろ野ある、その小高きところをほりうがてば、こがめ、へひぢ、ひらか、をつぼ、手壺、あまの手抉やうのものまで、むかしよりいまし世かけてほれども〰つきせず、なにの料にうづみしにや。凡、いはひべ、とりへひぢに似たるもの多し。しか、そのかたをひたんにのす。」P.260

　このなかで、真澄は花巻と甕が岡の土器の絵を付し、花巻の土器（図2－4）が三内の土器と同じ形のものであるとしている。

オ．『美香弊の誉路臂』（菅江真澄全集第4巻。内田・宮本編1973a）

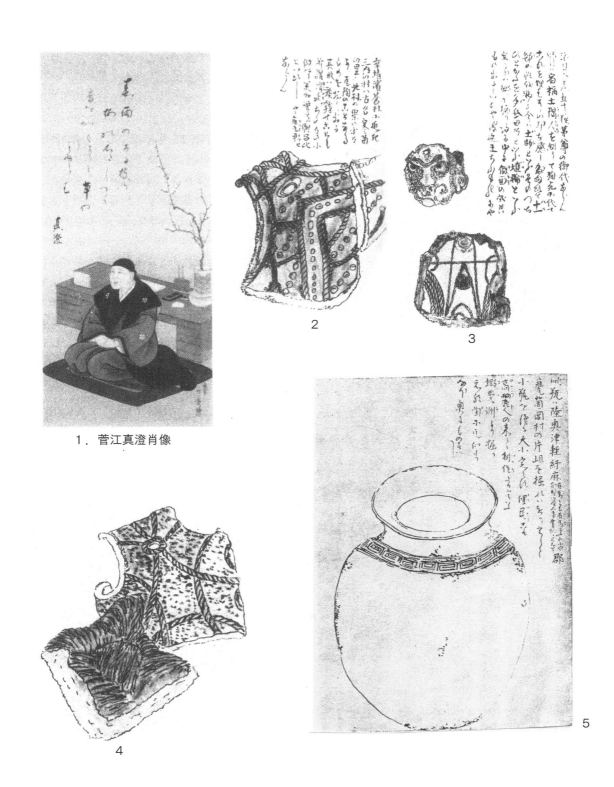

図2　菅江真澄と真澄の見た土器・土偶

1．菅江真澄肖像

2

3

4

5

　文化二（1805）年八月十二日には「戸鳥内の村（現秋田県北秋田市）に来けり。もと蝦夷や栖つ
らん。山かげに於加志奈為（現北秋田市笑内）てふ処のあるにても知るべし。粟、稗、稷を佃る山畑
を墾たりしをりしも、人の面の如き陶を、堀り得たる物語をぞせりける。こは陸奥津軽寒苗（現青森

市三内）の畠より、ほり出したるとひとしかりき。……」（P.57）とし絵にしている。真澄にとって、出羽の地でも津軽と同じ物が掘り出されたことの印象が深かったとみえる。

カ．『新古祝甕品類の図』（菅江真澄全集第９巻。内田・宮本編1973b）

『新古祝甕品類の図』（文政四（1821）、五年頃）において、東北地方北部出土の陶器（※土器）等を紹介するなかで、亀ヶ岡の壺の図（図２－５）を付している。蝦夷地から出るものと凡そ似ているとする。また、別所村（現秋田県大館市）出土品について、「……津軽の甕が岡に掘りうるがことし。そのさま秋田比内の橋桁村（現大館市）、蝦夷国の祢母呂（※根室）ノ浦に 掘るものに凡似たり。……中略……此の甕はいにしへ蝦夷など、此処に住て作たるにや。祢母呂の甕をもておしはかり知るべし。」（P.463）と述べ、真澄は亀ヶ岡出土の土器を他の土器と比較する際の標式的なものと捉えている。そして、この土器の使用者は蝦夷（※アイヌ）であるとみる。

４．『永禄日記（館野越本）』（中谷1935・村越1970・青森県史編さん考古部会2013など）

『青森県史　資料編　考古２』（2013年）の「江戸時代の亀ヶ岡遺跡研究史」に紹介されている。この日記は藩庁の記録ではなく北畠家の家記である。館野越（現板柳町）の医師山崎立朴（1747〜1805。墓所は板柳町館ノ越）（写真３）がのちに改編したもので、関係記事がこの元和九（1623）年の条文である。第Ⅱ章で述べる中谷治宇二郎（写真32）が、縄文土器等に関するわが国最古の記録として紹介して（中谷1935）以降、知られるようになり、昭和45年には、村越潔によって、原本と条文の解読文が初めて紹介された（村越1970）。

　一　元和九癸亥年正月元日天気能
　○二日弘前下鍛治町火事、
　○近江沢御城築之事相止　此所城下ニ相成候ハバ　亀ヶ岡と可申由
　　此所より奇代之瀬戸物ほり出候所也　其形皆々かめ之形ニ而
　　御座候　大小ハ御座候へ共　皆水ヲ入ルかめニ而御座候　昔より多ク出候所也
　　昔何之訳ニ而此かめ多土中ニ有之事不故知候　其名ヲ取て
　　亀ヶ岡と申候也　又青森近在之三内村ニ小川有　此川より
　　出候瀬戸物大小共ニ皆人形ニ御座候　是等も訳知レ不申候

この条文は、「近江沢（※亀ヶ岡遺跡の一部）築城の計画が取りやめになったが、完成していればここが亀ヶ岡になった。その訳は、ここから瓶の形をした珍しい瀬戸物が出るからである。皆、水瓶で昔から多く出る。なぜここの土中から出るのかわからない。また、三内村（現青森市）の小川からも大小の土器や土偶が出るが、これも出る理由がわからない（大意）」である。

この条文について、執筆した藤沼邦彦氏は、中谷の紹介以降、上野武（1983）ら幾人かの研究を踏まえ、解読文を付したうえで、「条文の誤解もある。またこの時期のほかの文書には、土器が出たという記録はない。また、三内村以下の記載内容が真澄の『栖家能山』とほぼ一致する。しかも、この編集にあたった山崎

写真３　山崎立朴の墓

立朴（1747～1805）（写真３）が、寛政の頃、真澄と交際していたこと」から、おそらく寛政八、九（1796・97）年頃に加筆されたもので、縄文土器に関する最古の記録ではないと明確に述べている（藤沼2013）。

５．『耽奇漫録』（清野1954・小出解題1993・青森県史編さん考古部会2013）

　江戸時代中期以降の学問の隆盛期には、亀ヶ岡遺跡の土器が江戸においても評判になり、清野謙治『日本考古学・人類学史』上巻（1954年）、『青森県史　資料編　考古２』（2013年）等にその記録がまとめられている。それによると、著名なものに耽奇会による『耽奇漫録』（小出解題1993・94）がある。随筆家の山崎美成（1796～1856）を中心とする「耽奇会」は江戸の好古・好事家たちの集まりで、これには、『南総里見八犬伝』で知られた戯作者の滝沢馬琴（1767～1848）ほか多くの文人が加わっている。上野不忍池畔の淡々亭で開かれた例会は各自が古器物・書画などを持ち寄って品評しあうもので、文政七（1824）年５月から翌年11月まで毎月開かれ、計20回に及んでいる。その品々は『耽奇漫録』に集成されている。このなかには当時の文人所蔵の亀ヶ岡の土器や土偶が描かれており、亀ヶ岡の出土品が非常に人気があったことがわかる。

　また、亀ヶ岡に関するものとして、前掲『日本考古学・人類学史』、『青森県史　資料編　考古２』では、このほかに大槻磐水（1757～1827。玄澤、仙台の蘭学者・蘭方医）の『伊波比部考證』（文化14年。いわいべ（祝部）土器＝須恵器とともに亀ヶ岡の土器を紹介）や横山由清（1826～79。国学者）の『尚古図録』第２編（明治４年。亀ヶ岡遺跡の土偶紹介）なども紹介している。ただし、『耽奇漫録』『伊波比部考證』等は、実際に亀ヶ岡遺跡に行ったという記載ではない。

６．「載籍上の亀ヶ岡」（佐藤伝1900a・青森県史編さん考古部会2013）

　明治28・29両年に亀ヶ岡遺跡を発掘調査した東京帝国大学の佐藤伝蔵が『東京人類学会雑誌』に紹介したもので、坊間（※町中）より得たる筐蓋の裏に書かれたものである。

「弘前府西百余里有邑、曰舘岡、山中往々出陶器、形固不一、皆奇古可愛矣、其沈淪乎地中星霜悠久不知幾年所也、山去海浜数十里豈蛮舶之所載来被颶風覆没山海蛮遷而在此土中歟然為耒耜（※鋤）所破形全者幾希予偶得一則珍蔵焉、天明三年秋九月　外濱野貞彦」

　すなわち、「弘前城下の西方百余里に村がある。舘岡という。この山から時々陶器が出る。形に同じものはなく、すべて珍しく古くめでるべきものである。それが、地中に幾年も悠久として深く沈んで、何年たつのかわからない。この山は海岸から数十里隔たっており、どうして異国船が積んでいたものが台風で転覆・沈没し、山や海が変わった結果、この土中に埋もれるようになったと言えるのだろうか。鋤で掘っても大半が破片で、完形品はほとんどないが、私は偶然にも一個を得て秘蔵している。天明三（1783）年秋九月　外濱野貞彦」というものである。

　貞彦は、この亀ヶ岡遺跡について、「かつて転覆した異国船の積載品がこの地に運ばれてきた結果、このような土器が多数出る場所になった」とする当時の考えかたを疑問視しており、当時の人びとが亀ヶ岡遺跡のなりたちをどう考えていたのかを知るうえで興味深い。ちなみに、亀ヶ岡遺跡の成因については、従来、佐藤伝蔵の「津波説」、中谷治宇二郎らの「地盤沈下説」、清水潤三（1894～1982。のちに慶應義塾大学教授）の「祭祀説」がある（村越1987）。

　なお、この外濱野貞彦は、天明八〜寛政元年頃に津軽の民俗誌『奥民図彙』（青森県立図書館1973）を著した弘前藩江戸屋敷詰の侍で絵師の比良野貞彦（？〜1798）で、外濱は画号であろう。『奥民図彙』には、「亀岳陶器」として亀ヶ岡式土器が３個描かれているが、このうちの１個はこの貞彦秘蔵のものである可能性がたかい。

　また、亀ヶ岡関係のものとして、佐藤伝蔵（1900a）や前掲『青森県史』では、儒学者冢田大峯（1745〜1832）の『随意録』巻五（文政八年）も紹介している。亀ヶ岡遺跡について漢文調で記したものであるが、同様に亀ヶ岡遺跡に行ったわけではない。

７．『津軽俗説選後拾遺』（歴史図書社1973）

　弘前の商人工藤白龍（？〜1806？）が寛政二（1790）〜七年に著した。弘前市天狗平について、「乳井の毘沙門堂の上の山に天狗平という所あり、爰に石の鏃降る事あり、俗天狗鏃斧といへり。大円寺の境内弁慶の投たりという石の傍にも此ものあり……」とあり、これは天狗平の地名由来として記されたもので、現在の乳井神社遺跡である可能性がたかい。この場所は、既に紹介したように、菅江真澄が『栖家能山』のなかで、寛政八年五月に現地を訪れ、雷斧石が出る旨を記している。天狗平がつく遺跡名は、青森市浪岡の天狗平遺跡にもあり、石鏃の出土が地名由来のもとになっている可能性もある。各地の天狗平の地名には、このような石器時代遺物の出土との関わりも考えられようか。

８．『本藩事実集』（青森県立図書館蔵。福田1993）

　弘前藩の九代藩主、津軽寧親の家臣であった山形宇兵衛長年（？〜1853。80余歳とも91歳で死去したともされる）が著したもので、この第一二巻（青森県立図書館蔵）の文化九壬申年三月の条につぎの記事がある。

　一、同廿九日、温湯より御帰城、
　　　　頃日八幡崎村堰堀候処、大小之古瓶夥敷出候ニ付、今日
　　　　高覧被遊、三四十御持せ之由、一覧之処、亀ヶ岡之焼物
　　　　同様薬リ不懸素焼物ニ有之候

　これは、文化九（1812）年の三月二十九日の記事であり、「この頃八幡崎村で堰を掘ったところ、大小さまざまの古い瓶が多数出土している。29日に（寧親が）ご覧になられるので、（そのうちの）30〜40個を持って来させた。見たところ、亀ヶ岡の焼きものと同様に釉薬がかかっていない素焼のものであった」という内容のものである。この八幡崎村は現在の平川市八幡崎であり、ここの八幡宮一帯は八幡崎遺跡（現県史跡）になっており、これまでの調査で、縄文晩期の土器・石器や土偶・植物製遺物などが多数出土していることから、この「古瓶」は亀ヶ岡式土器とみられる。

　この遺跡に関連するものとして、40年ほど後の安政二（1855）年に平尾魯仙が著した『合浦奇談』にも関連記事（後出）があるが、八幡崎遺跡の初出記事であろう。

　※本文の解読については、瀧本壽史氏（当時、青森県立郷土館）のご協力をえた。

９．『東奥沿海日誌〈付〉鹿角日誌』（松浦著・吉田編1969）

　松浦武四郎（1818〜88）が嘉永三（1850）年に著した日記である。武四郎は幕末の蝦夷地探検家、

北海道の命名者としても知られており、のちに、松浦北海の名で東京人類学会にも入会している。

　弘化元（1844）年 九月二十五日の「亀ヶ岡村　恐らくハ瓶ヶ岡成べし。此辺古き陶器出るなり。」「どうぎ村　陶器坂なるべし。亀ヶ岡とうき坂の間の阪より、冬よりイ［凍］テ解の後に種々の瓶出る成る也。皆白焼手造りに匕目有。上方にて行基焼ともいふべきものなり。土質不レ宜といへ共品は甚（だ）珍敷もの有。余も三ツ程得て一ツハ仙府（現宮城県仙台市）の一止へ送り、一ツは松前の歐［鴎］洲子に送り、今に一ツ貯（う）なり。定て此村名は訛なるべしと思ふ。今按ずるに陶器師の細工場をドギの傷［場］と云。是行基の間也といへる人有しより是を陶器の間と云しか。何れか是成哉。」P.49

　その他、本日誌には、弘化元年から嘉永二（1849）年までの、亀ヶ岡以外の遺跡の記載もみられる。

　ア．九月二十六日「……鮎内村。人家三四十軒。此村の上に鮎打岳と云山有。此山より矢の根石出るよし。」P.52

　イ．？月4日「矢剥明神……云伝ふるにこの処に源頼義公隠れ居て、アイと云る草を切（て）矢とし、岩を砕（き）て簇〔鏃〕となして尻矢（※尻屋）の鬼神退治し玉（ひ）しと。其故に今に此村よりも簇〔鏃〕石出るよし聞り。」P.62・63

　ウ．？月7日「女舘村……此処より矢の根石出ると聞（く）。」P.72

　エ．九月二十七日「……当寺の宝物を何歟拝見致し度由申遣し処、黒水晶の長（さ）六寸位の矢の根石を一ヶ出し來り、其余小（さ）きは数種有しが、此大成方は余程見事ものにて有たり。」P.143

　オ．九月二十六日か「矢根石　打越内田側より出ると。二ツ程拾（ひ）置もてり」P.154

　カ．九月二十七日か「皆其〔砦〕跡よりハ矢の根石、僻〔霹〕歴砧、雷斧石等を堀得る事まゝ有。又陶器の類も出る事有也。」P.155

　キ．二十九日「中浜村……又此浜より矢の根石出るよし聞り。」P.169

　これらはいずれも石鏃などの出土記録であるが、このなかでイの遺跡はむつ市赤川遺跡、ウの女舘村の遺跡もむつ市女館貝塚、カの砦跡は旧小泊村（現中泊町）の柴崎城跡（柴崎遺跡）とみられる。エの当寺は佐井村の箭根森八幡宮のことで、ここに宝物として伝わる黒曜石の槍先や石鏃を見た記録であるが、前に述べた菅江真澄も、『牧の冬かれ』（内田・宮本編1971）のなかで、50年ほど前にこの神社を訪れたことを記している。現在、境内一帯は八幡堂遺跡として知られている。また、これらのほかの、アの鮎内村は五所川原市の相内、オの打越内は旧小泊村の折越内、キは今別町の中浜のこととみられるが、遺跡を特定できない。

10．平尾魯仙の著作

ア．『合浦奇談』（青森県立図書館1969a）

　魯仙（1808～80）が安政二（1855）年にまとめたものである。魯仙（写真4）は弘前の国学者・日本画家で、寛政（1789～1801）～幕末の弘前藩内の怪異譚・奇談・出土物などが採録されている。このなかで唯一、現存する巻之二の「掘地獲古物」の項には、天保年間（1830～44）に浪岡邑の累跡（現国史跡浪岡城跡）から掘り出した釜のことなど、大泊（現今別町）の山から鎧・甲・刀・鐸（※鐔の誤記か）や海中から刀・甲冑が網に懸かったことなど、「地下旧物」の項には十三湖の水底に廃井筒が幾つもあったこと、「奇石」の項には、天保年間、石舘村（現つがる市）の古壚より宝剣

のごとき灰黒色の石鏃を掘り出したこと、「其二」の項には、弘化年間（1844〜48）に竹鼻邑（現黒石市）の堤普請の際に陶器（※縄文土器であろう）・雷斧（※石斧）等が掘り出されたこと、巡り関村（現鶴田町廻堰）の堤山手からも同様の物、これと似たものが相沢細野（現青森市浪岡）、喜良市（現五所川原市金木町）、赤根沢（現今別町）、金木山中等から出ることを記し、さらに黒石竹内才助の蔵とする独鈷石（※縄文晩期〜弥生初期の石器）の図を載せている。また、「其三」の項には、矢の根石（※石鏃）は、小泊（現中泊町）鏊嵓、唐竹村（現平川市）堤坂、金木村（現五所川原市）山中、独狐村（現弘前市）山圃、大円寺（現弘前市）境内、相沢村（現青森市浪岡）畑中、亀ヶ岡の舘跡、十三（現五所川原市）の船山、小泊（現中泊町）の山中、藤島（現外ヶ浜町）の山中、柏木舘野（※不明）、枯木平－長岱の間（現鰺ヶ沢町）から出ること、陶器は亀ヶ岡の舘跡、相沢村（現青森市浪岡）畑中、八幡崎村（現平川市）畑中、独狐村（現弘前市）山圃、岩木山のヲ丶カミ岱（※不明）、同大黒沢の大マカリ（現鰺ヶ沢町大曲か）、永左衛門舘野の長坂の辺（現黒石市か）等から出ることを記し、さらに好事家との茶飲み話の話題提供だと前置きして、魯仙の所蔵品や魯仙が見た陶器（※縄文晩期の壺）や独狐の山畑を掘って得た土器片図（図3）を載せ説明をくわえている。そして、これらについて、「皆素焼の物にして何の器たると云ことを知らず。古録に裁する所は亀ヶ岡より磁器出ると而己有て其由緒及び根原を記さず。さすればよほど往古の物と思はる。又独狐の山畑より掘得し砕けたる磁器の文甚古風なり、左に図す。（P.223図1）

　右陶器の砕片文様の古風を視るべし。偖所々より出ると云ながら精麗の差あり。亀ヶ岡の物は土精細文多からず。上品と云べし。八幡崎の物は是に亜ぐ。独狐山畑の物（※縄文中期の円筒上層式土器破片）は土粗く器も厚く文多く下品と云べし。相沢の物は亀ヶ岡よりは素朴なり。器も厚く肌も密ならず。され共古き事は古かるべしと思はる。」

図3　独狐山畑の土器　　　　　　写真4　平尾魯仙の墓（2017.11.10）

　説明には、無文、刺突の語、沈線文・縄文に沈文、粘土紐の貼付け文に浮文の語などを使用し、さらに、魯仙自身の評価も窺われる。このほかに、まだ実物は見ていない物と前置きして、天保年間（1830〜44）に亀岡を掘って土偶人（※土偶）や甕を得た人の話、さらにこの地からは矢の根・石雷斧・雷楔（※小型磨製石斧か）、稀に曲玉等も出る事を紹介し、実際に見たものとして雷斧石（※石斧）、石鏃の図を載せ、雷斧石は石鏃があるところから時おり出ること、石鏃には黒漆（※アスファルトであろう）を塗ったようなものもあることも指摘している。

　この魯仙の土器に対する見方は幕末の知識人の考えを窺い知ることができるものとして興味深い。

イ．『谷の響』五の巻（青森県立図書館1969b）

　魯仙が万延元（1860）年にまとめたもので「地を掘て物を得」の項では、縄文時代のものではな

いが、文化末年（※14年。1818）には、越水村（現つがる市）の弥助なる老父の話として、越水村山中から焼けた人骨や鉄屑（かなくそ）・灰・ふいごなどが出たという話、また相馬藤沢村（現弘前市）の女ノ子舘（現藤沢館）から焼米塊の半分石になったようなものが出た話、また天保九（1838）年4月の話として、小泊の老母が砂山（現中泊町）から洪武銭が占める古銭十二貫文の塊を掘り出した話、文政年間（1818〜29）に大法村（※不明）の畑から大体永楽銭を2貫文ばかり掘り出した話、天保の頃飯詰村（現五所川原市）の源八が古銭を1貫文掘り出した話、また文政年間に八幡崎村（現平川市）の八幡宮境内から瓶多く掘り出した話、安政五（1858）年三月に堅田村（現弘前市）の常源寺跡の畑から松竹梅の鶴亀文様で鈕に緒が付いた鏡や短刀が出た話などが記されている。

　そのほかに、「地中に希器を得」の項では、天保の末年（14年。1844）に、独狐村（現弘前市）の長左衛門が若狭館（※不明）という所を掘ったところ、亀ヶ岡産と等しい磁器が出ることを記している。魯仙は、亀ヶ岡の土器を土器比較の基準としていたことがわかる。

11. 『弘前藩日記』（弘前市立弘前図書館蔵。葛西2001・工藤2001）

　安政六（1859）年の条にあり、青森市浪岡北中野の屏風館跡から掘り出された瓶の記録である。「寺社役申し出で候は、浪岡組の中野村の社司有馬伊豫より別紙申し出候間、僉議仕り候間處、神像并獅子頭・土器共差し出し候ニ付き、吟味仕り候処、何連茂（いずれも）数百年土中ニ埋め連ね居き候儀与（と）相見得る　何の神像与申す儀茂……獅子頭之儀者……。猶又土器の儀者少々違い茂有る之様ニ御座候得共　亀ヶ岡より出候器物之（の）類ニ茂相見得、何連茂古代の物に相違え無、御座様奉存候間、御覧之上、社司伊豫江御返し可く被仰せ付け哉之儀申し出で之通り申し付け之……」

　この土器の現物は縄文後期前葉の土器棺破片である。かつて北中野の廣峰神社に保管されていたが、今は青森市浪岡の「中世の館」に、以下のような書付けとともに保管されており、この書付けや図・写真については既に紹介されたものがある（葛西2001）。

　「南津軽郡五郷村大字北中野字天王（俗名雀倉）御廟館（現屏風館）ヨリ発堀（萬延元（※1860）年三月八日）山田権太ノ二男與兵衛発見　大瓶（高サ四尺余　胴ノ回リ五尺余）」。

　江戸時代に発見された土器が、現在も現物と照合できるのは、おそらく、これだけであろう。

　ついでながら、『弘前藩日記』は、寛文元（1661）年から元治元（1864）年に至る弘前藩に関する記録であるが、藩政の中心である「弘前城」は、実は縄文時代の遺跡でもあり、本丸跡等からの出土例が既に報告されている（福田1975）。この点から、村越が指摘（2007）したように、これらの日記が活字化され研究者利用の便が図られるならば、おそらく弘前城内の普請の記録とともに、遺物出土の記載がより増加してくるものと推測される。

　この後、明治に入ってからは、以下のような七戸町二ツ森貝塚に関する史料がある。

12. 『邦内郷村志』（太田校訂1929）

　本書は寛政年間（1789〜1801）に盛岡藩士の大巻秀詮（1740〜1801）が福岡・田名部代官所勤務の際に調査・記録したとされる藩内の地誌である。この第五巻の北郡七戸縣の条に、「榎林村……民戸三十二軒。内三十軒榎林村。二軒貝塚」とあり、貝塚地内に民家が2軒あったことが記されている。

貝塚に由来する地名とみられる。

13.　『新撰陸奥国誌』（岸編著1876）

　本書は、明治9（1876）年完成の本県唯一の官撰地誌である。この巻第六一の「北郡　七大区之三　二小区　榏林村　古蹟　貝塚」に、「支村貝塚の東一丁畑の土中蠣 蛤 蜊蜆等の売（※賣で貝のことか）多く出ツ貝塚と云在の名この縁にして由ある古墟なるへしと云ものあれとこのツカとは一里塚糠塚炭ツカなと云るか如く昔人家ありて貝殻をこゝに捨てしか塚のことく積堆せし跡なるへし」と記されたもので、明らかにこの貝塚が、昔の人が食べた貝の殻を捨てた結果できたもの、すなわち遺跡であるという認識が初めて示されている。

　以上が、青森県の江戸時代後半から明治初期までの石器時代関係の記事である。大半は、やはり石器や土器・土偶などが地中から出てくる不思議さ、珍しさから書かれたものであるが、明和元（1764）年の板柳町三千石の記載例から、18世紀後半には、津軽において出土品は蝦夷の使ったものとする風説が広まっていたことが窺われる。また、その後の寛政〜文政年間の菅江真澄や幕末の平尾魯仙のように、土器には形や種類があり、その基準品を三内や亀ヶ岡の出土品としてみ、秋田や北海道など遠く離れた地域からも類似品があることを認識していた国学者もいたのである。

　本県の江戸時代の文献には、伝聞も含む津軽の情報を主に、石器時代関係では計32ヶ所の出土地が記されている。このなかには、現在知られる青森市三内の遺跡やつがる市亀ヶ岡遺跡、むつ市女館貝塚、佐井村八幡堂遺跡、青森市屏風館跡、弘前市乳井神社遺跡、七戸町二ツ森貝塚などはあるものの、大半は、現在の登録遺跡に特定できないものである。わが国では明治30（1897）年に初めて刊行された遺跡地名表『日本石器時代人民遺物発見地名表』（東京帝国大学）には、陸奥国（現青森県）では、総数117ヶ所記されており、内訳は、南部地方が28ヶ所、下北地方が1ヶ所に対し、津軽地方は88ヶ所と多い。江戸時代に記された数に比べ3倍ほど増えており、南部地方を圧倒している。この背景には、津軽地方では考古遺物に対する関心の度合いが非常にたかかったことが窺われる。ちなみに、明治11年から20年まで県内に滞在し、各地の史跡・名勝地を訪ねた蓑虫山人（1836〜1900）には、出土品などの所蔵家を訪ね描いた写画があるが、代表作「陸奥全国神代石幷古陶之

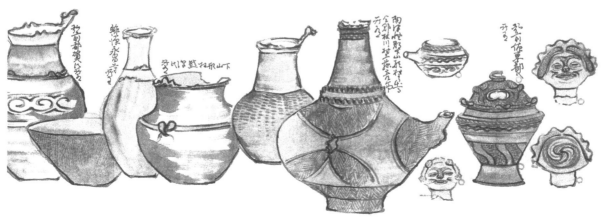

図4　「陸奥全国神代石幷古陶之図」（部分）

図」（図4）やそれを基に6曲1双に仕立てた屏風（青森県立郷土館2008）には、古器物とともに所蔵家名が記されており、それに注目した弘前大学の藤沼邦彦氏等は、その人数と明治13年に弘前の東奥義塾を会場に開催された第二回弘前博覧会に出品した人数を数え、明治前半の津軽には実に寺社蔵も含め70名の遺物の所蔵家がいたことを明らかにしている（藤沼ほか2008）。

　このような背景には、地中から華麗な土器類を出土する亀ヶ岡遺跡や出土品の存在が大いに与っており、それらへの高い関心・興味が、愛玩する気風を起こし、伝統としてあったのはもちろんであるが、その根底には、弘前藩を中心とする国学との関わりも大きかったとみられる。その結果として、明治維新を経て、17（1884）年に設立された人類学会（※のちの東京人類学会）には、頻繁に津軽の会員らが遺物の報告等で会誌を賑わすようになったのであろう。

第Ⅱ章

考古学史の人びと

第1節　青森県の考古学が始まったとき
－神田孝平、明治19年夏の奥羽巡回旅行－

はじめに

明治19（1886）年7月から8月にかけて、東京人類学会[1]の神田孝平（翌20年7月から会長）は長原孝太郎を助手に、40日間にわたって奥羽地方の考古資料の調査旅行を行なった。

この旅行の記録は、明治20年1月の『東京人類学会報告』第2巻第11号（以下、『東人報』2－11と略す）に「奥羽巡回報告　明治十九年九月十九日　本会第廿二会ニ於テ述ブ」（神田1887a）として、7ページにわたって記載されている。これは、当時の中央の考古学研究者が、青森県など奥羽各地の遺跡・遺物の実状を調査し報告した最初のものとして評価される。これには、行程や付図はいっさいないが、各地の考古家たちとの交流のようすや所蔵品について記されている。とくに本県に関する部分が多く、当時の本県考古学界の状況をよく伝えているものとして、筆者もその一部を紹介してきた（福田2009・2014）。

この一方、平成25（2013）年になって、弘前市立弘前図書館に、神田が弘前の国学者下澤保躬に宛てた書簡3通が所蔵されていることが判明した。そのうちの1通目は明治19年9月4日奥付の書簡（以下、「書簡」とする）で、神田が奥羽巡回旅行の際に協力を得たことに対する礼状である。書簡の内容は、「奥羽巡回報告」（以下、「巡回報告」と略す）を簡単に記したものであるが、「巡回報告」にはない内容、さらには神田の考えや思い等も見られ、非常に興味深い内容であった。そこで、この「書簡」を含む3通について、翻刻文とともに発表させていただいた（福田・福井2015）。

しかし、その後3年ほどたって、あらためて、「巡回報告」や「書簡」を読み返してみると、当時の理解不足や誤解などがあり、さらに関連する考古資料の調査・提示を行なっていないなど不十分な点もある。そこで、本稿では、その内容について、「巡回報告」全文と「書簡」を突き合わせ、さらに弘前の考古家佐藤蔀の遺した考古遺物画（『佐藤蔀　考古画譜Ⅰ～Ⅲ』。以下、『画譜Ⅰ～Ⅲ』と略す）（関根編2009・2010、上條編2011）等を援用し、図を付して、この旅行の行程や調査内容を復元し、この旅行が本県考古学界に果たした意味について考えてみたい。

なお、「巡回報告」及び「書簡」のなかで、専門用語や簡単な説明が必要なものについては後付けで（　）内に※以下をくわえた。また、故人名については基本的に名字を用い、敬称を略した。また、この記載のしかたについては、本書の他の論考についても同様である。

1．奥羽巡回旅行

神田の奥羽巡回旅行の内容は、以下のように、おもに山形・秋田・青森・岩手県の調査に関わるものである（図5）。

明治19年7月19日（月）[2]、神田（写真5）は、同郷の東京人類学会会員の長原孝太郎（写真6）を助手として東京神田淡路町2丁目9番地の自宅[3]を出発した。一行は、東京から宇都宮、白河、福島を通過し、米沢については先年来て、古物等を探したもののなかった所であるが、今後注意すべき場所であるとして、ここも通過した。その後着いた山形は往々にして古物が多く出るということで

写真5　神田孝平　　　　　　　　　　　写真6　長原孝太郎

あった。ここで、横川書記官（※不明）から古蝦夷の土器数個を見せられ、奇品2個の略図をとった。次に庄内（※鶴岡か）に行き、東京人類学会会員の羽柴雄輔（1851〜1921）の斡旋で、所蔵家を探してもらったところ、翌日には鶴岡で一堂にまとめて陳列され、あたかも古物の小展覧会のようであった。出品者は羽柴、松森胤保（1825〜92。鶴岡生まれ。著書に『弄石余談』や『両羽博物図譜』（上野1989）等多数があり、のちに奥羽人類学会会長）やその子兄弟や犬塚・楯樋両名（※不明）、東京人類学会会員の鈴木盾三等であった。石器や陶器類が非常に多く、金属器も少量あったが、大抵は古蝦夷の遺物とみられるもので、古墳の出土遺物は少なかった。ここから湯野浜に行き、1週間ほど海水浴のため逗留したが、その間にも渡辺（※不明）・土岐（※東京人類学会会員の土岐善太郎）が訪ねて来て、小田（※不明）、東京人類学会員の高野栄明、門山（※不明）の所蔵品を見せてくれた。この後、酒田では、佐藤・小岸・庄司（※いずれも不明）らの所蔵品を見たが、佐藤の石鏃は夥しい数であった。庄内は、羽柴が調査しているが、調査しきれていないとのことで、とくに鳥海山麓からはしばしば石器が発見されるが、調査する者がいないということであった。石器では石鏃・石匙が最も多く、次いで石斧、その次は石槌（※石棒）で、両頭、一頭、無頭のものがある。陶器はいわゆる貝塚土器（※縄文土器）で稀に朝鮮土器（※須恵器）の破片がある。これらのことから、庄内は蝦夷人が住んでいた所と思われる。しかし、穴居跡とみられる横穴はないということなので蝦夷は横穴に住まなかったことは明らかである。羽柴は蝦夷は竪穴に住んでいたとみており、その跡が往々にしてあるので、おいおい調査すべきであると言っていた。また、石鏃・石匙等に往々、漆のごとき黒色斑痕（※アスファルト付着痕であろう）があるものを見た。このようなものは、奥羽に往々あるようであるが、私はここで初めて見て珍しいと思った。ここでは石錐も見た。石鏃と同類であるが、錐として使ったものに相違ない。庄内（※酒田）からは定期船で海路、秋田へ行った。秋田の古物のことは余り書物に見えなく話にも聞かないのでどうかと思ったが、石器・陶器ともずいぶんあった。その種類は庄内と同じで、すべて古蝦夷の物である。秋田では東京人類学会会員の真崎勇助（1841〜1917。秋田県立博物館に彼のコレクションがある）（秋田県立博物館1975）が第1等の古物家で、夥しい数の所蔵品があり驚くものが多かった。そのなかでとくに、ここの石皿は初めて見るもので驚かされた。異形石鏃・石匙や漆痕（※アスファルト付着痕であろう）のある石器、石斧・両頭石槌・大型石棒の破片のほかに古陶の人形類（※土偶）がもっとも多い。これらは庄内のものと大同小異で

1. 上野	2. 宇都宮
3. 白河	4. 福島
5. 米沢	6. 山形
7. 鶴岡	8. 湯野浜
9. 酒田	10. 秋田
11. 能代	12. 大館
13. 弘前	14. 浪岡
15. 青森	16. 野辺地
17. 七戸	18. 三沢
19. 八戸	20. 福岡
21. 盛岡	22. 平泉
23. 仙台	

0　　　　　　300km

図5　奥羽巡回旅行地

あるが、石皿と古陶人形は庄内にはないものである。地元の人が持っていた石銛（※不明）も1点見た。また、秋田県には横穴はないとのことである。男鹿の付近も通ったが、奈良朝の頃は津軽蝦夷の本拠地であり、男鹿は出張所であったとみられる。近年、道路工事などの際に種々の異形の古陶が出たそうである。きわめて辺鄙なところであり、風俗も大いに異なっているようであるから、機会があれば1、2ヶ月逗留してとくと調査すべきところだと思う。

　この後、青森県に入り弘前では、南川端町12番地居住の「旧友」下澤保躬を訪ねた。ここで佐藤蔀のことを紹介され、いっしょに亀甲町108番地3)の佐藤宅を訪ねた。所蔵されている石器・陶器はすこぶる多く、実にこの地方第一等である。石器には石皿2点、石鏃・石匙など、数種あったが総数は少ない方である。これに反し陶器は、有名な瓶ヶ岡（※現つがる市亀ヶ岡）に近いのでその数は夥しく奇品も多かった。佐藤を知ったことはこの旅の拙生の大幸である。翌12日（木）には、佐藤宅を訪れ収集品を見たあと、近くの石場家住宅4)では、私が持っていた石刀を佐藤氏が図に画いてくれた。下澤は古物の所蔵品はなかったが、老巧の古学者で、この地方の古事は彼に聞かなければわからない。ここでも、横穴の有無を尋ねたところ、ただ1ヶ所某所にあるというので、同行の長原氏を見に行かせたが、川縁で奥行も浅く人の住んだ跡には見えなかったということである。また、ここでは、蝦夷古陶器が掘り出されることで有名な瓶ヶ岡が、十三潟（現十三湖）と称する湖水辺りにあって、今でもずいぶん古陶が出るというのでぜひ行きたいところであり、また下澤・佐藤両名も同道してくれるというので勧められたが、不幸にもこの頃、コレラ蔓延の報が続々と伝わってきており、しかも、この地は僻地で旅館もなく、また民家に泊まることは禁じられていたので、結局は残念ながら行けなかった。瓶ヶ岡は、斯学の有志者は一度は来なければならないところであると思う。この後、浪岡では、下澤が紹介してくれた人物を訪ねたが、何も奇物を持っていなかったので聞いたところ、蓑虫という奇人が浪岡に滞在していることを知らされ、はからずも蓑虫老人に会った5)。古物好きで所蔵品が多くあるが、皆弘前（※佐藤宅か佐藤宅の近所であろう）に預け置いているので、手元にあるのはこれだけだと言って、瓶ヶ岡から掘り出した壺製の煙草入れ、土偶の首を根付けにしたもの、約1寸5分大のヒスイ大緒締、蕨手刀などを見せられた。ある人からは、蓑虫が茶道具一切を瓶ヶ岡の土器で取り揃えて愛玩しているということも聞いた。ここでは、少時間ながら当地の古物談を承り大いに楽しんだ。またここでは、横穴（※戸建沢の洞穴か）を少年生（※長原孝太郎であろう）に見に行かせ略図をとらせたが、見たところ穴居跡とは決めがたいと伝えた。

　それから、青森に行った。青森には古物愛好家が3人おるということで、下澤からの紹介状をもっ

て訪ねたが、浅田以外は面会できなかった。浅田は石器・陶器を所蔵していた。石器では石皿2点と石剣（※無頭の石棒で、長さ2尺3寸5分、断面は楕円形で径1寸2分〜7分、彫刻・文様はなく、角石製のようで色は灰白色）が最も妙であった。このような細長い無頭・無文のものはこれまで見たことがない。陶器の壺も数種あったが、酸化鉄粉の入ったのがあった。近傍の練兵場修築の際に掘り出した物ということであった。ここで、奇品の図を取らせてもらった。浅田は俳諧・歌を好み文雅の心ある人で、この地方の古事について種々珍しい話を聞かせてくれた。そのなかのふたつの話であるが、一つは宇鉄（現外ヶ浜町）に四郎三郎という蝦夷の子孫が居て、特別な由緒があって、弘前藩時代には毎年正月の年礼には登城し藩主に謁していた。もう一つは、津軽人の言い伝えとして、太古は北海道とこの地は陸続きであったが、天保六（1835）年より千六十八年前に大洪水があって今のように海峡になったということである。野辺地では、豪家（※6代目野村治三郎のことか）を訪ねたが、書画類ばかりで神代物（※神代に作られた古陶器・石器・石製品で優れたもの）はないということであったので面会はしなかった。

　七戸の宿では県職員で土木担当の立岩（※不明）が来ていたので会い、古い塚（※十和田市洞内）から掘り出した内側に提耳の付く鉄鍋1枚を見せられたが、この種の鍋については、別に論述する予定（神田1887b）であるので、今日はこの話は略す。三沢村谷地頭[3]に行き、「旧友」広澤安任に会い、1日逗留した。完全な石皿（※中高石皿）1枚と珍奇で未曾有の石器があったが、これは、もともと私のための物であとでまとめて送る予定であるということであった。また、この地方のことでのいろいろ奇談（※貝塚のことなどか）を話されたが、いずれ発表するということであった。また、広澤が懇意にしていた八戸の橋本（※5代目橋本八右衛門であろう）については、書画骨董のみで、神代物は持っていないことがわかったので、失望した。また、広澤から、好古家で古陶を持っている人として教えられた、福岡駅（現岩手県二戸駅）の好古家小保内を訪ね、近傍から出た古陶器3点を見せてもらった。そのなかに、俗間に南蛮焼（※16、7世紀に南蛮人によって中国や東南アジアから輸入されたやきもの）と称する高さ約1尺5寸の壺があった。奥羽各地では蝦夷古陶と朝鮮焼と称する裏面に渦巻文のある古陶の破片が同じ所から出るということであったが、この壺はそれよりいっそう新しく見える物である。これらが一緒に出たというのは非常に珍しいと思う。同氏からは蝦夷古陶器1点を恵与された。小保内は東京帝国大学理学部教官の田中館愛橘（1856〜1952。地球物理学者で文化勲章の受章者）の祖父にあたる人である。盛岡では博物館[6]で蝦夷古陶器3点を見たのみで、古物家もここにはいないとのことであった。また、盛岡（※「書簡」には盛村とある）の水野（※不明）は蔵石の名家であるが、神代石はなく、矢の根石（※石鏃）・雷斧（※石斧）が2、3点しかないと、見てきた人が申したので失望し、神代物の調査はそれ以降しなかった。盛岡から仙台辺りにかけては古物は少ないと考えられる。平泉の中尊寺では、宝物の石器2点を見た。1点は頭部に見事な彫刻のある石槌の折れた物であったが、もう1点は両頭斧の類いで、少し疑わしいと思われた。その後、仙台は先年、調査したことがあり、福島は今後、来る機会があると思い、帰りを急いでいたため素通りした。福島は古墳の遺物、蝦夷の古物があると言われているので、近いうちに再遊したいとして、8月27日（金）に帰京した。

　以上が、奥羽巡回旅行のおおよその行程である。

２．神田孝平が青森県で出会った人物

　神田はこの旅行中、各地で多くの考古家と会っているが、本県で会った人物を中心に述べよう。

　まず最初に、神田孝平について触れておかなくてはならない。神田（号は淡厓。1830〜98）は、『神田孝平略伝』（神田乃武編1910）等によれば、美濃国岩手村（現岐阜県垂井町）の出身で、淡厓などと号した。漢学・蘭学を修めたのち、幕府の蕃書調所の数学教授となり、明治４（1871）年11月〜９年の兵庫県令を経たあと、元老院議官や文部少輔、貴族院議員などを歴任した。明治を代表する洋学者・政治家であったが、この一方、早くから考古趣味をもち考古学にも造詣が深く、文部少輔時代の10年９〜11月のモースの大森貝塚の発掘調査では、考古学的な助言を行ない、さらに出土品の天覧も実現させている。彼の考古学者としての名声を高めたのは、17年12月の『NOTES ON ANCIENT STONE IMPLEMENTS OF JAPAN』（T. KANDA, N. KANDA1884・斎藤編1979a）、19年４月の『日本大古石器考』（英文版の訳。神田1886・斎藤編1979a）の出版で、国内外にわが国出土の石器について紹介している。

　神田は、19年２月からわが国初の全国組織である東京人類学会の機関誌『人類学会報告』[1]の編集・発行の責任者となり、20年７月から26年９月まで初代会長も務めた。自らも本誌に精力的に寄稿し、会の発展に貢献した。神田の収集品は、没後、大阪毎日新聞社社長の本山彦一（1853〜1932）に引き継がれ、現在、関西大学博物館に本山コレクションとして収蔵されている。

　神田に随行した長原孝太郎（1864〜1930）は、東京人類学会会員である。神田の郷里の恩人の遺児で、神田邸に書生として住込んでいた。古器物の写生を得意とし、『東人誌』に掲載された、淡厓付図（1888）の石皿図（図７−９）など、彼の名が記されたものがある。洋画家でのちに東京美術学校（現東京芸術大学美術学部）教授をつとめている。

　次に、神田が本県入りした際、最初に訪ねた弘前の「旧友」下澤保躬（1838〜96）は弘前生れで、号は閑雲等である。明治７年の太政官記録課分局（のちの文部省修史局、太政官修史館）勤務等を経て、11年には『津軽旧記類纂』・『津軽旧記傳類』を編纂した。長く岩木山神社の神官を務め、国学者・歴史家・歌人としても知られている。19年８月に神田と会って以降、考古学・民俗学に関心を示し、同年12月の『東人報』に寄稿して以降、26年まで、『東人報』・『東人誌』に報文を寄せている。考古学研究家としての下澤については、本書第Ⅱ章第３節にまとめている。神田との関係は、下澤が同９年に、旧津軽藩主津軽承昭（つぐあきら）の命を受けて上京し、編纂にあたり、『津軽旧記類纂』を11年に修史館に献上している一方、神田は元老院議官時代の９年９月から11年頃にかけて在京していることから、その間に東京で出会っている可能性がたかい。

　また、神田が、奥羽巡回旅行での出会いを本県最大の収穫であるとした佐藤蔀（1852〜1944）は、弘前生まれで、国学者平尾魯仙（1808〜80）門下の日本画家（※号は仙之）であるが、考古学研究家としても知られている。仙台市の東北大学大学院文学研究科考古学陳列館（現赤煉瓦書庫）には、彼の収集品が久原コレクションとして収蔵され（東北大学文学部1972）、弘前大学人文社会科学部北日本考古学研究センターには、成田彦栄氏コレクションとして、佐藤の収集品や出土品を描いた図が多数収蔵されている（『画譜Ⅰ〜Ⅲ』）。なお、佐藤と下澤との関係は、下澤と同じ国学者である魯仙とは幕末以来の親しい間柄（青森県立郷土館2013）であり、佐藤が魯仙に弟子入りした明治７年頃からの知り合いであったと思われる。神田が面会した当時、佐藤は弘前の東奥義塾の教員であっ

写真7 佐藤 蔀（肖像画）

写真8 蓑虫山人

写真9 広澤安任

た。その後、浪岡で会った奇人、蓑虫は、本名土岐源吾で通称は蓑虫山人（1836〜1900）である。神田・長原と同じ美濃の出身で、放浪の画人、そして好古家としても知られている。明治11年に来県して以来、20年まで、県内各地の名勝・史蹟とともに、土器や石器の出土品を独特の水彩画に描いており、「陸奥全国神代石并古陶之図」は、その代表作である。17・20年に亀ヶ岡を発掘し、20年の調査については、同年の『東人報』誌上に報告（蓑虫1887）している。明治19年8月、まったくの偶然であるが、浪岡に美濃の出身者が3名集まったわけである。

神田が青森で会った浅田祇年（理助。1812〜96）は、『青森県人名大事典』（尾崎編1969）によると、俳人で菓子舗「甘精堂」の創設者とされており、青森市の合浦公園には、29年9月9日建立の句碑、さらに、栄町の遊歩道「文芸のこみち」にも句碑がある。蓑虫の画いた「陸奥全国神代石并古陶之図」の土器・石器計7点には、所蔵者として浅田の名が記されている（藤沼・深見・工藤2008）。

次に、神田が三沢で訪ねた「旧友」広澤安任（1830〜91）は、『青森県人名大事典』によると、会津の若松（現会津若松市）生まれで、戊辰戦争の敗戦後、下北半島に転封されたが、その後成立した斗南藩の要職を務めたのち、現在の三沢市谷地頭にわが国初の洋式牧場を開いた人物として知られている。この一方、考古遺物にも関心をもち、20年5〜6月に東京人類学会会員になり、『東人誌』上に本県の貝塚村の貝塚（現七戸町二ツ森貝塚）のことを記載している。

以上のほかに、本県とは直接の関わりはないものの、重要人物として見逃せないのが山形県の羽柴雄輔（1851〜1921）（写真27）である。松山町（現酒田市）生まれの東京人類学会員で、23年10月に鶴岡に、東京人類学会の兄弟会ともされる奥羽人類学会を創設している。下澤とも交遊（国分1936）があった人物で、本県の考古家もこの学会に参加している。この奥羽人類学会と本県の考古

家との関わりについては、既に発表しており（福田2010）、本章第5節として収録した。

3．奥羽巡回旅行についての考察

　次に、神田が奥羽巡回旅行中に寄った場所や実見したとみられる出土遺物等について、本県関係のものを中心に述べよう。

（1）旅行の経路と日程

　まず、神田の旅行経路と日程について考えてみると、日程についてはっきりした月日が記されてないが、「巡回報告」には、40日間という記載があり、「書簡」には帰京日が8月27日と記載されていることから、明治19年7月19日に東京を出発したことがわかる。また、神田が弘前で佐藤と出会ったのは、『画譜Ⅲ』（P.136）の石刀図（図6−6）に「明治十九年旧七月十三日草宅へ御来臨アッテ」と付記されていることから、新暦の8月12日（木）（暦の会編著1999）であったことがわかる。これらの月日を、巡回旅行の記載にあてはめて、月日を振り分けて考えてみるとほぼ次のような行程（図5）であったと考えられる。

　神田は、まず上野駅から宇都宮駅、白河、福島、米沢、山形を経て、庄内か鶴岡、湯野浜、酒田に行き、酒田からは海路で秋田入りし、弘前、浪岡を経て青森に来ている。ただし、秋田から弘前までの160km間は、どこに寄って調査したか記載されていないため不明であるが、どこか2、3ヶ所は寄った可能性が考えられる。そして、帰りは、青森から野辺地、七戸、三沢、八戸、福岡、盛岡、平泉、仙台、福島、白河、宇都宮を経て東京へと帰っている。

　東京から奥羽地方各地への交通手段は、東北本線では、上野−宇都宮間がこの年の6月に開通したばかりで、奥羽線は未着工、羽越線では酒田港−土崎港（現秋田港）間は日本郵船の定期航路があったが、それ以外は未着工という状況であったため、ほとんどが馬車や人力車による移動であったとみられる。このなかで、1ヶ所のみ滞在地と日にちがわかる場所が弘前である。各地では少なくとも1泊はしたとみられるが、庄内では2泊、湯野浜では一週間逗留とあることから7泊したと考えられる。以上によって、おおよその日程を換算してみると、7月19日上野駅発・宇都宮泊、20・21日白河泊、22日福島泊、23・24日米沢泊、25・26日山形泊、27・28日庄内か鶴岡泊、29日〜8月4日湯野浜泊、8月5日酒田泊か船中泊、6・7日秋田泊、この後は未記載のため不明であるが、8日男鹿泊、9日能代泊、10日大館泊の可能性がある。11・12日弘前泊、13日青森泊、14日野辺地泊、15・16日七戸泊、17・18日三沢泊（※広澤宅とみられる）、19日八戸泊、20日福岡泊、21・22日盛岡泊、23日平泉泊、24日仙台泊、25日福島泊、26日白河泊、27日宇都宮駅発・上野駅着という行程が考えられる。ただし、これは上野−宇都宮間が汽車であった以外は、交通機関や宿泊地、宿泊日数についてまったく記載されていないため、あくまでも推測、目安程度の月日としてみていただきたい。

　また、神田が弘前や青森・野辺地・七戸で泊った旅館については、不明ではあるが、想像をたくましくすれば、弘前ではおそらく佐藤宅や石場家住宅から遠くない元寺町の石場旅館、七戸では、明治11年8月18日に、東京大学のモースと矢田部良吉（1851〜99。植物学）ら一行8名が、青森から東京への帰途に宿泊した「福田屋善八旅人宿」（屋号「福善」。のちの成田旅館）（鵜沼1991）（写真37）の可能性が考えられる。

（2）神田が実見したとみられる考古資料

　弘前で会った下澤については、古物は持っていないと記されているが、『画譜Ⅰ』には、亀ヶ岡出土の縄文後期中葉の注口土器（P.132。1881年写）、『画譜Ⅲ』には、文政六、七年頃に八幡嵜（現平川市八幡崎(1)遺跡か）から発見されたメノウ製勾玉、鬼泊村岩沢（現今別町綱不知洞貝塚）から明治17年夏に掘り出されたヒスイ製勾玉（『画譜Ⅲ』P.147。図6－4：図11）等があり、若干の遺物を所蔵していたことがわかる。このヒスイ製勾玉は現在、弘前大学の成田彦栄氏コレクションに含まれている（図6－5）（関根・上條編2009）。また、神田は、ここで横穴の有無について下澤に尋ねている。山形・秋田でも尋ねており、当時の関心事であったことがわかる。

　次に、下澤とともに訪ねた佐藤宅では、亀ヶ岡の土器など多数の土器や石器・石製品・土製品等を見ている。蓑虫の「陸奥全国神代石幷古陶之図」には、佐藤の土器・勾玉・石刀・土偶等の所蔵品が10ヶ所に描かれている（藤沼・深見・工藤2008）。神田が「書簡」のなかで、佐藤に会い彼の収集品を見学できたことは、この旅行での大きな幸せであり勉強になったと吐露している。そして、このときに見た遺物の大半はその後、さまざまな経緯を経て、現在は東北大学に久原コレクションとして収蔵されている（東北大学文学部1982）が、ここでこの経緯についてふれておきたい。

　明治22（1889）年に青森に転居していた佐藤は、大正6（1917）年に大病を患ったことから[7]、当時の金額にして3万円台の価値があるとされた収集品の土器雪橇5台分を、山口県萩出身の久原房之助（くはらふさのすけ）（1853～1932）に譲った（昭和3年11月17日付け東奥日報夕刊「蒐集漫談（11）」）。久原は日立鉱業所（現日立銅山）を設立した鉱山王で、逓相をつとめたことのある人物である。これには、本山彦一大阪毎日新聞社長と同社員岩井武俊の尽力があったという（清野1928）。資料は、神戸市の六甲山麓にあった久原所有の異国風建物「二楽荘」に保管・展示されていたが、昭和7（1932）年10月18日の火事で建物は焼失した。しかし、資料は既に昭和3年の年末[8]に、東北帝国大学法文学部奥羽史料調査部に寄託されていたため、幸いにも火災には遭っていない。

　また、久原に売却する際に手許に遺しておいた若干の遺物や遺物画、その後新たに収集した遺物については、佐藤の晩年に交流のあった医師、成田彦栄（1898～1959）に寄贈され、青森市長島の土蔵に保管されていたが、その後、昭和20年7月28日深夜の米軍による大空襲のなかで奇跡的に焼失を免れた。そしてその後、平成21（2009）年7月には、遺族から弘前大学に一括して寄贈され「成田彦栄氏コレクション収蔵展示室」に収められ、現在一般にも開放されている。

　さて、神田は佐藤宅ではおそらく蓑虫が所有していた石皿も見たとみられる。現中泊町豊岡出土品で、下澤が『東人報』に紹介（図6－1、図9）（1886）したものである。「陸奥全国神代石幷古陶之図」62番（藤沼ほか2008）、『画譜Ⅲ』（P.83）に庚辰旧8月3日実測とある図（図6－2）[9]である。神田は、この石皿を見て興味をもち、同行の下澤に原稿を依頼したのであろう。この石皿は、かつて浪岡の岩淵彦五郎の所蔵であったが、明治13年に蓑虫の所蔵品となり、その後神田に譲られ、さらに本山彦一（1853～1932）大阪毎日新聞社長に譲られたあと、現在の関西大学博物館（2010）に本山コレクションとして所蔵され、正確な図も紹介もされている（赤塚2001の第2図3・No.0214）。この石皿については、実は清野謙次らが、大正14（1925）年7月に、当時の造道村（現青森市松森2丁目）在住の佐藤宅を訪問した際に、数枚の写生図を貰ったなかに、この図があった（清野1954）ことから、佐藤はこれと同じ図を複数枚作成し、来訪者に譲っていたとみられる。

　また、神田は弘前で持っていた石刀を佐藤に見せている。『画譜Ⅲ』（P.136。図6－6）に図が
掲載されたもので、実物は関西大学博物館（2010）の本山コレクション（№0233。長さ27㎝）に入
っている。この図には、「神田孝平君所蔵」「明治十九年旧七月十三日草宅へ御来臨アッテ」と記さ
れており、面会日が分かる重要な遺物である。しかし、この石刀が神田所蔵とあるのはどう解すべき
であろうか。神田がこれをわざわざ東京から携えて来たとは考えにくい。石刀は柄の付いた内反りの
もので出土地不明であるが、同タイプの石刀は、秋田県大湯遺跡では十腰内Ⅰ式土器に伴っており、
後藤信祐氏（2007）によると、縄文後期前半（十腰内Ⅰ・Ⅱ式期）の北海道南部〜東北地方北半に
見られるタイプとされている。おそらく、東北地方北部から出土したものであろう。そうだとすれば、

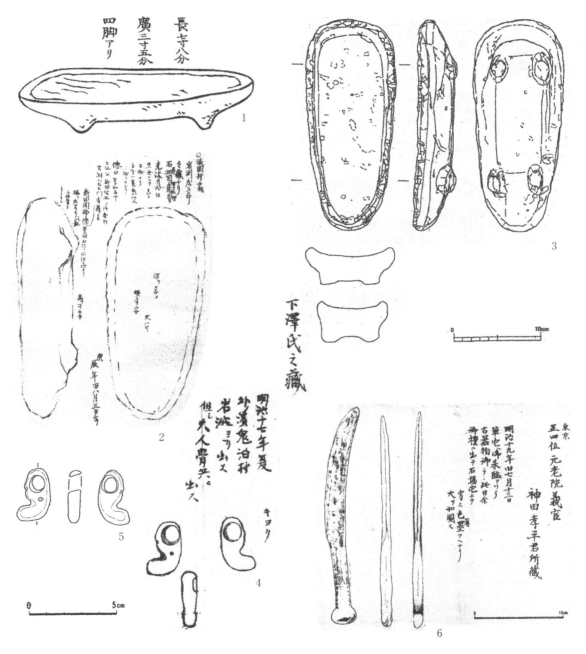

図6　奥羽巡回旅行中に見たと思われる遺物（1）

秋田から弘前まで来る途中のどこかで、考古家から譲り受けたか、古物屋から購入したか、あるいは弘前で佐藤から譲られたということも考えられるが、不明である。

「奥羽巡回」には、弘前で、神田が亀ヶ岡に行くことを希望したことが記されている。おそらく旅行当初からの目的のひとつであったとみられる。亀ヶ岡が有名な遺跡であるためだけではなく、神田自身が亀ヶ岡出土の土偶を1点所持していた（横山1871）こともあり、現地に対する思い入れも

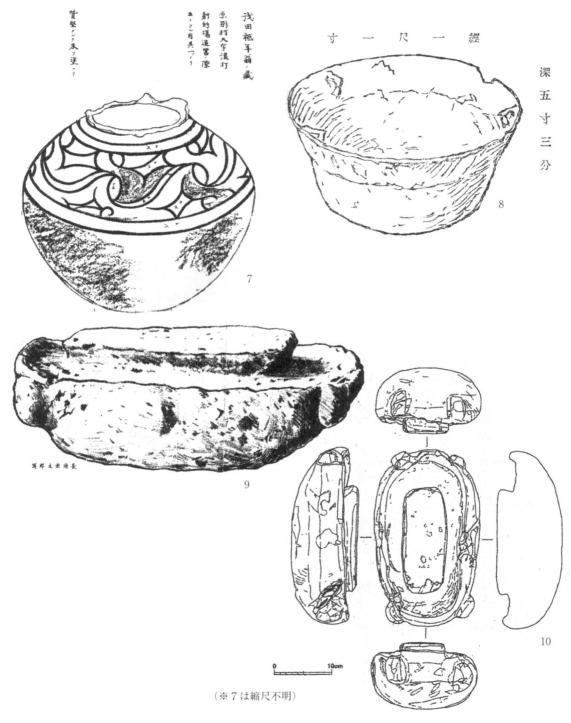

（※7は縮尺不明）

図7　奥羽巡回旅行中に見たと思われる遺物（2）

32

あったのであろう。ちなみに、この土偶も現在、関西大学博物館（2010）の本山コレクション（No.
0512a）に入っている。

　神田が浪岡で出会った蓑虫は、多くの収集品を持っており、「陸奥全国神代石并古陶之図」には、
土器・石斧・石皿・土偶など所蔵品を33ヶ所に描いている（藤沼ほか2008）が、蓑虫のところにな
かったのは、弘前の佐藤宅、あるいは、近所の家に預けていたためであろう。蓑虫は、考古関係では、
明治17（1884）年に亀ヶ岡を掘っており、出土品を多数、所蔵していたとみられる。『蓑虫山人と青
森』（青森県立郷土館2008）には、その発掘のようすを描いた絵が掲載されている。

　また、青森で出会った浅田祇年は、土器や石皿・石棒を持っており、「陸奥全国神代石并古陶之
図」には、所蔵品が７ヶ所に描かれている（藤沼ほか2008）。「奥羽巡回」に記載された遺物に該当
するものとして、『画譜Ⅱ』（P.24）には、原別村（現青森市）大字浪打射的場から出土したとされ
る口縁部欠損の縄文晩期初頭（大洞Ｂ式）の朱塗の壺がある（図７−７）が、この場所については疑
問があり、不明である。神田は、各地で石棒を実見し、『日本大古石器考』にも石棒の図版を多く用
いていることから、この頃の関心事であったとみられる。

　次に、神田が七戸の宿で実見した内耳鉄鍋の経緯について述べると、神田は翌明治20年２月13日
の東京人類学会の講演で次のように述べている。「実は、奥羽巡回旅行の前から、下澤の話や広澤か
らの書簡で、青森県から内耳鉄鍋が出土することを知り、興味を持っていたが、巡回旅行前の６月頃
の広澤の書簡では、洞内村（現十和田市）の道路工事現場から人骨や洪武通宝・無文銭とともに内耳
鉄鍋が３点掘り出されていたことを県職員の土木の立岩氏から聞いたので、今回私（神田）が七戸に
行くのに合わせて、そのうちの１枚を持ってきて貰ったということであった。七戸の旅館で、実際に
それを見ると、広澤の書簡の通りであったが、立岩氏の説明では、人骨は大柄で金蘭の袍（綿入れ）
をかけたようで、金の武田菱の紋がはっきりと遺っており、さらに甲冑・刀剣・馬具・鉄鏃等もあっ
たということであった。そして、周囲にはおよそ30俵ほどの木炭が詰められていたため、南部家の
祖先、南部三郎の墓ではないか、そして洪武通宝があることから、500年以上は古くならないという
ことであったので、私も同感であった。今日の講演で私が持ってきた鉄鍋は、その３枚のうちの１枚
（図７−８）（神田1887c）[9]で、帰京後に懇請し送ってもらった物である（以上、大意）」。

　この後に行った三沢の広澤宅で見た石皿は、広澤が神田に送る約束をしていた物であった。この石
皿はのちに神田に送られ、淡厓名で『東人誌』３−26の報文付図に、「陸奥田名部発顕中高皿之図
淡厓所蔵」として長原孝太郎写の署名とともに発表された（図７−９）（淡厓1888）。実物は現在、
関西大学博物館の本山コレクション（関西大学博物館2010。No.0212）に入っており、実測図も紹介
されている（図７−10）（赤塚2001）。これは、石皿に詳しい弘前大学人文社会科学部の上條信彦
氏によると、中高を特徴とするⅡＦ式に分類されるもので、縄文後期後葉から晩期中葉の、とくに東
北地方の晩期前葉（大洞Ｂ・ＢＣ式期）に限られるというとのことである（上條2015）。

４．奥羽巡回旅行後の青森県考古学界
（１）『東人報』・『東人誌』への寄稿
　次に、神田の帰京後、本県考古界にはどのようなことが起きたのか見ていこう。まず、最初にあげ
られるのは本県人による『東人報』・『東人誌』への寄稿である。その先陣を切ったのは下澤であ

る。石皿に関するもので、明治19年12月の『東人報』2-10に本県人として最初の報文が掲載された（下澤1886）。これは、「書簡」の末尾に、「帰京したところ、自宅に蓑虫の所蔵品の図をお送りいただき、原稿も書いていただきたいへん嬉しい。このなかから、おいおいと報告させていただきたい（以上、大意）」とあるように、蓑虫蔵の石皿図（『画譜Ⅲ』P.83）（図6-2）とともに原稿が送られてきたということであろう。おそらく、神田から依頼をうけた下澤はただちに原稿を書き、佐藤の図とともに送ったとみられる。ただし、『東人報』に掲載された石皿図（図6-1）とは異なっていることから、佐藤の図[9]ではなく、長原が作っていた付図にしたとみられる。また、20年2月の『東人報』2-12に神田名で掲載された「岩木山神社石櫃ノ記」の原稿もその時にいっしょに送られてきたものであろう。

　このような一連の原稿の集まりの速さは、神田が、奥羽巡回旅行中に本県各地で出会った考古家に対し、東京人類学会への入会や原稿執筆の依頼を行なっていた成果の現れであろう。

　次いで、広澤である。広澤の投稿は、「アイノノ遺跡ノ事」として、20年1月の『東人誌』2-11に掲載された（広澤1887）。これは、「巡回報告」のなかで、神田にこの地方の奇談について書くことを約束していたことに対応するもので、旧南部藩領では各地で石鏃や古陶器が発見されたり、貝塚村の畑に貝が散布していることなどを記しており、貝塚村の貝塚（現七戸町二ツ森貝塚）の存在を学界に初めて紹介することになった。また、広澤が神田に送る約束をしていた田名部（現むつ市）発見の中高石皿は、その後、送られており、21年4月に、後述する淡厓（1888）としてまとめられた。

　これらの報文後、本県の考古家による寄稿は、『東人報』・『東人誌』に引き続き掲載されているが、そのなかで、神田との関わりが何がしか窺われる報文を以下に列記しておく。

○明治20年（1887）

　2月　佐藤　蔀「陸奥国北津軽郡高野村狄館」『東人報』2-12

　　　　この報文は、狄館（現五所川原市持子沢館遺跡）から発見された中高石皿とみられる石器の紹介である。石皿に興味をもっていた当時の神田の意向を汲んだものとみられる。

　6月　蓑虫「陸奥瓶岡ニテ未曽有ノ発見」『東人報』2-16

　　　　この報文は、明治20年4月初旬に亀ヶ岡を発掘した蓑虫が、土器・玉入り土器や土偶・石剣・勾玉等が出土したことを神田宛に書簡で報告したものである。

　6月　和田萬吉「陸奥弘前下澤保躬氏ヨリノ来書」『東人報』2-16

　　　　この報文は、神田が興味をもっていた横穴について下澤が書いて寄稿したものを、和田萬吉（1865～1934。美濃の大垣生。当時、帝国大学学生で東京人類学会会員。のちに東京帝国大学附属図書館長・同大学教授）がまとめ掲載したものである。

　8月　佐藤　蔀「高野村狄館石器」『東人報』2-18

　　　　この報文は、前記の狄館から発見された石冠の紹介である。

　11月　佐藤蔀画「図版　陸奥瓶ヶ岡にて獲たる土偶の図　瓦偶人之図」『東人誌』3-21

　　　　これは、明治20年に亀ヶ岡から掘り出された大型の遮光器土偶（重文）を佐藤が作図し、神田宛に直接送った図である（佐藤1887d）。しかし、説明文がなかったため、神田は下澤に説明文を書いてくれるよう依頼したもので、原図は、『画譜Ⅰ』（P.30・31）に掲載されている。

12月　淡　厓「瓶ヶ岡土偶図解－前号巻末ノ図ヲ見ヨ－」『東人誌』3－22

　　この報文は、神田が下澤に依頼して書いて貰った説明文を淡厓名で報告したもの（淡厓1887）で、これと同じ文が『画譜Ⅰ』（P.30）の図に添付された付箋にある。

〇明治21年（1888）

4月　淡　厓「第二十四版図解」『東人誌』3－26

　　この報文は、広澤から神田に送られた田名部発見の中高石皿等に関するもので、長原作の図が付されている。

〇明治22年（1889）

10月　若林勝邦「陸奥亀岡探求記」『東洋学芸雑誌』97

　　この報文は、東京人類学会の若林勝邦（1862～1904）が7月に行なった亀ヶ岡の最初の発掘報告であるが、蓑虫の発掘に触発された可能性がある。この報文はやがて、明治28年10月、29年5月の帝国大学理科大学（現東京大学理学部）の佐藤伝蔵（1870～1928。東京人類学会員、のちに東京高等師範学校＝現筑波大学教授。地質学）の調査へつながることになる。

11月　佐藤　蔀「陸奥国津軽郡花巻村ヨリ出デタル大甕」『東人誌』5－45

　　この報文は、花巻村（現黒石市花巻）出土の冨士形土器（※円筒上層式土器）を紹介し、断定はしていないものの、人骨を収めた土器である可能性も考えている。

〇明治23年（1890）

2月　佐藤　蔀「アイヌノ口碑ヲ駁シ併セテ本邦石器時代ノ遺物遺跡ハアイヌノ者ナルヲ論ス」『東人誌』5－47

　　この論考は、明治29年10月から東京人類学会2代目会長になる坪井正五郎（1863～1913。のちに東京帝国大学理科大学教授。この当時は英国留学中）の石器時代人＝コロポックル（※蕗の葉の下に住む矮小人種）説に対して、今からみると学問の未発達な面が窺われるものの、津軽出土の土器の大きさ・その他の理由からアイヌ説をもって反駁したものである。

〇明治24年（1891）

2月　佐藤重紀「陸奥国上北郡の貝塚」『東人誌』6－59

　　この報文は、自らの訳書『文明論』（えめるそん著・佐藤訳述1890）に、同じ会津出身の大先輩として尊敬していた広澤からの序を載せるなどの交遊があった佐藤重紀（福田2011）によるもので、広澤が紹介した二ツ森貝塚を明治21年秋、22年春に調査した時の調査報告である。これがやがて、帝国大学理科大学人類学教室技手の若林勝邦の発掘調査へとつながっていく。

〇明治26年（1893）

11月　若林勝邦「陸奥国上北郡貝塚村貝塚調査報告」『東洋学芸雑誌』146

　　この報文は、佐藤重紀（1864～93）の報文、さらに彼の教示を受けての若林が行なった二ツ森貝塚の調査報告である。

〇明治29年（1896）

1月　佐藤伝蔵「陸奥亀ヶ岡発掘報告」『東人誌』11－118

7月　佐藤伝蔵「陸奥国亀ヶ岡第二回発掘報告」『東人誌』11－124

8月　佐藤伝蔵「陸奥国亀ヶ岡第二回発掘報告（前号の続き）」『東人誌』11－125

この一連の報文は、若林の亀ヶ岡の発掘調査をうけて前述の佐藤伝蔵が行なった亀ヶ岡の本格的な調査の報告で、これによって亀ヶ岡の重要性が認められ、全国的に知名度があがることになった。

（2）「東京人類学会」・「奥羽人類学会」への入会

　当時、東京人類学会幹事であった坪井正五郎が、兵庫県令として名声があった神田を会長（明治20年7月〜26年9月）に担ぎだしたことで、会員数は激増し、19年2月にはわずか28名であったものが20年11月には217名に膨れあがっている。この傾向は本県でも顕著にみられ、神田の帰京後、19年11月には佐藤蔀、翌20年4月には弘前の古物商安田雄吉、6月には広澤が会員となり、21年3月には弘前の外崎覚（1859〜1932）、22年には会津から三本木村（現十和田市）に転住し、東京で遊学中の佐藤重紀、田舎館の工藤祐龍（1851〜1904）も入会し、26年9〜10月には青森の角田猛彦（1852〜1925）も入会している。下澤は、最後まで入会はしていないが、寄稿を続けているのは、当時の会則では会員外でも投稿できたためである。

　このなかで角田は、青森の細越小学校校長の傍ら、31年まで寄稿している。また、佐藤重紀の入会は、神田との直接的な関わりは不明であるが、前述の広澤・神田との交流からその経緯が推察される。

　以上のほかに、神田が奥羽巡回旅行で会った鶴岡の羽柴は、明治23年10月に奥羽人類学会を創設し、本県では、佐藤重紀が名誉会員、下澤が賛成員、工藤・角田が地方委員として加わり、角田・工藤両氏は実際に鶴岡に赴き発表を行なっている（福田2010）。このような大きなうねりとなって、青森県の考古学界は、活況を呈したのである。

（3）青森県考古学界の衰退

　このような活気をみせた本県考古学界は、明治20年代後半から30年代初めにかけて急速に衰退する。これは26年9月に神田が東京人類学会長を辞任したのとほぼ軌を一にしている。これには『東人報』・『東人誌』の寄稿や「東京人類学会」の入会が神田との個人的な付き合いによるところが大きかったという側面、さらに神田と親交を結んでいた考古家の死去や転向が相次いだという側面がある。明治24年には広澤、29年には下澤が死去し、蓑虫は、20年の亀ヶ岡発掘後に本県を離れ秋田へ転住している。また、『東人誌』に精力的に報文を寄稿し、さらに坪井との論争を行なった佐藤蔀も、22年に青森に転居し、翌23年12月からは青森大林区署（のちの青森営林局）に勤務し、関心を考古学から植物・植物画のほうに移している。そしてまた、中央の学会では32年には、これまで人類学の一分野であった考古学が独立して「考古学会」（現日本考古学会）が設立され、掲載内容が専門化してきたことも大きな理由であろう。

　この後、本県考古学界が再び活況を呈するのは大正年間に入って、今度は太平洋側の八戸市是川遺跡が注目されるようになってからのことである（八戸市教育委員会2012）。

5．「奥羽巡回旅行」の青森県考古学界に果たした意味－青森県の考古学が始まったとき－

　以上、「奥羽巡回」・「書簡」及び『画譜Ⅰ〜Ⅲ』を中心にして、明治19年7〜8月の神田の奥羽巡回旅行を復元し、調査時に出会った各地の考古家、さらに実見したとみられる考古資料について推測を交えて述べ、さらに『東人報』・『東人誌』上に発表された報文、東京人類学会入会員等につ

いても述べた。その結果、この旅行がきっかけとなって、約10年にわたり本県考古学界が活況を呈している状況が浮かび上がってきた。この活況は、東京人類学会という全国組織の創設と関連したもので、全国的なうねりと合致したことであるが、本県の場合はそのほかに多分に神田との個人的なつながりが大きかったという点も考えられよう。それでは、このような特徴はあるものの、この約10年という期間は、本県の考古学研究史のなかで、どのような意味をもち、どのように位置づけられるのか、述べておきたい。

本県の考古学研究史については、研究者の視点によって区分のしかたが多少、異なるが、ライフワークの一つとして取り組んで来られた元弘前大学教授の村越潔（1929〜2011）は、著書『青森県の考古学史』（2007年）のなかで次のように区分している。

村越は、江戸期から昭和33年の岩木山麓の調査までを3期区分し、第1期を江戸期から人類学会創設まで、第2期を人類学会創設から第2次大戦終結まで、第3期を第2次大戦終結から昭和33年の岩木山麓の調査までとしている。村越が、第1期に、明治10年の東京大学のモース（1838〜1925）による大森貝塚の調査を含めているのは、多少、意外な感じをもたれる向きもあろう。確かに、この調査そして詳細な内容の報告書刊行によって、わが国に近代考古学が導入されたことは間違いないが、この成果が各地の考古学界にはほとんど影響を与えていないことから、同感できる。しかし、第2期については、人類学会創設から明治30年代初頭までとその後に二分して考えたほうがいいのではないかと考えている。人類学会創設、神田の来県後の約10年間と、その後とでは、山内清男（1902〜70）による土器編年の研究やその確立に基づいた報文や論考も現れるなど多様化し、あまりに内容・質が違いすぎるからである。

神田来県後の約10年間では、それまでの江戸期・明治初頭にはなかったものとして、本県の考古家たちが、遺跡から発見される遺物について、それがもつ重要性を認め、図とともに中央の学会誌に報告する状況が生まれたが、この状況は、全国的に共通したものであって、本県の考古家たちに限られたものではない。学会誌を通して本県以外の状況がわかり、各地の研究者との交流も広がるようになったのである。また、自分よりは若いとはいえ、東京人類学会長の坪井正五郎と人種論を戦わすなど実力を備えた佐藤蔀という研究者も現われ、本県考古学界が活発化するようになったのである。

このようなことから、この時期は、まさに青森県の考古学が始まった時期として評価すべきと考えられる。明治19年の夏、佐藤が弘前の石場家（写真10）で、当代きっての考古学者、神田に対し臆することなく神田の石刀を図にして贈ったのは、自分のコレクションを見に来られたことに対する御礼の気持ちがあったとみられるが、それとともに、自ら描いた図に対する自信の現れでもあったと理解されるもので、まさに本県考古学の始まりを象徴的に表したものと言えよう。

写真10　石場家住宅（重文。2017.1.7）

「参考史料」

　下記が、弘前市立弘前図書館に所蔵されている神田孝平書簡3通（下澤保躬殿宛）のうちの1通目の解読文で、（　）内に読みをくわえたものである[10]。

○神田孝平書簡（下澤保躬宛）……弘前市立弘前図書館蔵（ｋｋ289カン）

1通目

（封筒表）……封筒は東京國文社製
「青森縣弘前南川端町
下澤保躬殿

（切手）　　　親展
※二銭切手消印あり……神田局受付印　（明治）19年9月4日
弘前局受付印　（明治19年）9月10日

（封筒裏）封は神田の朱印（印文は読めず）……他に「神田孝平」という鉛筆書きあり（異筆）

（本文）
寸楮拝覧致候、陳者（のぶれば）
過般貴地遊歴之節ニハ、
色々ト御配慮ニ預里（り）、
諸名家ニ会合シ其収
蔵を一覧いたし得ヽ益コト
不少、殊ニ貴地之名家
佐藤氏を得る事
拙生大幸トスル所ニ御座候、
拝奉別後浪岡ニテ御指
定被下候人物相尋候處、
是ハ何も奇物を所有致さ須（ず）候處、
此人を尋子（ね）候ニ付、浪岡ニ
簔虫老人之滞在セルコトヲ
知り不斗（はからずも）面会一二所蔵
品を見セ呉れ、且一少時間ナカラ
当地古物談を承り大ニ楽しミ申候、

夫より横穴へハ少年生を遺し、一覧の上略図取らせ申候、其者等申須（す）所ニ拠連（れ）ハ、穴居跡とも定カタき歟ト相考申候、青森尓（に）てハ浅田老人ニ面し所蔵品召見奇品之分ヲ図を取らせ申候、其他の人尓（に）ハ面会の機会を得須（ず）、野辺地の豪家を相尋候処、書画類斗（ばかり）尓（に）て神代物者（は）なしとの事ニて面会セ須（ず）して已ミ申候、夫より廣澤を訪ひ一日逗留、八ノ戸の橋本トハ廣澤懇意ニ致候由ナレト、是も書画骨董のミ尓（に）て、神代物なき事ハ慨ニ承知との事尓（に）て失望、岩手縣人ハ殆ト神代物の何タルを知らぬ気色に御座候、盛村之水野氏ハ蔵石の名家タルニハ相違なけ連（れ）とも、所謂雑（雑）石家尓（に）て神代石ハなし、アッタ処カ矢の根石・雷斧等ニ・三品ニ過き須（ず）ト見て、来た人の申須（す）ニより是も失望、神代物の事ハ其後断念、

八月廿七日ニ**無異**帰郷致し候条、御**放**念可被下ル、此行庄内ニ於て者（は）羽柴雄輔を伺、秋田ニ於て者（は）真崎勇助を伺、弘前ニ於て者（は）佐藤を伺候事、大ニ進歩之助ニ**御座**候、此三人之所見を聞き収蔵を見れハ、大略其地方の事ハ分り可申、相考申候、抑帰宅候所、留守宅へ簑虫蔵品之写御送り越し被下、御面倒をも厭者連須（はれず）、沢山ニ御認メ被下御事、誠ニ斯道の大幸御厚情之至ニ奉存候、此中より追々ニ報告ニ抄載被致ト存候、先ハ一応御礼如**此**ニ御座候、秋炎猶酷幸ニ御自**玉相頼**候也、不備、

　九月四日　　神田孝平
　　　　　　　　　拝啓
下澤保躬殿
　硯**北**

※本文の読点は解読者（福井敏隆氏）・訂正者は田澤正氏。太字は田澤氏訂正箇所。

『註』

1) この学会は、当初は「じんるいがくのとも」で、名称は「人類學研究會」。その後「人類學會」に変わり、明治17年10月に、東京大学理学部（のちの帝国大学理科大学）生物学科学生の坪井正五郎（1863〜1913。のちに東京帝国大学理科大学教授（本書第Ⅱ章第4節）（写真20）を中心に結成された。古物・遺跡・風俗・方言・人種等、ひろく人類学に関わる学会である。事務局は、理学部人類学教室。その後、19年2月には東京人類學會、昭和16年から現在の日本人類学会へと名称を変え、機関誌も明治19年2月に『人類學會報告』第1号を刊行した後、6月には『東京人類學會報告』、翌20年8月には『東京人類學會雑誌』、そして44年に現在の『人類學雑誌』に変わっている。

2)「奥羽巡回」には40日という旅行期間しか記載されていないが、「書簡」に8月27日に帰京した旨の記載があることから逆算した。

3) 神田孝平・佐藤部・広澤安任の住所は、『東人誌』3-21（明治20年）の附録「同会員宿所姓名録」による。

4) 弘前城北門（亀甲門）前にある国重要文化財「石場家住宅」（弘前市亀甲町88番地）とみられる。

5) 場所は、元青森市史編さん室長の工藤清泰氏によると現青森市浪岡にあった平野清助宅（青森県立郷土館2008）であったと考えられる。

6) 盛岡大学の熊谷常正氏は、岩手県勧業場内の陳列館と思われるとしている（熊谷1998）。

7) このことについて、青森市の郷土史家で佐藤部と親交のあった肴倉弥八（1904〜86）は、「……長男が病気のときに処分した。」（肴倉1967）と述べている。

8) この年の10月28日に、東北帝国大学の喜田貞吉（1871〜1939）は、久原氏の好意で研究用として近く大学に寄託されることになったので、打ち合わせのため久原邸を訪問し、二楽荘で展示品を見ている（喜田1929）。このことから、寄託はその年末（11月か12月）であったとみられる。

9) 佐藤の図は、平面図とともに側面図も付いたもので、『大森介墟（古物）編』（エドワルド、エス、モールス撰著・矢田部口訳1879）の図に勝るとも劣らない正確さである。佐藤（1890）には、実際に『大森介墟古物編』の図版を見ていたことが記されている。佐藤が教員として勤務していた弘前の東奥義塾には、実はこの報告書が所蔵されていた（『青森新聞』第262号、明治13年9月13日（月）付）が、これは、東奥義塾卒業生でモースのもとで大森貝塚の報告書の和訳に加わった岩川友太郎（1854〜1933）（第Ⅲ章第4節コラム2）が寄贈したものとみられる。

10)「書簡」の解読文は、福田・福井（2015）に掲載されたものを、あらたに訂正したものである。

第2節　内耳鉄鍋と亀ヶ岡土偶報告までの経緯
－神田書簡2・3通目の再説－

はじめに

　さきに筆者は、弘前市立弘前図書館蔵の神田孝平書簡3通（下澤保躬殿宛）を紹介した（福田・福井2015）が、1通目については、その後、中央の学者が東北地方で行なった最初の考古学資料調査・視察の記録としての重要性から再度取り上げ、解読文の一部も訂正し（福田2018）、前節にまとめさせていただいた。この後、他の2通についても、解読文に訂正すべき箇所が生じたため、その

書簡の理解を多少、変えざるをえなくなってきた。

　そこで、本節では、これら２通の解読文の訂正版を紹介するとともに、あらためて考察をくわえたい。

１．書簡２通目

　東京人類学会の神田孝平（号は淡崖。1830～98）が弘前の国学者、下澤保躬（1838～96）に宛てた書簡２通目は、明治20（1887）年３月10日付の短簡で内耳鉄鍋と岩木山神社の石櫃に関する内容のものである。

（１）内耳鉄鍋

　以前、下澤から聞かされていた高田村（現青森市）元庄屋某所蔵の内部３ケ所に環のようなものが付いた鉄鍋に関する内容が記されている。書簡に「一場の話を編立度奉存候事」とあるのは、明治20年４月の『東京人類学会報告』（以下、『東人報』）２−14の「内耳鍋の話　明治廿年二月十三日　本会第廿七会ニ於テ述ブ」（神田1887c）のことで、同学会例会で話した内容を『東人報』に載せるにあたり、鉄鍋の出土状況について確認したい旨が記されている。また、「実物も一品手ニ入り候」とあるのは、「内耳鍋の話」に図掲された現十和田市洞内出土の鉄鍋のことを指す。

（２）石櫃

　円筒状の身と蓋からなる石製容器に関する内容も記されている。これは、弘前市の岩木山神社の宝物であり[1]、これについて下澤が寄稿してくれたことに対し、御礼を述べたものである。ただ、文章が余りに長く、しかも石櫃とは関係のない記述もあったため、同年２月の『東人報』２−11には、編集者としての神田の判断で、わずか２頁に縮めて掲載したが、このため、意にそぐわないことがあると思われるので、お知らせいただき、正誤を付けさせていただきたい旨も伝えている（神田1887b）。

２．書簡３通目

　封筒はないが、９月５日の日付のある短簡（写真11）で、末尾に、明治20年、神田からの書簡である旨の鉛筆の書き込みがある。下澤への御礼の品に入っていたとみられる。

　内容は、弘前の日本画家・考古学研究家の佐藤（佐藤蔀。1852～1944）の画に、下澤が何かを書き入れてくれたことに対するねぎらいと御礼の品を贈る旨が記されたものである。

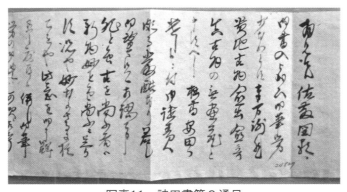

写真11　神田書簡３通目

「参考史料」

　下記が、弘前市立弘前図書館に所蔵されている神田孝平書簡３通（下澤保躬殿宛）のうちの２・３通目の解読文で、（　）内に読みをくわえたものである。

○神田孝平書簡（下澤保躬宛）…弘前市立弘前図書館蔵（ｋｋ289カン）

2通目

（**封筒表**）……封筒の製造元は不明・１通目とは違う。

「青森縣弘前南（川）端町

　　下澤保躬殿

※二銭切手消印あり……神田局受付印　（明治）20年3月10日
　　　　　　　　　　　弘前局受付印　（明治20年）3月18日

（**封筒裏**）封には神田の朱印……、他に「神田孝平殿より来書

丁亥三月十八日着二十日返事スム」（下澤保躬筆）とあり。

（**本文**）

尓来（じらい）御無音先以遂日春暖、愈御健全之御儀と奉存候、拝茲ニ
一事相伺度儀有之候、先年年月〔年月はすてニわすれ申候〕、御出京之節、種々御咄の内
東津軽郡高田村元庄や某方ニ鉄の鍋の内部尓（に）環の如き者（物）三
ケ所有之を所蔵いたすよし相伺申候、右鍋者（は）出所ハ土中より掘出
したる者（物）ニ可有之歟と相考申候、若シ御承知御座候ハヽ、果して
然ルヤ否や一寸御一報被下度奉願候、此節此類の鍋の話ハ追々ニ集ま
り実物も一品手ニ入り候間、取纏め一場の話を編立度**奉存候**事ニ御座候、
岩木社石櫃の事、貴送之原文余り長く且ツ別事も交り有之候間、手短ニ
取縮（ちぢ）め報告ニ載セ申候、或ハ貴意ニ峡者（かなは）ざる所有之候哉
と痛心仕候、若し貴意ニ適者（かなは）さる処も候ハヽ、正誤を**可仕候**
間、御申越相成候様相願申候、先ハ右願申候、草々敬具、

　　　　　　　　　　　　　　　淡崖

　　三月十日

　　　　下澤保躬　様

　　　　　　　　硯北

3通目

（封筒なし）

（本文）

拝見仕候佐藤図類御書入被成下ハ、御筆労少なから須（ず）、奉万謝候也、貴地古物愈出、愈奇、真古物の無尽蔵と申須（す）へし、拙書安田へ遣し候ニ付、御譴責頻る厳酷なり、若し御望に候ハヽ相認可申候、然と雖古を尚ふ者ハ新物妙と雖、尚ふニ足ら須（ず）、況や妙ならさる尓（に）於てをや、此意を御了解有之度存候、併し御筆労の御礼ハ何歟ト相考居申候、古人筆蹟類御慰ニ相成候得者（ば）、貴地ニ珍敷者（物）を見立可申進候、此度ハ兎ニ角（とにかく）一応御礼のミ、如此御座候、頓首、

九月五日

〆

下澤様

梧下

神田

拝複

（〆の墨の一部有り）

廿年　神田議官公ノ書（下澤の書）

（〆の墨の一部有り）

※本文の読点、（　）内の読みは解読者（福井敏隆氏）、訂正者は田澤正氏。太字は田澤氏訂正箇所。

３．２通目・３通目の書簡について

（１）２通目の内耳鉄鍋

　鉄鍋の内耳は、書簡では「環の如き者」と表現されているが、鍵形の耳をこのように表現した可能性がたかい。この書簡に対して下澤は、ただちに返信したようで、「内耳鍋の話」（神田1887c）には、「文化中（1804〜18）方今青森分営の近所横内村の地中三四尺の底より掘り出たりとの事」と記されている。下澤は、神田からの書簡を受け取った後、あらためて元庄屋某蔵例について出土地を確認したのであろう。また、書簡に「実物も一品手ニ入り候」とあるのは、十和田市洞内から出土した３点の内の１点で、青森県の土木担当の立岩氏からの寄贈品である（神田1887c）。「内耳鍋の話」に掲載された図には底部が画かれていないため、湯口の形状は不明であるが、そのほかは八戸市根城跡例（八戸市教育委員会1983）、岩手県九戸村出土例（草間・森本1972）などと類似しており、一文字湯口である可能性がたかい。ただし、洞内出土の鉄鍋については、『関西大学博物館蔵　本山

図8　『佐藤蔀　考古画譜Ⅱ・Ⅲ』に掲載された内耳鉄鍋

彦一蒐集資料目録』（2010年）には記載がなく、所在が不明である。

　また、「内耳鍋の話」には、元庄屋某蔵例のほかに、東津軽郡出土の内耳鉄鍋に関する記載もある。『佐藤蔀 考古画譜Ⅱ・Ⅲ』（以下、『画譜Ⅱ・Ⅲ』と略す）には、津軽出土とみられる一文字湯口の内耳鉄鍋が3点図示されている（図8－1・2）（関根編2010）・（図8－3）（上條編2011）。出土地・所蔵者名等の記載はないが、このなかに、前述した庄屋某蔵の鉄鍋が含まれている可能性がある。元庄屋某蔵例は、本県の他の出土例からは、一文字湯口である可能性がたかいとみられる。ちなみに、八戸市根城跡東構のＳＫ137土坑墓例は、底面に一文字湯口があり、ハンセン病を疑わせる病変がある壮年女性人骨の頭部に被せた状態で出土している。16世紀末〜17世紀前葉のものと考えられている（八戸市教育委員会1983）。また、青森市浪岡城跡内館のＳＰ12からも一文字湯口の内耳鉄鍋が伏せられた状態で出土した例があり、15〜16世紀末ごろのものとされている（浪岡町教育委員会1986）。

（2）2通目の岩木山神社石櫃

　この石櫃（本書第Ⅱ章第3節図10）は、経筒ないし経筒を納める外容器の可能性が指摘されるもので（関根2008）、かつて百澤寺に保管されていたが、明治4（1871）年の廃寺後に行方不明になっていたものを、同6年9月に岩木山神社神官に任命された下澤が、探し出し奉納させたものである。この2は、佐藤蔀の画とみられる。下澤にとって、特別な思い入れのある宝物であることから、長文になったのであろう。神田名で報告された（神田 1887b）が、下澤名とすべきではなかったかと思われる。

（3）3通目の亀ヶ岡遺跡遮光器土偶

　神田に送られてきた佐藤の画に下澤が「何かを書き入れて……」の内容である。この「何か」が問題になるが、このことについては、すでに筆者が、明治20年11月の『東京人類学会雑誌』（以下、『東人誌』と略す）に掲載された「瓦偶人之図」（佐藤蔀1887d）のことであることを指摘している（福田2014）。図の左下に「弘前会員　佐藤蔀之図」と明記されている。印刷技術や校正の問題があったようで、左右逆に印刷されてしまったのが惜しまれる。

　それでは、この画に、下澤がいったい何を書き入れたのか調べてみると、同誌の同年12月の「瓶ヶ岡土偶図解（前号巻末ノ図ヲ見ヨ）」の報文（淡厓1887）に行き着く。このなかには、明確に「下澤氏ノ記文ニ云ク……」として、この土偶の発見年月、大きさ、形状、所蔵者等について記されている[2]。このことから、この書簡は佐藤が神田に送った土偶原画について、下澤が解説を書いて[3]送ってくれたことへの礼状であったことがわかる。この下澤の記文とみられる付箋は、実際に

『画譜Ⅰ』（関根編2009）に「大ノ人形ノ図」として貼付されている（第Ⅳ章第２節図38）。これは、同誌刊行後に、神田から佐藤に返却されてきた土偶原画に、下澤の記文を貼り付けて保管していたものであろう。ちなみに、この大型土偶は、言うまでもなく、つがる市亀ヶ岡遺跡出土の遮光器土偶（原資料は重要文化財）（写真12）である。

　書簡の次の行「拙著安田へ遣し候ニ付」にある拙著とは、神田が前年に下澤に贈る約束をしていた『日本大古石器考』[3]と思われる。著書を安田[4]に郵送し、安田から手渡されたことに関して下澤に厳しく譴責されたという下りである。手渡す際に安田のとった何らかの言動に対する譴責かと想像されるが、亀ヶ岡発見の遮光器土偶に関わることであった可能性もある。ちなみに、神田は、下澤の記文紹介に続けて、これを蝦夷の使用した物とし、岩手県の類例をあげて指摘している（淡厓1887）ので、亀ヶ岡の土偶については、偽物とはみていないことがわかる。

写真12　遮光器土偶（複製品）

　先に筆者は、この書簡にもとづいて、本土偶発見から『東人誌』掲載までの経緯について、想像を交えて述べた（福田2014）が、今回のこの解読文２行目の「拙書安田へ」は、福田・福井（2015）では「早晩安田へ」と読んでいたものであり、この部分の訂正も含め、あらためて解釈し直してみる。

　まず、発見年月日については、『東人誌』の記文[2]にある「５月」は、前掲『画譜Ⅰ』の土偶図に貼られた付箋の「４月ナリ」とは食い違っているが、雑誌には誤植は付き物であるため、付箋を優先すべきと考えられる。ただし、昭和31（1956）年５月14日付で県重宝「亀ヶ岡式土偶」に指定された際の「青森県文化財台帳」には、明治20年閏４月11日に木造町大字亀ヶ岡字沢根75番地から出土した旨記載されており（青森県文化財保護協会1956）、この日を新暦換算すれば６月

２日（土）となる。指定に際しては、事前に所有者から聞き取り調査が行なわれたはずであるから、付箋では「閏４月」の「閏」を抜かした可能性がたかい。また、発見場所（図39）は、亀ヶ岡字沢根（現つがる市木造館岡沢根）75番地とされているが、つがる市教育委員会の『史跡亀ヶ岡石器時代遺跡・田小屋野貝塚保存管理計画書』（2009）では、76番地に変わっている。これは、当時、同教育委員会におられた佐野忠史氏（現在小田原市文化財課）によると、昭和50年代前半に行なわれた国土調査によって、地籍、地積・土地の形状が整理されたためであり、指定当時の記載間違いではないということであった。

　さて、本土偶発見後、発見の知らせを受けた佐藤は、作画のために弘前から館岡に行ったとみられる。当然徒歩であったであろう。そこで、佐藤による作画から、神田宛への送付、安田への譴責、『東人誌』への２度の掲載までの経緯について、あらためて考えてみると以下のようであろうか。封書の消印等から、郵送には弘前－東京間で８日ほどかかっているが、返事を書いたり、受け取り後の連絡に要する時間を考慮して、一応10日として遡及的に考えてみる。

佐藤は、おそらく勤務校の夏休みに所蔵者宅で作画したあと８月５日頃に、瓦偶人（土偶）画を神田宛て郵送→８月15日頃（神田、受領と同時に、下澤に記文の依頼）→８月25日頃（下澤あるいは佐藤が記文を作成し、下澤が神田宛て郵送）→９月５日（神田、記文受領、下澤へ返礼品・礼状発送）→９月15日頃（下澤、礼状などを受領・安田譴責の記載あり）→10月、神田、本土偶図への記文掲載が間にあわないため、図のみの掲載と判断し、『東人誌』３−21（11月）に掲載し、同時に図解は次号に掲載する旨の予告（東京人類学会1887b）も掲載→『東人誌』３−22（12月）に下澤からの記文を図解として神田が淡匡名で掲載した。

　なお、安田は古物商という商売柄、８月５日頃の佐藤の画の送付前に、土偶の出土情報をすでに得て神田に書簡で知らせていた可能性、そして、それを知った神田が佐藤に対し『東人誌』への掲載を依頼していた可能性がある。また、９月５日付けの神田書簡には、御礼とともに下澤からの安田への譴責についても記載されているが、神田書簡のなかに下澤宛ての記文依頼のものがないのは、８月15日頃に、安田宛てに著書『日本大古石器考』を送付することと併せ、下澤と面会した際に記文執筆の依頼をするよう安田に指示していた可能性や、佐藤宛てに画を受領した旨通知する際に（佐藤か下澤への）記文執筆も依頼した可能性も考えられよう。

　さて、土偶発見後、出土地の沢根地区では、明治28年には帝国大学（現東京大学）人類学教室の佐藤伝蔵、昭和３年には東京帝国大学の中谷治宇二郎、昭和８年頃には旧制弘前高等学校の小岩井兼輝、戦後では昭和25年に慶応義塾大学民族学考古学研究室、昭和56年には青森県立郷土館（写真13）によって調査が行なわれたが、同様の大型土偶の出土例はない。ちなみに、明治20年（1887）年には蓑虫が発掘し、６月の『東人報』２−16に発掘内容が紹介されているが、発掘が４月上旬であったため、この時点ではまだ本土偶は発見されておらず、蓑虫としては知るよしもなかった。

写真13　亀ヶ岡遺跡沢根地区の調査（1981.7.31）

写真14　大正６年の亀ヶ岡遺跡（1917.8.27）

　ところで、写真14は、柴田常恵の写真資料目録（國學院大學日本文化研究所2004）に収められていた亀ヶ岡遺跡の写真で、前述の佐野忠史氏によると、沢根地区の遠景写真の可能性があるが、明確ではないという。大正６（1917）年８月27日の日付けがあり、当時、東京帝国大学理科大学人類学教室の助手であった柴田常恵（1877〜1954）が撮影したものである。本土偶が発見されてから、ちょうど30年後の写真ということになるが、現在、知られている亀ヶ岡遺跡の写真としてはもっとも古いものである。本県ではほとんど知られていないため、ここに紹介しておく次第である。

　以上、神田書簡２通の訂正版をあらためて紹介し、解説をくわえさせていただいた。短簡ではある

が、いずれも、本県の考古学草創期の一端を垣間見させてくれるもので、創設されたばかりの中央の学会と地方の研究者とのやりとり、学会誌編集の内部事情、版下の取り扱い等を想像させてくれるもので興味深い。とくに3通目の書簡は、のちに本県出土の考古遺物としては初の国指定の重要文化財で、しかも教科書に掲載されるなど日本では最もよく知られた土偶に関わるものである。発見後、どのような経緯で学界に知られるようになったのか、そのあたりの事情を垣間見させてくれるものとして注目される。

『註』

1）この石櫃は、明治13（1880）年夏に東奥義塾で開催された弘前第2回博覧会に、「長圓形石櫃百澤元宮ヨリ堀出岩木山神社寶蔵」（同13年9月13日付『青森新聞』第262号）として出品されてもいる。

2）淡厓（1887）に掲載された記文の全文は以下のとおり。

「此版ニ載スル所ノ物ハ陸奥弘前ノ會員佐藤蔀氏カ描キ送ラレタル瓦偶ノ圖ナリ……（中略）……下澤氏ノ記文ニ云ク明治二十年五月青森縣下陸奥國西津輕郡瓶ヶ岡村領ノ中瓶山ト云フ地ヨリ掘得タリ此物ハ色薄黒ク躰内ウツロニシテ其ウツロハ躰ノ下ノ方ヨリ上ノ方冠ノ中マテ抜ケ通リタリ又鼻及ヒ兩股ノ上ノ方ニ□如此穴アリテ是ヨリ躰内ヲ窺ヒ見ルヲ得ル冠ノ左ノ方先及ヒ右目左脚ハ損シタレトモ他ノ一片ノ全キヲ以テ其全躰ヲ見ルニ足ル右ハ西津輕郡舘岡村加藤氏ノ所藏ナリ云々」

この記文末尾の加藤氏は、佐野忠史氏によれば、加藤（カト・カド）は越後谷総本家の屋号で、当時の越後谷家当主は、のちにこの土偶を国に譲渡した耕一氏の曽祖父であるという。

3）弘前大学人文社会科学部北日本考古学研究センターにも、下澤宛ての神田書簡1通（明治19年6月21日付け）が保管されている。このなかに、『日本大古石器考』を贈呈する予定である旨が記されており、実際に孫の下澤剛が持っていたこと（今井1999）を考えると、神田からの贈呈本であったとみられる。

4）今回の解読文訂正で、前著（福田・福井2015）の解読文が、「拙書安田へ遣し候ニ付」と変わったので、以下の本文解釈は変わってくる。この安田は安田雄吉である。生没年などは不明であるが、少なくとも昭和3（1928）年までの生存が確認できる（東奥日報社編纂1928）ので、おそらくは、明治20年当時は、20代から40代とみられる。「東京人類學會々員宿所姓名録」（『東人誌』3－21附録）には、「陸奥弘前土手町五十五番地　古物商安田雄吉」とある。同20年4〜5月に入会したが、同23年10月調べの「東京人類學會々員一覧表」（『東人誌』6－55）以降には見られないので、退会したとみられる。また、書簡では神田が遣わしたとあることから、二人は以前から付き合いがあったとみられる。佐藤蔀らとともに、弘前周辺の遺跡発掘に出かけたり、帝国大学人類学教室主事で東京人類学会幹事の若林勝邦による同22年7月の亀ヶ岡遺跡調査や、同教室助手の佐藤伝蔵による同28年10月の亀ヶ岡遺跡調査で弘前に立ち寄った際、周辺の遺跡案内や調査協力を行なっている。

第3節　下澤保躬の考古学

はじめに

明治前半期の津軽の考古学界において重要な役割を果たした人物に下澤保躬がいる。わが国初の中

央の学会誌である『東京人類学会報告』（以下、『東人報』）に、青森県人として最初に考古資料の報告を行なった人物であるが、歴史家・国学者・神官・歌人としてはともかくとして、本県考古学の草創期に果たした業績については、あまり知られていない。

　そこで、本稿では、全国誌である東京人類学会の機関誌『東人報』・『東京人類学会雑誌』（以下、『東人誌』）の記事を中心に、下澤の事績をまとめて紹介し、併せて当時の津軽の考古学界の一端に触れてみることとしたい。

１．下澤保躬の略歴と業績

　下澤保躬（写真15）[1]の略歴・業績については、各種の人名辞典（安西ほか編纂1913、大日本人名辞書刊行会1937、平凡社1953、尾崎編1969）や『津軽古今偉業記 津軽興業誌』（青森県立図書館・青森県叢書刊行会1953）・『中学生のための 弘前人物志 平成13年度版』（弘前人物志編集委員会2001）等に記され、詳しいものでは、『閑雲下澤保躬先生を仰ぐ 御遺稿と関係書簡集』（田沢編1991）がある。

　このなかで、『津軽古今偉業記 津軽興業誌』にある略伝をもとに上記文献等を援用して述べると、下澤は、天保九（1838）年４月23日、弘前藩士下澤鷲蔵・ふちの長男として新鍛冶町に生まれた。幼名は八三郎。家は身分の低い微禄の厮役（※雑用係）で貧しく、７、８才頃から他家に雇われていたが、幼少の頃から学問を好み、10才にして私塾に入り、13才から歌を詠んでいる。元治元（1864）年５月、保躬と改め、以後、閑雲とも号し、鏡湖楼・花蔭・玄風とも号した。11月に父鷲蔵が死去し、翌慶応元（1865）年５月に家督を継いでいる。

　明治２（1869）年正月、弘前藩京都出張所詰合公用方取次役並筆生を仰付けられ、近衛家の執事も兼ねた。国学者の平田鉄胤（1799〜1880）の門人となり皇学の口授を受け、また、近衛公の歌道門弟を仰付けられている。３年には、公用方筆生として東京に転任し、漢学者の川田剛（1830〜96）に学ぶなど中央の学者と交流した。４年に帰郷し、６月弘前藩神社仏閣明細調担任方を仰付けられ、藩内の神社仏閣を調査し、９月に完了した。５年４月、青森県十五等出仕東京出張所に勤務し、６月には岩木山神社が国弊小社に列されるよう教部省へ嘆願し、6年５月には、岩木山神社昇格が決定している。９月には、岩木山神社権禰宜兼権少講義（※教部省官制の教導職等級）に補せられた。７年２月には、太政官記録課分局の歴史課（※明治８年から文部省修史局）雇を命ぜられ、書籍取扱方及び資料収集に従事したが、津軽の正史実録、歴代藩主の経歴・治績が顕れていないことを遺憾として、９月には辞職し帰郷している。９年には旧藩主津軽承昭の命をうけ上京し、兼松成言（※号は石居。1810〜77。教育者）らとともに『津軽旧記類纂』（全巻35冊付録３冊）を編纂し、11年には、校訂したものを修史館へ献上し、次いで『津軽旧記伝類』（全20巻）を編集した。また、この５月には、岩木山神社禰宜に任ぜられたが、13年２月、職を辞して弘前神道事務分局（※分局副長－分局長か－）で、岩木山神社権中講義（川越市市史編纂室1979）に

写真15　下澤保躬[1]

勤務し、16年6月には、長慶天皇山陵を中津軽郡紙漉沢村（現弘前市）にある上皇堂裏の古墳に定めるよう、有志とともに宮内庁に請願している。16年12月、家督を長男忠一に譲り、著述に専念し、著書は50余部に及ぶ。17年11月、岩木山神社権大講義に補された。

　下澤は、もとより国学者・歴史家であるが、歌人としても知られている。とくに、明治6年12月には、現在、毎年皇居で行なわれる「宮中歌会始」に、皇族・側近等以外の一般庶民から和歌の詠進の道が開かれるよう宮内省に建白し、翌7年1月に採用されるようになったのは、下澤の功績として知られている。後年、「人類学」（※考古・民俗学分野を含む）にも関心を示し、『東人報』に発表した。著作には前述した以外に、『津軽古今大成歌集』・『明治花月歌集』の歌集等もある。明治29（1896）年6月29日、弘前市百石町29番戸の自宅にて病没。戒名は「育成院法翁久徳信士」。弘前市新寺町の貞昌寺にある「閑雲下澤保躬之墓」（弘前市立博物館1984）（写真16）は、長男忠一により同38年6月29日に建てられた。書は、短歌の門人高山静の手になるものである。

　なお、下澤の3男陳平（1881〜1923）は郷土史家で、大正2（1913）年に弘前に「陸奥史談会」を創設している。

写真16　下澤保躬の墓（1985.6.15）

２．下澤保躬の関係記事と所蔵資料

（１）『東京人類学会報告』等の関係記事

　下澤の名が始めて登場するのは、明治19（1886）年12月発行の『東人報』2−10（下澤1886）である。この「●石器彙報」欄に「石ノ鞋草（※草鞋であろう）ト称フル古石器」として、図を付して石器を報告している（図9）。「長七寸八分、廣三寸五分、四脚アリ」と傍記された石皿で、「○……土俗、石ノ草鞋ナラント云フ、二ツ並ヒアル┐（※コト）アリト何ノ器ナルヲ知ラズ、此石器ハ石質堅剛ニシテ上等ノ石剣ノ如キ石ヲ以テ作リタリ、但シ黒色ナリ、量目至テ重キ石ナリ、享和文化年間、曠原ノ中田地開拓ノ時新田奉行岩淵八右衛門ノ得ル所ナリ、明治十六年土岐簔虫山人譲受ケタリ」と述べている。2点並んで発見される（※これが草鞋を連想させたものか）ことがあり、用途は不明としている。石質・色調の記載はあるが、出土地・前所有者の記載はない。享和文化年間（1801〜17）に新田奉行岩淵八右衛門（※不明）が所有していたものを、明治16年に簔虫が譲り受けたという。この報文には、『東人報』編集者の神田孝平（※号は淡崖）が、自分がこれまで見た石皿12、3点のうち、秋田の1例を除いて、すべて津軽出土のものである。津軽は、古く蝦夷が居住していた地であり、この石器もその遺物であろうとコメントしている。

　この寄稿については、同19年8月、神田が、東京人類学会会員の長原とともに、東北地方を巡回し下澤を訪ねた際に、神田から執筆の依頼を受けていたとみ

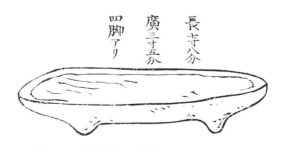

図9　下澤保躬が報告した石皿

られる。しかも、神田のコメントを読めば、この巡回中に石皿に注目した神田から、とくにこの石皿を指定されていた可能性がある。

　この後、下澤の寄稿は、明治20年2月の『東人報』2－12の「雑録」欄に「岩木山神社石櫃ノ記」（神田1887b）として掲載された。この石製品というのは、弘前市の岩木山神社に伝わる「石櫃」に関するものである。文久元（1861）年に岩木山神社元宮跡の地均し工事の際に再出土した円筒形の石製品（図10）で、弘前大学人文社会科学部の関根達人氏により、経筒かその外容器の可能性が指摘されている（関根2008）。百澤寺（現弘前市）に保管されていたが、明治4年の廃寺後は各種什器とともに散逸し行方不明となっていた。これを、6年に、岩木山神社の神官に任じられた下澤が、苦労の末見つけ出し岩木山神社に奉納させたものである。ただし、この執筆は下澤ではなく神田になっている。その経緯を神田は「学友下澤保躬氏岩木山神社ノ宝物ナル石櫃ノ事ニ関シ記事一編ヲ寄セラレタルカ頗ル長編ナレハ今其要文ヲ節略シ会員佐藤蔀氏ヨリ送ラレタル津軽藩日記ノ抄録ヲ附シ茲ニ之ヲ掲載スル者也」と記し、長文であったために、神田が簡略にまとめたというものである。おそらくこの付図は佐藤蔀作の図であろう。寄稿文面がどのような内容で、どれほどの長文であったか知りたいところである。寄稿当時、岩木山神社権大講義を務めていた岩木山神社に伝わる宝物であり、しかも苦労して探し出したこの石櫃に対する下澤の思い入れの深さが伝わってくる。

　この後、同年6月発行の『東人報』の「雑記」欄に、「陸奥弘前下澤保躬氏ヨリノ来書」として、和田萬吉（1865～1934。当時は文科大学々生で東京人類学会員。神田の郷里近くの大垣生れ。のちに東京帝国大学附属図書館長）によって紹介されたものがある（和田1887）。これは、東北地方巡回の際、神田が下澤に質問した穴居の件について、下澤が返信したものである。横穴はだいたい墓であることは、その通りであるが、杣人が2，3尺の深さがあるところや大木の下、岩が覆い被さった場所に住み、山中の住みかとしている。また、津軽には太古から朝鮮人が多く住んでいた。神武天皇の代より、津軽には人民が多く、部落が数種に分かれていた等と述べ、最後に「……本年中ニハ上古ノ記ヲ一冊編集可申候」と結んでいる。この書物が刊行されたのかどうか、下澤の古代史観を知るうえで注目されるが、この「上古ノ記」は田沢編（1991）にある著作目録にはなく、どうやら刊行されなかった可能性がつよい。

　この後、下澤の名は、同年12月発行の『東人誌』3－22（淡厓1887）に見える。亀ヶ岡遺跡出土の（重文）遮光器土偶に関わるもので、前号に載った佐藤蔀の「瓦偶人之図」（佐藤1887d）を承け、神田が図解しコ

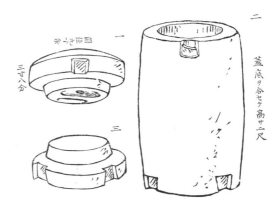

図10　岩木山神社の石櫃

メントを加えている。このなかに、本章第2節『註2』でも紹介したが、「……下澤氏ノ記文ニ曰ク明治二十年五月青森縣下陸奥國西津軽郡瓶ヶ岡村領ノ中瓶山ト云フ地ヨリ掘得タリ此物ハ色薄黒ク躰内ウツロニシテ……右ハ西津軽郡舘岡村加藤氏ノ所蔵ナリ云々」とし、土偶と発見の経緯等について記している。これは、佐藤の土偶画に付記されていた下澤の記載をもとに、神田が記述したものである。ただし、この画には、この土偶が明治20年4月に出土したと記載されているのに対し、神田は5月と記しているが、前節で述べたように、誤植とみられる。

　下澤は、当時の人類学の一分野として、民俗学に関わる寄稿も行なっており、明治23年５月の『東人誌』には、「陸奥弘前ノ風俗一斑」（下澤1890a）として、弘前の出産や養育・穢多・乞食・革師等について、さらに、同年12月の『東人誌』には、「陸奥弘前士族某家（世録二百石）年中行事一斑」（下澤1890b）として、弘前藩士族の正月の儀式等についても報告している。

（２）下澤保躬の所蔵資料

　つぎに、下澤の出土資料の収集についてであるが、神田が、明治19年に下澤を訪ねた際に、「……下澤氏は古物の所蔵はありませぬが老巧の古學者で有まして……」と述べている（神田1887a）が、筆者は以前から、土岐蓑虫揮毫の「陸奥全国神代石之図」（青森県立郷土館1984）や青森市中世の館に展示中の土岐蓑虫揮毫の「石器土器図絵屏風」（※いわゆる阿部屏風で青森市指定有形文化財）のなかに、「佐藤蔀氏」、「蓑虫山人」と記された玉類とともに、「弘前下澤保躬氏」と記された勾玉１点があったのを記憶している。この勾玉は、実は佐藤の『考古画譜Ⅲ』（上條編2011）に「下澤氏之蔵」として画かれている。「明治十七年夏外ノ濱鬼泊村岩沢ヨリ出ス　但シ大人骨共ニ出ス　キョク（※ギョク）」と記された縄文晩期の勾玉と「文政年ノ始　六七年（1823・24年）ノ頃　南津軽郡八幡嵜ヨリ出ス　メノウ」と記された奈良時代のものとみられる勾玉（図11）である。この勾玉図は昭和37年の『東奥文化』第23号の表紙に使われており、鬼泊村岩沢（現今別町の綱不知洞穴とみられる）と八幡崎（現平川市）から出土した勾玉である。この２点の勾玉を下澤は持っていたのである。２点の勾玉のうち、鬼泊村のほうは現在、弘前

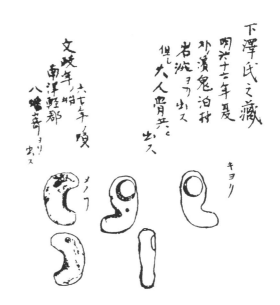

図11　下澤保躬が持っていた勾玉

大学人文社会科学部の成田彦栄氏コレクションに含まれているが、この画譜には、ほかにも、下澤氏之蔵として巳年（明治14年）の旧５月19日写の「亀ヶ岡墟之産」と記された縄文後期後半の注口土器の図（関根編2009）や「浪岡村土中ヨリ堀出ス瓶器破之図」と記された土器の図（関根編2009）があることから、佐藤とは比べるべくもないが、以前から少数の出土品は持っていたのである。

　下澤はまた、琉球人の毛髪も持っていた。那覇港付近に住む未婚女性の黒髪で、弘前出身の旧知の沖縄県警部長をつとめていた田中坤六（1845〜1915）を介し、明治27年に人類学資料として入手したことが、学友の鶴岡の羽柴雄輔（1852〜1921。東京人類学会会員）に充てた手紙（※明治27年５月７日付）に見える（森山1962）。これは、下澤の南島への高い関心を示すものとして注目されるが、この関心が、弘前出身の探検家であり経世家でもあった旧知の笹森儀助（1845〜1915。『南嶋探験』の著者。のちに第２代青森市長）の琉球探検（青森県立郷土館2005）の行動と何らかの関わりがあったのかどうか、興味深い点がある。

　因みに、羽柴との交遊は、羽柴が中心となって明治23年11月に山形県の鶴岡に創設した「奥羽人類学会」の会場に、下澤が祝歌を送ったこと（東京人類学会1895）にも窺われる。

3．「石ノ草鞋ト称フル古石器」

　さて、前に述べた「石の草鞋…」の報文には、出土地の記載が曖昧であったのがずっと気になっていた。考古学では、出土地の記載のない資料の価値は非常に低い。その後、考古学研究史に関する著作を見ていたところ、清野謙次（1885～1955。京都帝国大学医学部教授。病理学者で縄文人骨研究に功績）の『日本考古学・人類学史　上巻』（1954）に注目すべき記載があった。大正14（1925）年7月初旬、札幌で行なわれた大日本病理学会に出席した清野は、その帰途の17日に青森市の大林区署に佐藤蔀を訪ねたあと、造道村（現松森二丁目）の自宅に案内され収蔵品を見学した（清野1928）。その際、数枚の遺物写生図を佐藤から貰っており、そのなかにこれとは寸法が若干違うものの、同一の石皿を写生した図があったというものである。本書には図は掲載されていないが、佐藤が明治13年頃に写生したもので、図の傍記に、「長サ八寸　横三寸二分　陸奥国南津軽郡浪岡村士族（元弘前人）岩淵彦五郎所蔵　石器　黒色　石目細カナレドモ細工粗撲、然レドモ古雅不可言　此器何タルヲ未詳　土人石ノ皿トモイフ、甚重シ　方今土岐蓑虫ノ所蔵トナル　伝曰、享和年中藩主越中守寧親朝臣大ニ新田開拓ノトキ奉行岩淵八右衛門所獲ト云フ、其地ハ豊岡村ノ辺ト云、亀ヶ岡ト三里許隔ル沃土地」とあったという（清野1954）。享和年中（1801～04）。現在の中泊町豊岡辺りから出土したものであったのである。

　さて、この石皿は、縄文後期のものと考えられ、旧中里町地区の東側丘陵一帯は多くの縄文遺跡が密集する地域である。遺跡名は特定できないものの、出土地としては問題ない。これでようやく出土地がわかり、筆者の胸のつかえも取れた。下澤の報文と清野の記述を合わせると、岩淵八右衛門の子孫とみられる岩淵彦五郎（※不明）が所蔵していた石皿を、佐藤が明治13年頃に写生し、16年に岩淵から蓑虫が譲り受けたものである。これについて下澤が寄稿したのである。そしてその後、佐藤が作成し持っていた写生図を清野が貰い受けたということであろう。そうなると、この石皿は蓑虫の土器図等の屏風絵に描かれている可能性がある。そこで、屏風絵のなかに探すと、藤沼邦彦氏らの言う阿部屏風（藤沼ほか2008）（※現在、青森市中世の館に展示）7の㉒、「蓑虫山人」と記された石皿が該当すると思われる。形態は長方形に描かれており、報文内容とは異なるが、蓑虫流の描き方からすれば、多少の違いはあって当然で、他の出土品にもその手法が多々見られる。さらに、蓑虫がこの石皿を実際に見て描いたとすれば、蓑虫はこの石皿を当時、どこに保管していたのかという問題になるが、神田が明治19年夏に、浪岡で蓑虫に会い、「……此人至て古物ずきにて所蔵澤山あるよしなれど皆弘前に預け置きたれば……」（神田1887a）と記していることから、弘前の佐藤宅等であった可能性が高い。

　ちなみに、この石器は、明治13年9月13日付けの『青森新聞』第225号によると、同8～9月に弘前下白銀町の東奥義塾で開かれた弘前第2回博覧会の陳列品にも、「皿石岩淵彦五郎」として出品されている。

4．北畠古城跡碑と下澤保躬

　神田が、明治19年夏に出会った「旧友」下澤との接点は、下澤が明治15年に著した『津軽古今雑記類纂　完』（1882年）にはじめて見える。佐藤蔀のことを述べたもので、「○弘前亀甲町士族常蔵先生ノ長男佐藤蔀ハ至孝信誠ノ人ナリ畫ニ巧ニ寫書ニ妙也古跡探索ト古器物及ヒ花鳥ヲ畫クニ巧ナ

リ其華族ヨリ好古舘ノ額ヲ贈ラレ又神田議官君ヨリ種々古器ノ依頼アリ又御巡幸ノ時所集ノ古物ヲ左大臣公以下御覧褒詞アリ名誉ト云ヘシ」とあり、佐藤と神田及び左大臣（※有栖川宮）とは既に旧知であったことを示しているが、ここで神田を神田議官君と呼んでいるのは、下澤も同様にこれ以前から知り合っていたことを示している。

　二人が知り合ったのは、おそらく明治新政府後の東京であった可能性が考えられる。下澤は、太政官歴史課勤務（明治７年２～９月。明治８年から修史局に改称）や津軽家の史書編纂（９～10年）等の在京勤務以外にも、その前後も含めてたびたび在京しており、中央の官庁職員（文部省・宮内省・教部省）や多くの研究者（漢学・国学・津軽藩史・短歌等の分野）と出会い、多方面の人物と交流した人物である。かつて文部省・宮内省に勤務し東京人類学会員であった弘前出身の外崎覚（1859～1932。漢学者・郷土史家）（写真17）は、下澤が歴史課に勤務していた頃に親しく交遊していた人物名を、当時残っていた書簡によって多数あげており（田沢編1991）、そのなかに金井之恭（1833～1907。書家。明治15年から内閣大書記官）・福羽美静（1831～1907。国学者。明治８～14年に元老院議官、明治12年から東京学士会院会員）・佐佐木高行（1830～1910。明治８～13年に元老院議官。13～14年に元老院副議長を歴任、14年から参議兼工部卿）らの名が見える。このなかで福羽は、明治20年６月の『東人報』に下澤が津軽の穴居について返信した（和田1887）後の12月の『東人誌』（福羽1887）に、武蔵の横穴に関する報文を寄稿しているのも、類似したテーマであり、双方の関

写真17　外崎　覚

わりが感じられる。このほかの金井・佐佐木は実は、次のような浪岡城跡との関連があった人物でもあった。

　青森市浪岡にある国史跡浪岡城跡の内館には、現在、「北畠古城跡碑」の碑が残されている（写真18）。明治15年８月に建てられたもので、「明治十三年九月書　北畠古城跡碑　二品熾仁親王（1835～95。有栖川宮。元老院議官、元老院議長を歴任、当時は左大臣）」の篆額の下に「参議兼工部卿正四位勲二等　佐佐木高行撰　内閣大書記従五位勲五等　金井之恭書」の碑文が刻まれている。これは、南朝方の北畠親房（1293～1354）の子孫と伝えられ、天正六（1578）年に大浦（津軽）為信によって攻め滅ぼされるまで、この城跡で活動した浪岡北畠氏の事績を記した顕彰碑[2]（浪岡町史編纂委員会2004）であるが、この碑文には、この親筆を賜るため明治10年以降上京したり、参議佐々木が明治12年11月に北畠城跡を視察した際に案内するなど、この建立のため奔走した下澤保躬の名が、地元資産家の平野清助（1830～1901。のちに

写真18　北畠古城跡碑（2001.5.27）

東京人類学会員）・前田高直（※不明）の名前とともに刻まれている。先祖が勤王の士で、北畠氏に従って津軽に来た（成田編1977）下澤家の下澤が、参議佐々木を介して有栖川宮の「北畠古城跡碑」の親筆を太政大臣・三条実美（1837〜91）の「北畠累代之墓」の親筆とともに戴いてきたものである。

　一方、神田は、兵庫県令（※明治4〜9年）のあと、帰京し元老院議官（※明治9年9月〜10年2月、再任13年2月〜23年10月）、その後は、文部少輔（※10年2月〜13年2月）、さらに、12年1月には東京学士会院会員となっている。これをみると、佐佐木・有栖川宮とはいずれも元老院時代という共通項があり、福羽も同様である。下澤が、北畠古城跡碑等の親筆を賜るため上京した際、旧知の元老院議官・東京学士会院会員を通じて、神田と知り合った可能性がたかいように思われる。神田は、兵庫県令・文部少輔を経たあと、元老院義官、東京学士会院会員になり、多忙な公務からはやや解放されていたのであろう。考古学的な方面にも力を注ぐようになっていたと推測される。

5．津軽の考古学界と下澤保躬

　明治19年夏の神田と下澤との出会いはまた、佐藤蔀、土岐蓑虫との出会いをもたらし、その結果として、東京帝国大学による亀ヶ岡遺跡の発掘調査等につながり、明治なかごろの草創期の津軽考古学界を非常に活発なものにした。敢えて言えば、本県考古学界の大きなエポックとなった。そこで、当時の津軽の考古学界における下澤の果たした役割について、とくに佐藤・蓑虫との交流を通して述べてみたい。まず、『青森県人名大事典』（尾崎編1969）等をもとに、佐藤について述べる。

（1）佐藤　蔀

　佐藤蔀（1852〜1944）は弘前藩士の出で、幼少から画才に恵まれ、日本画の平尾魯仙に学んでいる。明治18年に東奥義塾の教員になった（東奥日報社編1928）のち、22年には青森市に転居し、青森県庁収税部勤務のあと青森大林区署に勤めた。19年11月には本県人としては、最初の東京人類学会会員になり、翌20年から23年まで寄稿している。のちに重文に指定された亀ヶ岡遺跡の大型遮光器土偶の図を『東人誌』に掲載したり（1887d）、黒石市花巻遺跡の縄文土器（佐藤1889）や五所川原市高野の石器（佐藤1887a・c）の報告をしたり、弘前市湯口の遺跡で、弘前の外崎覚・安田雄吉ら同好の士とともに調査をする（外崎1888b）など、積極的に考古遺物を収集・紹介している。多くの遺物画を残しているが、下澤との交遊（下澤1882）では、とくにこの画を介して協力していたことが窺われる。また、民俗の報告も行なっており（佐藤1887b）、のちに下澤にも影響を与えた。佐藤の寄稿のなかで、とくに明治23年2月の『東人誌』に発表した論考（佐藤1890）は、日本原住民がコロポックルであるとする坪井正五郎に対し、アイヌ説を唱えたもので、本県考古学史のみならず、わが国の人類学研究史上でも高く評価されている（寺田1975）。

　次に、蓑虫山人について述べる。

（2）土岐蓑虫

　明治15（1882）年6月下旬に、蓑虫（1836〜1900）が描いた「明治十五年六月下浣於浪岡邑玄徳寺平野百川前田諸君博覧会之図」（図12）には、浪岡の玄徳寺で開かれた書画・古器物の博覧会で、蓑虫と下澤が同席している情景が描かれており（青森県立郷土館2008）、本県入りした後、割合はやくから蓑虫とは知り合いであったようである。この関わりが、同19年夏の神田との出

会いにつながっている。この蓑虫については高橋哲華の著書（1967）や成田彦栄（1949）・杉山荘平（1967）の論考、さらに蓑虫の展示図録（青森県立郷土館1984・2008）に詳しいが、簡略に述べると、蓑虫は全国

図12　下澤と蓑虫が同席した博覧会図（右端が蓑虫、その左隣が下澤）

を放浪した画人である。明治11年に本県に入って20年まで滞在し、本県の名勝・旧跡・考古遺物等を描いている。とくに、考古遺物に関心が深く、「陸奥全国神代石幷古陶之図」等の屏風絵には、県内の遺物所蔵家を訪ね絵を描き残している。何度か亀ヶ岡遺跡を発掘したようであるが、とくに明治20年4月の発掘については、神田に結果を書き送り、神田はそれを、同年6月の『東人報』（蓑虫1887）に紹介している。

（3）津軽の考古学界と下澤保躬

さて、明治前半期のわが国の考古学は、10年の大森貝塚の発掘調査によって、近代考古学が出発し、その後、津軽においても、創刊された学会誌『東人報』等により、「人類学」が知られるようになり、その一分野として考古学資料が扱われるようになった。この状況のなかで、下澤は、人類学に関わりをもつこととなるが、彼の考古学に対する姿勢はどういうものであったのか考えてみたい。

まず、考古遺物に対しては、下澤が寄稿した石皿の件でみると、出土遺跡の記載がなく、また、出土品の年代等に対する考察も行なっていないなどの不充分な点がみられる。ただし、この時代では、出土遺跡名が必須であるという考え方はまだ徹底しておらず、さらにまた、出土品の年代よりも、そ

れを用いた人種論が学界の関心事となっていたという状況があり、やむを得ないことであった。

次に、遺跡に対しては、前述したように、浪岡城跡（北畠城跡）に関するものや長慶天皇陵（写真19）に関する活動（※弘前市の上皇堂裏の古塚は、明治21年12月に御陵墓伝説参考地に指定されたが、昭和19年に廃止され、現在は旧長慶天皇御陵墓参考地）はあるが、これはあくまでも顕彰碑建立や御陵墓指定

写真19　旧長慶天皇御陵墓参考地（1969.5.13）

の請願が目的であり、考古学調査ではない。この点を考えれば、佐藤蔀とはおおいに異なるもので、下澤を考古学研究者であったと言うには物足りない。しかし、これは考古学の調査・研究において、遺跡調査がどういう意味をもち、どのように行なうのかといった方法論が、まだ知られていない考古学の未発達な当時としては、やむを得ないところであったし、むしろ、興味の対象を考古資料に広げ、それまでの研究・学問で得た豊富な知識を基に積極的に寄稿するという姿勢、あるいは遺跡を守りた

いという姿勢・情熱こそ評価すべきものであろう。

　当時の下澤の考古遺物に対する意識は、明治26年５月21日付けで、羽柴にあてた手紙に、その一端が述べられている。そのなかで「……歴史の部ニハ六国史以下ニモ僅ニアレドモ此ツカルハ奥蝦夷ノ又奥ノ部ナレバ、史ニ上ラザル多カリシナラン。是等ノ為ニハ人種学広ク相成候ヘハ無此上好材料双方ノ都合ト被存候。……」（森山1961）として、津軽の蝦夷について、六国史以下に余り書かれておらず不明な点が多いため、「人種学」（※人類学のことであろう）が有用であることを述べている。つまり、下澤は、津軽の蝦夷研究には、考古遺物が必要であると考えていたのであって、これは、現在にも通じる考え方である。そして、下澤はおそらくは、日本原住民はアイヌであったと考えていたのであろう。また、下澤が弘前の民俗等に関する寄稿（下澤1890a・b、下澤1893）も行なったのも、沖縄人の毛髪入手に意を注いだのも、人類学に興味を広げた下澤としては、ごく当然のことであった。同学の佐藤蔀の石器時代人＝アイヌ説（佐藤1890）や民俗（佐藤1887b）の寄稿とかなり共通しているが、おそらくこれは、下澤との交流のなかで醸成されてきた意識であったのであろう。

　下澤は、当時の津軽において、積極的に考古学の研究会をつくり論考を多数発表したわけではない。神田が「古学者」と称したように、国学者であり、津軽藩や神社等の歴史書編纂に関わってきた歴史家であるが、古器物に対する学識や中央との幅広い人脈を備えた人物は、当時の津軽では、下澤を措いてほかにはなく、下澤もそれを自覚していたにちがいない。

　東京人類学会が創設され、神田の訪問を受けた下澤は、この新しい学問の魅力に惹かれ、その発展の必要性を痛感したのであろう。ちょうど家督を長男に譲り、時間的な余裕もできていた時期でもあり、東京人類学会の代表である神田と出会ってからは、津軽の人類学資料を提供しようとする意識が高まったとみられる。それが、結果として『東人報』誌に、本県人としては初の寄稿という形になり、以後の津軽の考古学界発展のきっかけをつくったと言えよう。

『註』
1）この写真は、筆者の父が、同居していた祖母から受け継いだもので、長い髭を蓄え正装して撮ったものである。ちなみに、下澤は、筆者の父方の祖母（みゑ）の母の兄、つまり伯父にあたる。台紙の裏に、朱筆で「下澤保躬　履歴ハ大日本人名辞書ニアリ　明治廿九年死去　五十九才」とあり、「弘前　田井市雄製　PHOTOGRAPH S. TAI…」写真館名がある。船水清の『青森県の写真事始』（1977）によると、田井写真館は、田井晨善（1845〜90）が、明治4（1871)年に弘前下白銀町４番地（かつての東奥義塾高等学校の隣地）に開業した本県初の写真館である。

　下澤の写真は、このほかにも、前述した青森県立図書館・青森県叢書刊行会（1953）、田沢編（1991）などに掲載された異なる３枚が知られるが、本写真と同じものは『改元記念　東奥人名録』（安西ほか編1913）に使われている。

2）「北畠城跡碑」に関する記載は、このほかに、浪岡町史編纂委員会（1977）等にもある。

第４節　上北考古学の先駆者、佐藤重紀
－東京人類学会で活躍した会津出身の研究者－

はじめに

　明治26（1893）年10月８日の午後１時より、理科大学（現在の東京大学理学部）人類学教室で開かれた東京人類学会第89例会の後、同会創立第９年会が開かれ、幹事の坪井正五郎（※28年６月から会長）は、前１年間の事業報告を行なった。その際、この年の４月16日に病死した本会会員佐藤重紀[1]を悼み、次のように述べた（坪井1893）。「……。私は以上の報告に次いで悲む可き一事を申さなければ成りません。悲む可き事と申したらば直にお気付きでもござりませうが、佐藤重紀氏の病死された事でござります。同氏は人類学研究の熱心家で有りまして、本会の為にも種々尽力され、既に申しました通り委員の一人とも成られた方でござります。我々は実に同氏の死去を嘆きます。私は同氏と談論する折りの少かつたのを残念に思つて居ります。今は嘆いても返らぬ事、何とか遺志を継ぎ紀念を伝へる法もがなと考へて、私は氏の為に祈念図板と云ふものを作り、之を雑誌に載せんとの事を発起致しました。此挙は幸にして諸氏の賛成を得、費用も集まり、彼の佐藤重紀氏紀念図板[2]（図13）なるものは御存じの通り屡ば雑誌に載る様になりました。……」。

図13　佐藤重紀氏紀念図板[2]

　坪井から、このように高い評価を得ていた佐藤ではあるが、佐藤が『東京人類学会雑誌』（以下、『東人誌』）に発表した多数の本県関係の調査研究報告のなかで、本県ではわずかに二ツ森貝塚や上北郡の竪穴調査のことが、一部の関係者に知られるのみで、他の多くの業績については、ほとんど知られていない。しかも、生年・経歴等の人物像にいたっては、まったく不明（村越2007）という、謎多き研究者である。

　そこで本稿では、佐藤の考古学・人類学上に果たした業績についてすべて紹介し、あわせてこれまでの調査によって判明した人物像についても述べてみたい。

１．東京人類学会に関わる佐藤重紀の活動

　佐藤重紀（※当初は重記）の名が、初めて人類学界へ登場したのは、明治20（1887）年２月の『東京人類学会報告』第２巻第12号（以下、『東人報』２－12）で、これに「函舘方言」を発表した。佐藤は、この後『東人誌』に立て続けに寄稿するわけであるが、佐藤には、寄稿以外の東京人類学会に関わる活動もある。以下、佐藤の本会に関わる活動を、学会発表・会誌寄稿、資料寄付・学会委員活動に分けて述べる。

（１）学会発表

　明治22年11月28日発行の『東人誌』５－45の入会者欄に、「前会（※第54会。10月13日）後入会

サレタルハ石川千代松佐藤重紀佐藤長蔵ノ三氏ナリ」と記されていることから、佐藤は22年10～11月に東京人類学会に入会したことがわかる。入会後ただちに例会で談話（※発表）を行ない、病没までの約3年半に計7回行なった。談話日とタイトル等を列記すると以下の通りである。

①明治22年11月10日の理科大学地質学教室（現文京区本郷元富士町）で行なわれた本会第55会、「陸奥上北郡アイノ沢ノ調査」『東人誌』5－45、1889年11月。

②明治23年5月4日の本会第60会、「陸奥上北郡竪穴ノ話」『東人誌』5－50、1890年5月。

③明治24年2月1日の本会第66会、「陸奥国上北郡の貝塚」『東人誌』6－59、1891年2月。

④明治24年3月1日の本会第67会、「陸奥国二戸郡福岡発見の貝塚土偶説明」『東人誌』6－60、1891年3月。

⑤明治24年10月8日の本会第72会、「シャム国の涅歯習俗」の談話予定であったが、参集者が少ないため、結局は随意の談話となり2時に散会（『東人誌』6－67、1891年10月）。

⑥明治25年10月9日の本会第79会、「陸奥国上北郡アイノ沢ノ土器説明」『東人誌』8－79、1892年10月。

⑦明治26年3月5日の本会第84会、「南部画暦ノ事及ビ陸奥石器ノ事」『東人誌』8－84、1893年3月。

これらのなかで、本会第60会の談話は、談話後に「……質問雑話アリ散会セシハ四時ナリ当日ハ時間ノ都合ニヨリ若林（若林勝邦。1862～1904。東京人類学会幹事）氏ハ談話ヲナサヾリシ」とあり、予定されていた若林の談話を次回例会第61会へと遅らせる結果となった。佐藤は談話のなかで、六日町（現十和田市）・中志館（現六ヶ所村）の竪穴等について紹介した際に、坪井等の、竪穴はすべて石器時代とする考え方に対し、年代差があると述べたようで、それに対する質問等が寄せられたとみられる。

（2）会誌寄稿（図14）

佐藤は、『東人報』・『東人誌』に計21回にわたって寄稿した。その掲載号発行月・タイトル・掲載号、調査・研究概要を列記すると以下の通りであるが、タイトルから内容が推察できるものについては、概要を略した。

①明治20（1887）年2月、佐藤重記「函舘方言」『東人報』2－12。寄稿したのは同年1月で、『東人報』2－11の雑記に「原稿落手、左記の原稿正に落手せり次号に登録す可し、「函舘方言ノの事」佐藤重記」とある。

②明治22年1月、佐藤重紀「東北地方旅行見聞」『東人誌』4－35。
東京から上北郡三本木平原中の一小村（現十和田市）に帰るまでの見聞記。

③明治22年2月、「南部ノ画暦附年中行事」『東人誌』4－36。

④明治22年5月、「陸奥国上北郡年始風俗（一）」『東人誌』4－39。

⑤明治22年6月、「年始風俗彙報（承前）」『東人誌』4－40。

⑥明治22年7月、「陸奥国年始風俗彙報（承前）」『東人誌』4－41。

⑦明治22年9月、「陸奥国上北郡年始風俗（つゞき）」『東人誌』4－43。

⑧明治22年11月、「「アイノ」沢遺跡探究記」『東人誌』5－45。

　　21年秋以来、アイノ沢遺跡（現十和田市）から発掘した貝塚土器（※縄文土器）について、性質・形状・模様により分類・図示し、貝塚土器のなかでもその精巧なことは遥かに上級とした。土器には縄文後期の十腰内Ⅰ式と晩期の大洞C$_2$式があるが、大半は大洞C$_2$式。

⑨明治22年12月、「陸奥上北郡「アイノ」沢遺跡探究記（前号ノ続）」『東人誌』5－46。

　　アイノ沢遺跡から発掘した石鏃・石匙・磨製石斧・石棒破片・円石・トチの実・クルミ・木炭等について紹介したのち、この遺跡の土器はアイヌが作ったもので、居住者を地名からもアイヌとした。また、本号には前号に載すべきとした土器・石器の付図もある。

　　なお、佐藤の『東人誌』5－45・46の論考に対し、坪井は「ロンドン通信」（『東人誌』5－51）のなかで、アイヌ沢の土器の色料・土器の模様等について、貝塚土器の模様とアイヌ所用の模様・アイヌの巴紋・アイヌの地名により批判も含めコメント。

⑩明治23年6月、「陸奥国上北郡の竪穴」『東人誌』5－51。

　　坪井らが竪穴の年代をすべて石器時代とみていることを踏まえ、調査例が少ない本州例を紹介したいとし、23年4〜6月に踏査した蛯沢村（現東北町）の内蝦沢蝦夷館、中志、尾駮・鷹架沼（以上、六ヶ所村）の竪穴、六日町（現十和田市）の竪穴を紹介し、蛯沢・中志の竪穴図も付した。

　　なお、この発表に対し、坪井は「ロンドン通信」（『東人誌』5－55）のなかで、自分は、竪穴の年代をすべて石器時代だとはみていない旨反論。

⑪明治23年7月、「地名に就きて」『東人誌』5－52。

　　坪井の批判（「ロンドン通信」『東人誌』5－51）に対し、アイノ沢の地名以外に、周辺地域のアイヌ語地名分布や方言に混在するアイヌ語、アイヌ風俗などの残存から、アイヌ沢にはかつてアイヌが居住したことを再論。

⑫明治23年11月、「竪穴及チャシコッ」『東人誌』6－56。

　　坪井の、竪穴に関する新たな説明「ロンドン通信」（『東人誌』5－55）に対し、竪穴のあるチャシコッとないもの、チャシコッの竪穴とその他の竪穴の異同、石器時代に属しない竪穴との差違などについて問題点を指摘。これに対して、坪井は、再度24年4月の『東人誌』6－61に「佐藤重紀氏の竪穴及チャシコッの記を読む」（24年1月1日記）を載せ反論。

⑬明治24年2月、「陸奥国上北郡の貝塚」『東人誌』6－59。

　　21年秋、22年春に調査した貝塚など5か所を紹介。貝塚（榎林村支村貝塚の貝塚弥助畑の貝盛。現七戸町二ツ森貝塚）を発掘し、出土した貝類・獣骨・角・土器・石器を記載。その他、二ツ森（現七戸町）・才市田（現東北町）（※ともに貝層が人為堆積か自然堆積か不明とす）、湯沢（現六ヶ所村）を紹介し、小林寿郎（1857〜1922）[3]の談話、星松太郎の手紙にある、平畑（現三沢市。貝層が人為堆積か自然堆積か不明とする）も未踏査としたうえで紹介し、さらに、貝塚や才市田にまつわる手長婆と足長爺の古伝を紹介。

　　また、佐藤の調査をうけて、病没後の26年7月、技手の若林勝邦は大学の命をうけて上北を巡回した際、この貝塚（貝塚村字貝盛）を26・27の両日調査し、出土した鹿角・獣骨・石器・土器片（※円筒上層式・榎林式）・鉱物・貝殻を図とともに紹介した（若林1893）。

⑭明治24年6月、「コロポックルの解」『東人誌』6－63。

　　これまでのコロポックルの人種の解釈について、5つをあげ、坪井等が言う「蕗の下の人」等

1．アイヌ沢遺跡一帯（十和田市．2010.6.25）

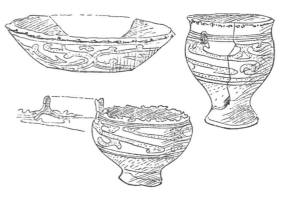

2．アイヌ沢遺跡出土の土器（佐藤1889a）

3．内蝦沢蝦夷館（東北町．1985.11.28）

4a．内蛯沢蝦夷館（佐藤1890）

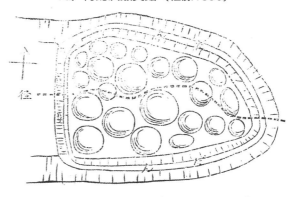

4b．内蝦沢蝦夷館（佐藤1890）

5．中志館遺跡（六ヶ所村．2010.10.8）

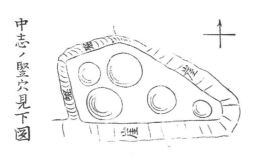

6．中志館遺跡（佐藤1890）

7．（国史跡）二ツ森貝塚（七戸町．2009.5.8）

図14　佐藤重紀が調査した上北郡の遺跡

ではなく、広葉の下の人、即ち蕗やイタドリなどの「広い葉の下の宿りし人」と解釈。

⑮明治24年８月、「本邦涅歯考」『東人誌』６－65。

　　わが国における涅歯、すなわちお歯黒の歴史を概説。

⑯明治24年９月、「本邦涅歯考（前号の続）」『東人誌』６－66。

⑰明治24年11月、「檳榔子を噛む風俗」『東人誌』７－68。

　　中国南部・台湾・ベトナム・マレー地方等で行なわれている檳榔子を噛む風習に関する論考。

⑱明治25年５月、「陸奥に於けるアイヌの紀念」『東人誌』７－74。

　　陸奥において、かつてのアイヌの遺跡・遺風が消滅する前に、文献記録、チャシ（※アイヌの館跡）に似た蝦夷館遺跡に伝わる口碑、ペツ等の地名、マキリ・ケリなどの言語、アッシ着用などの風俗等の痕跡を採録することの必要性を指摘。

⑲明治25年５月、「南部方言」（上北郡折茂村（現六戸町）の方言）『東人誌』７－74。

⑳明治25年６月、「南部方言」（上北郡三本木村（現十和田市）近傍の方言）『東人誌』７－75。

㉑明治25年10月、「陸奥国上北郡アイノ沢土器」『東人誌』８－79。

　　『東人誌』５－45・46の発表後に、新たに佐藤宛に送られて来たアイヌ沢遺跡の土器（※十腰内Ⅰ式と大洞C_1・C_2式土器、土器底部片）と石棒破片を報告。

（３）資料寄付

佐藤の東京人類学会に関わるそのほかの活動として、本会宛ての書籍・出土品の寄付がある。『東人報』・『東人誌』によると、計７回にわたって行なわれ、その時期と品名等は以下の通りである。

①明治20年５〜６月、「北海文典」・「蝦夷今昔物語」『東人報』２－16、1887年６月。

②明治20年11〜12月、「北海道毎日新聞八十九、九十一、九十三」『東人誌』３－22、1887年12月。ちなみに、佐藤はこの号から「重記」ではなく「重紀」を名乗っている。

③明治22年10〜11月、「アイノ沢発見の貝塚土器壺破片、石斧三箇及石器、骨片、胡桃、橡ノ実」『東人誌』５－45、1889年11月。

④明治23年２〜３月、「貝塚村ノ貝塚の貝塚土器、貝殻、獣骨、石斧」・「二ツ森の貝塚土器、貝殻、石器」『東人誌』５－48、1890年３月。

⑤明治23年４〜５月、「文明論一冊」『東人誌』５－50、1890年５月。

⑥明治25年２〜３月、「明治二十五年画暦一葉」『東人誌』７－72、1892年３月。

⑦明治25年９〜10月、「南部画暦（文政八年乙酉ノ分　壱葉）」『東人誌』８－79、1892年10月。

（４）東京人類学会委員

坪井は、22年５月から英国へ留学し、25年10月の帰国後に教授となったあと、会員の増加を考慮し、明確な組織づくりにかかった。25年12月の『東人誌』８－81によれば、坪井は11月29日付で会員数名に書簡により諮り、12月４日の委員会で、東京人類学会に中央委員を置くことに決まり、「在京会員中前一年間ニ三回以上ノ寄稿ヲ為セシ者ヲ撰ビ、（以下略）」、神田孝平、三宅米吉（1860〜1929）、若林勝邦、坪井正五郎（1863〜1913）（写真20）、田代安定（1856〜1928）、山崎直方（1870〜1929）（写真20）とともに、佐藤重紀も選出された。会長には委員互選で、引き続き神田、幹事には若林と坪井が選出された。また、翌26年２月の『東人誌』８－83によれば、２月５日の委

員会で、地方委員を置くことも決議され、山形の羽柴雄輔（1851～1921）ら5名が選出された。

　中央委員に選出された後の、佐藤の委員会への出席状況が記録されている（『東人誌』8－82～84）。それによれば、佐藤は、理科大学地質学教室で開かれた26年1月15日の第82回例会の第2委員会（『東人誌』8－82、1893年1月）、同2月5日の第83回例会の第3委員会（『東人誌』8－83、1893年2月）、同3月5日の第84回例会の第4委員会（『東人誌』8－84、1893年3月）に出席したが、翌4月に死去したため委員としての活動はわずか3か月間というきわめて短いものであった。また、このなかの第83例会では、例会後の5日、6日には坪井・井上喜久治（1846～94。佐藤の死後、代わって中央委員になった）（写真20）らと西が原村貝塚（現東京都北区西ヶ原貝塚・東京都史跡）を見学したことが記されている（井上1893）。

　佐藤はこのほかに、山形県鶴岡に創設された奥羽人類学会に、25年8月に名誉会員として入会しており、9月4日の同会第23会の記事に「前会（※8月7日）後入会者名誉会員ニ佐藤重紀通常会員ニ野村敏恵ノ二氏ナリ」と記載されている（『東人誌』7－78、1892年9月）。しかしながら、入会後7か月で死去したため、本会における実質的な活動はみられない。

2．佐藤重紀と『文明論』の人々
（1）『文明論』の自序

　佐藤の人物像については、それをうかがわせる記事が『東人報』・『東人誌』にはほとんど出てこないが、佐藤には、実は明治23年4月に東京・博文舘から出版された『文明論』という訳述書（えめるそん著・佐藤訳述1890）がある。米国の有名な思想家・哲学者で作家・詩人でもあるラルフ・ワルド・エマーソン（1803～82）の論文「Civilization」を訳したものである。これは、22年11月26日付けの小林寿郎宛ての手紙（※三沢市先人記念館蔵）によれば、上京後早々に翻訳に取りかかり、22年10月末に終え、「エマーソンの開花道論」のタイトルで送稿したものである。最初の書名は『開花道論』であった。

　この自序（図15）で、佐藤が自分自身について記した部分、および序文や跋文等を寄せた人物から佐藤の人物像を垣間見ることができる。自序によれば、佐藤は、別に佐藤千里とも称し自らが会津出身であることを明言している。幼少時に戦争（戊辰戦争）に敗れて、北の寒冷地への移住と貧困生活を強いられ、満足な教育も受けられなかったが、長じて父の村塾で勉強することができ、江戸時代後期の水戸藩の勤王論者藤田東湖（1806～55）や頼山陽（1780～1832）の書物、東晋・宋の陶淵明の漢詩に親しんだこと等を漢文調の文体で述べている。また、本書については、以前、講学用に訳していたもので、病床で少しづつ手を入れて本書にしたことを述べ、文明開化後のわが国について、今の外面だけの中空の文明開化ではなく、内面を充実させることの重要性を説いている。

（2）広澤安任

　本書には、牧老人こと広澤安任（1830～91）が序を寄せている。広澤は、『青森県人名大事典』（尾崎編1969）等によれば、会津若松生れで戊辰戦争後の明治3（1870）年、下北半島田名部（現むつ市）に置かれた斗南藩の少参事を務めた人物であるが、本県では三沢市谷地頭に洋式牧場を開いた人物としてよく知られている。この一方、考古学にも興味をもって、『東人報』に寄稿した。そのなかから、簡単に、広澤の考古学に関わる部分を列記しておく。

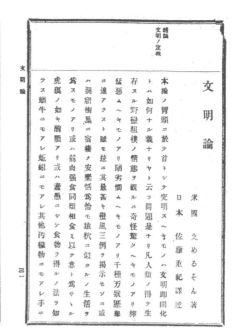

図15　『文明論』の自序

①明治19年夏、東京人類学会の神田（※20年7月から同会会長）が、三沢村（現三沢市）の広澤を訪ねた際に見た石皿について、後日、広澤から神田に送ることを約束（神田1887a）。

②明治20年1月、広澤牧場等からかつて採集した古陶片（※土師器片か）・石鏃・砥石を神田に送ったことを述べ、貝塚村の貝塚（現二ツ森貝塚）について簡単に記載（「アイノノ遺跡ノ事」『東人報』2－11、1887年1月）。

③明治20年5～6月に東京人類学会に入会。住所は「青森県上北郡三沢支谷地頭　牧畜家」（『東人報』2－16、1887年6月）。

④明治20年6月、画人で考古家としても知られた土岐蓑虫が三沢で古代器物展覧会を開いた際に、広澤は会記を記録（『蓑虫山人』青森県立郷土館、1984年9月）。

⑤明治20年11月、五戸で得た貝塚土器、朝鮮土器を寄付（『東人誌』3－21、1887年11月）。

⑥明治21年4月、広澤が送った石皿を神田が淡厓名で報告（「二十四版図解」『東人誌』3－26、1888年4月。附図に「陸奥田名部発顕中高皿之図　淡厓所蔵　長原孝太郎写」とある）。

⑦明治21年4～5月、古蝦夷土器三箇を寄付（『東人誌』3－27、1888年5月）。

（3）徳富蘇峰・中村正直・東海散士・荘田三平

　以上が広澤の考古学に関わる記事であるが、広澤のほかに『文明論』に序文を寄せた人物として、当時評論家で知られていた徳富蘇峯（1863～1957。「民友社」を創設し、雑誌『国民之友』を創刊。その後さらに『国民新聞』を創刊し平民主義を唱える。作家徳冨蘆花の兄）がおり、さらに、啓蒙思想家の中村正直（1832～91。ベストセラー『西国立志編』の著者）も読後感を寄せ、ナショナリズム小説『佳人之奇遇』で知られた東海散士（1852～1922。本名、柴四郎。現千葉県富津市の会津藩屋敷の生れ。明治5・6年に広澤の牧場で通訳を勤めたり、東奥義塾にも籍を置いた。弟は陸軍大将の柴五郎）が題詩を寄せた。また、跋文は友人の荘田三平が寄せた。

　これらの序・跋文等を寄せた広澤・東海・荘田はいずれも同郷の会津出身や会津関係者であり、と

くに広澤は大先輩であり、考古家としての先輩でもあった。また、他の２名も当時を代表する思想家・知識人であり、本書刊行にかけた佐藤の意気込みが伝わってくるが、実は佐藤は、これらのほかに、同志社大学を創立した新島襄（1843〜90）にも依頼した[4]が、返事は来なかったようである。

さて、つぎに、佐藤の経歴について述べよう。

3．佐藤重紀のこと
（１）函館師範学校と函館教育協会

佐藤は、元治元（1864）年７月[5]、会津で、父常太郎、母まつの長男として生まれ、戊辰戦争後の明治３（1870）年に上北郡三本木村（現十和田市）の金崎（小沼編1998）に、佐藤の母、長女、次男の計６名[6]で移住してきたようである。本籍地[7]からすれば、佐藤の小学校は三本木小学校であろうか。明治12（1879）年１月９日に函館の伝習所教員試補（※見習い）、８月６日に小学教科伝習所（※翌年10月、函館師範学校と改称）に官費生徒として入学。14年７月31日に函館師範学校小学師範学科を卒業し、翌８月１日付けで同校附属小学教員に採用された（※17年には一時、函館県学務課に異動になった）[5]。なお、前述した『文明論』の自序には、本著は講学に使う目的で試みに訳した旨の記載があるが、小学校では英語も教えることもあったのであろう。ちなみに函館師範学校では、港を開き外国人との関係が多いという函館の特殊性から、全国に先がけて18年７月から英語の授業を開始し、９月には在留外国人を教師に採用している（函館市1990）。また佐藤は、在職中の14年11月末に、教育上の理論・方法などの研究を目的に創立された函館教育協会に積極的に参加し役員として活動した。それについてまとめると以下のようである。

①明治15年２月18日、函館教育協会演説会で演説（「当道女子教育ノ急務ヲ論ス－函館教育協会報告」『北海道学事新報』第10号、1882年２月）。

②明治15年６月７日、本会書記となる（「函館教育協会報告」『北海道学事新報』第15号、1882年６月）。

③明治15年９月11日、本会編纂委員となる（『函館教育協会雑誌』第１号、1882年10月）。

④明治15年10月、「智育論」『函館教育協会雑誌』第１号。

⑤明治15年10月、「智育論（前号ノ続）」『函館教育協会雑誌』第２号。

⑥明治15年11月４日、本会演説会で演説（「当道教育ノ妨害」『函館教育協会雑誌』第３号、1882年）。

⑦明治15年12月16日、本会書記・編纂委員となる（『函館教育協会雑誌』第４号、1882年12月）。

⑧明治16年１月、「智育論（第二号続）」『函館教育協会雑誌』第５号。

⑨明治16年２月、「智育論（前号ノ続）」『函館教育協会雑誌』第６号。

⑩明治16年３月３日、本会演説会で演説（「小学教育の目的を論ス」『函館教育協会雑誌』第７号、1883年３月）。

⑪明治17年６月、「思想力ノ発達ヲ論ス」『函館教育協会雑誌』第13号。

⑫明治18年５月、「教育の真価」『函館教育協会雑誌』第24号。

佐藤は、この間の15年９月〜16年12月、さらに18・19年には本会雑誌の編纂委員を務め、本誌奥付に「編纂人　青森県士族　佐藤重記　函館区曙町一番地寄留」とあるが、16年12月の本誌第10号

の奥付には、編纂人として佐藤とともに前述した荘田の名が、「青森県士族　荘田三平　函館区東浜町三十六番地寄留」と記されており注目される。編輯人の荘田の名は、このほか本誌第24・28・29号（1885年9・10月）においても見られる。

そして、19年4月30日の『函館教育協会雑誌』第35号の、○役員補欠の欄には、「本会幹事佐藤重記君研学ノ為メ出京ニ付幹事退役ニ依テ……」とあり、佐藤の幹事退会・上京の記事が掲載されている。

（2）上京と荘田三平

函館の地で小学校教育に情熱を傾けていた佐藤ではあるが、上京後の翌20年1月に、『東人報』に「函館方言ノ事」のタイトルで初めて寄稿している。佐藤がどのような理由で上京し、どのような理由で『東人報』・『東人誌』に寄稿するようになったのかについて述べる。

まず、上京の理由であるが、生来身体が弱く、北海道の寒さが合わなかったということもあったのであろうが、向学心旺盛な佐藤としては、いずれは勉学のため上京したいという気持ちがもともとあったとみられる。そして、そのきっかけとして、前述した荘田の上京があったのであろう。荘田は、18年以降、佐藤とともに函館教育協会雑誌の編輯を行ない、本誌への寄稿、さらに函館教育協会で演説を行なった[8]同僚であるが、18年10月30日の『函館教育協会雑誌』第29号の、○幹事退役の欄に「本会幹事兼雑誌編輯人荘田三平君及ビ本会幹事兼雑誌社主理化学講義嘱託新保磐次君ハ此度函館ヲ辞シ出京ニ付右退役セラル」とあり、その年に退職し上京したようである。この荘田・新保両氏の上京、とくに荘田の上京は、佐藤にとってそれ以上の大きな意味をもっていたとみられる。

『文明論』・履歴録『簿書』[9]・『会津会雑誌』[10]等によると、荘田は文久3年8月の会津生まれ（1863～1942？）で、佐藤より1歳年上である。克堂・秋作と号し、上京後官吏・東京経済雑誌社勤務等を経て、大正3年から昭和15（1940）年まで『会津会会報』、後の『会津会雑誌』編集に従事した人物であるが、戊辰戦争後、本県上北郡三本木村に移住して来ている。佐藤と同様、明治12年1月に函館の伝習所教員試補として入学し、卒業後の9月には小学教科伝習所教員、13年1月には函館の宝小学校教員、15年12月には同東川小学校教員、そして、16年には宝小学校長を務めた[9]。これを見ると、少なくとも三本木村の小学校時代からの知り合い・友人であったことが推測され、荘田の上京は、佐藤にとっては非常に大きな衝撃であったと想像される。

つぎに、佐藤の『東人報』等への寄稿であるが、このきっかけは、18年5月刊行の『函館教育協会雑誌』第24号とみられる。本誌の雑報欄に「方言取調仲間の主意書　明治十八年四月　理事三宅米吉・辻敬之・湯本武比古（1856～1925。教育者）・岡村増太郎」の記事が掲載された。18年4月に設立された方言の調査研究グループの記事で、三宅以下4人の理事名で出された主意書には「明治以降、世の中が進み各地の方言が混ざり合い、最も広く使われる一つの言語にまとまるようになった。他の小範囲にしか使われない方言は消滅しつつあり、わが国の言語はこれから大きく変わるであろう。この変化は、国民にとって利便性があり、早くそうなってほしいが、その前に、古来からの国語の変遷、各方言の起こってきた理由があるので、それを明らかにし、国語が将来どのように変化していくのかをあらかじめ知っておくことが重要である。そのためには今の方言を集め、国語の今の状態を明らかにすべきことが大事である（大意）」と記されている。佐藤のように、内地から津軽海峡を越えて来た者にすれば、北海道の方言は非常に興味深いもので、大きな関心をもっていたと思われる。こ

の主意書の本誌掲載に際しては、編輯者は荘田であったが、佐藤の意見も反映されたとみられる。

さて、この主意書は、その後19年10月30日の『東人報』1－8にも三宅米吉・辻敬之（1851～91。教育者）・岡村増太郎（生没年不明。教育者）の連名で「方言取調ノ主意」として掲載された。上京後、これを見たであろう佐藤は、さっそく函館の方言と、自らが育った本県南部の方言との異同について寄稿を思い立ち、20年1月に寄稿したのであろう。

この方言取調仲間の理事の一人、三宅米吉（1860～1929）について簡単に述べておく。三宅は歴史学者、そして教育者でもあるが、佐藤より前に既に東京人類学会に入会し、前述したように、25年12月には佐藤とともに同会の中央委員になり、28年4月には、その委員である坪井・若林・下村等とともに本会から考古学分野を独立させた『考古学会』（※昭和16年1月から『日本考古学会』）を創立した人物である。三宅は、独学で国史を学んだあと、明治13年に千葉師範学校教師となり、19年1月に『日本史学提要第1編』を刊行し、この年に教科書製作を主とする大手出版社の金港堂に入社した。その後21年には金港堂編輯所長、23年には帝国博物館（現東京国立博物館）陳列品取調嘱託、24年には金港堂書籍株式会社副社長、28年には帝国博物館学芸委員、高等師範学校（現筑波大学）教授となり、31年には考古学会会長、そして、後に東京帝室博物館総長、東京文理科大学学長を務めた（斎藤1984）。

（3）病気療養と上北郡の調査

つぎに、佐藤と東京人類学会との関係について述べると、佐藤が明治20年1月に『東人報』に寄稿して以降、約2年の空白期間を置いて、22年1月から再び『東人誌』に寄稿した。なぜ、この期間に寄稿しなかったのか、そして本会との関わりについて述べる。

実は、この期間は、佐藤にとっては非常に辛い日々であった。病気の療養である。以前から身体は弱かったようであるが、21年夏に発病したあと療養のため、7月6日に東京を発ち同18日に三本木村に着き（「東北地方旅行見聞」『東人誌』4－35）、1年以上にわたって療養している（「「アイノ」沢遺跡探究記」『東人誌』5－45）。病名は、『東人誌』からは窺うことはできないが、『文明論』の自序では、一室に籠もり来客を謝絶した点、さらに、尊敬する頼山陽（1780～1832。歴史家・文人・漢詩家。主書に『日本外史』がある）が刻苦勉励の末、病を得て喀血し先の長くないことを知りつつも著作を続けたことを引き合いに出して、これを見習うべきだと述べ、自らも病床で『文明論』に手を入れていることから、おそらく肺結核ではなかったかと推測される。

なお、発病の約半年前の21年1月31日には、前述した小林寿郎（※七戸村にあった上北郡役所の書記）が、新設した「共同産馬改新社」の種馬の買付けで渡米する前に、佐藤重紀を訪ねているが、訪問した事実のみの記載で、ほかのことはいっさい書かれていない。ちなみに、小林は出航前の1月23日・2月7日には東京で広澤、2月6日には神田を訪問し古物談義に花を咲かせ、帰国後の6月29日にも神田を訪問している[3]。

この後、22年春には東京に戻り旅館で『文明論』の自序に、佐藤千里の名で手を入れている。出版社（博文館）との打合せの件もあったのであろう。そして、療養後の同年10～11月になって東京人類学会に入会した。住所は神田区小川町18番地大崎方（『東人誌』5－45附録）であった。

この療養のための帰郷は、佐藤にとって新たな上北郡の発見があったとみられる。すなわち、この地は、古くは蝦夷が居住し人類学上の研究に供すべき古いものが残っている地域であることを述

べ（『東人誌』 4 －35）、「旅行等を為す時は常に人類学的の探究を為し貝塚竪穴土器石器蹟遺物
又は地方の風俗言語等に付き調査する所ありたり」（『東人誌』 5 －45）と上北地域の人類学的調
査・研究への意欲を強くし、東京人類学会に入会したようである。事実、このころから、それまでの
方言や民俗関係の寄稿に、遺跡・遺物・人種関係の寄稿が加わるようになっている。この意味では、
この上北郡での療養期間が、その後の佐藤の研究目的を明確にしたと言えよう。

　佐藤は、このような意識をもち、下記の上北郡地域の遺跡調査を行なった（図16）。

①明治21年秋、22年春、上北郡の貝塚の調査（「陸奥国上北郡の貝塚」『東人誌』 6 －59、1891
　　年 2 月）。

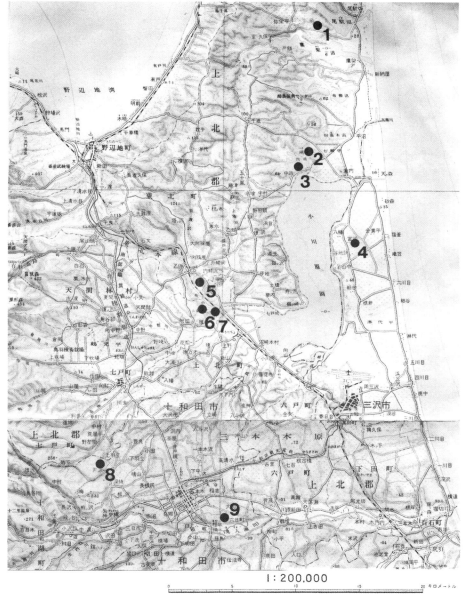

1 ： 200,000

1　尾駮・鷹架沼間（六ヶ所村）　　2　湯の沢（六ヶ所村）　　3　中志の館跡（六ヶ所村）
4　谷地頭牧場（三沢市）　　5　内蝦沢蝦夷館（東北町）　　6　二ツ森貝塚（七戸町）
7　二ツ森（七戸町・遺跡か）　　8　アイノ沢遺跡（十和田市）　　9　六日町（十和田市）

図16　佐藤重紀が調査した上北郡各地（本図は国土地理院発行の200,000分の 1 地形図「野辺地」・「八戸」を
　　　複製したものである）

貝塚（現七戸町二ツ森貝塚）・二ツ森（※貝層は人為堆積か）・才市田（現東北町。貝層は人為堆積か）・湯沢（現六ヶ所村湯ノ沢遺跡）4か所を踏査。ただし、貝塚の調査は21年秋か22年春か不明。

②明治21年秋以後、アイノ沢遺跡の調査（「「アイノ」沢遺跡探究記」『東人誌』5－45、1889年11月）。「陸奥上北郡「アイノ」沢遺跡探究記（前号ノ続）」『東人誌』5－46、1889年12月）。そして、明治22年10～11月の東京人類学会入会後には、下記の調査を行なった（「陸奥国上北郡の竪穴」『東人誌』5－51、1890年6月）。

③明治23年4月21日、六日町（現十和田市）の竪穴を調査。

④明治23年4月24日～28日に小川原湖周辺を踏査し、谷地頭牧場（現三沢市）、尾駮・鷹架沼の間の竪穴跡、中志の館跡（現六ヶ所村中志館）を調査。

⑤明治23年6月（※5月か）23日、内蝦沢蝦夷館（現東北町）を調査。

　これらの遺跡は、佐藤の病没後に刊行された『日本石器時代人民遺物発見地名表』（東京帝国大学1897年）には、貝塚など7か所が登載されている。

（4）人類学教室との直接的関わり

　さて、佐藤が療養中に行なった上北郡の調査は、すべて上に述べたように遺跡調査であるが、東京での佐藤の生活ぶりについては不明な点が多い。しかし、三沢市先人記念館蔵の佐藤の手紙には、断片的ではあるがそれを窺わせる記述がある。それによると、東京での生活は、金銭的には恵まれず、体調も決して良いとは言えない厳しい生活であったようで、結婚をして家族をもったことはないようである。大学に入学した節も見られず、療養後は前述した明治22（1889）年11月26日付けの小林寿郎あての手紙にあるように図書館通いが日課であったとみられる。しかし、その後の生活・仕事を考える上で重要な記述が、23年3月に小林に宛てた近況報告の手紙にあった。それによれば、「金港堂はなかなか決まらない。自分で小学校の読本の編輯を請け負ったり翻訳の仕事をしたりしているが、今月上旬より理科大学人類学教室に研究・手伝いを頼まれた（大意）」というものである。この手紙は二つの点で重要である。一つは、佐藤の東京での仕事の一端がうかがわれる点である。佐藤が希望を託していた金港堂への就職は、結局は叶わなかったようである。そして、もう一つは、筆者にとって最大の謎であった人類学教室との接点である。

　まず、金港堂への就職希望については、おそらく自らの方言研究のきっかけをつくってくれた三宅米吉が、21年には金港堂編輯所長を務めており、さらに18年1月に、佐藤の函館師範学校の先輩[11]で、荘田とともに函館教育協会の幹事を務め、ともにその年の10月にやめて上京した新保磐次（1856～1932。新潟県生まれ。明治・大正期の教育者。多くの教科書を執筆）が、実は金港堂に勤めていたこともあったのであろうか。つぎに、23年3月から仕事に就いた人類学教室（※当時、坪井は英国留学中で、助手は技手の若林であった）の仕事は、第三回内国勧業博覧会（※4月1日～7月31日）が上野公園を会場に開催されることから、この博覧会を見に上京した者で人類学教室を参観に来る者もあるとみられるため、所蔵資料を整理・整頓することであった。この仕事にどのような経緯で就いたのか不明であるが、推測すれば、若林などの東京人類学会会員同士の関係、広澤らとは旧知の神田との関係が考えられる。ちなみに、前述の22年11月16日付けの小林宛の手紙には、佐藤が神田宅を訪問した記述もある。

　このような人類学教室との関わりができ、多くの人類学関係者の知己を得、人類学教室所蔵の資料や図書の閲覧ができるようになったことから、その後の佐藤の『東人誌』上への旺盛な寄稿、24年以降の「本邦涅歯考」や「檳榔子を噛む風俗」などの広い視野を必要とする民族学的な論考などが生まれたものと考えられる。

４．佐藤重紀の研究史上の業績

　以上、『東人報』・『東人誌』を中心に、佐藤重紀の業績を紹介し彼の人物像についても述べてきた。単なる事項の羅列に終始した感が強いが、これによって、明治前半期の本県考古学界草創期に生きた一人の若き研究者について、およその理解はしていただけたと思う。

　佐藤の業績としては、明治になって導入された人類学という新しい学問の世界において、中央の学者に伍して、研究成果を発表しわが国人類学の向上に尽くしたことが第一に評価されよう。また、本県の考古学界にとっても、研究が遅れていた上北地方のアイヌ沢や貝塚などの遺跡、さらに竪穴等について着目し、調査結果を例会で発表し、会誌に発表するなど、この地域の研究を進め、重要性を広く知らしめたことも評価できよう。佐藤以前においてこの地域では、このような調査研究を行なった者はおらず、まさに、上北地方の考古学の先鞭を付けた研究者、先駆者であったと言うことができる。

　明治19年春、志を抱いて上京し、２年後に病を得て帰郷せざるを得なかった佐藤の心情を思えば、胸が痛み、同情を禁じ得ないが、この療養期間は、佐藤にとっては、地域への新たな学問的興味を抱かせる良い機会となったようである。佐藤はそれまで、考古学的にほとんど注目されていなかった上北郡という土地に自らの研究テーマを見出し、遺跡調査等を行なった。そして、その結果を『東人誌』上へ精力的に発表し、津軽地方主体であった当時の本県考古学界にあって、上北地方の考古学に目を向けさせるきっかけをつくったのである。この意味では、佐藤の転地療養のための一時帰郷は、本県考古学界にとってはまことに幸いであったと言うべきであろう。

　平成19（2009）年秋、資料調査のため赴いた札幌の旧北海道庁赤レンガの建物にある道立文書館で、明治十年代の教員の『履歴録』に佐藤の名を見つけ、その生年「元治元（1864）年７月」を知ったとき、一瞬わが目を疑った。『文明論』・『東人誌』等に発表された文体・文調からは、少なくとも40歳以上の研究者を予想していたのであるが、明治26（1893）年４月の病没を考えれば、わずか28歳９か月という短い生涯であった。函館の小学校教員になり、函館教育協会で活動し始めたのは10代。そして、『東人報』・『東人誌』への寄稿は20代前半であったことになる。青年たちの活躍は、東京人類学会の委員の年齢からもわかるように、明治前半期にみられる大きな特徴であるが、佐藤の活躍は、それとは違って自らの死期を悟ったうえでのことであったような感も強い。佐藤が『東人誌』誌上でたびたび論争した、一歳年上の坪井が、冒頭に記した挨拶で「私は同氏と談論する折りの少かつたのを残念に思つて居ります」と述べたのは、イギリス留学のため不在であったことを述べているのであろうが、坪井の偽らざる気持ちであったろう。また、一つ年上の友人荘田三平が、少なくとも昭和17年まで生きて活躍したことを考えるまでもなく、もっと長生きして本県のみならずわが国の人類・考古学発展のために活躍して欲しかった人物である。

　参考までに、１枚の写真（写真20）を紹介しておきたい。この写真は、明治26年７月２日、佐藤の死後２ヶ月半ほど経って撮られた東京人類学会会員の写真である（岡書院1938）。このなかには、

坪井（前列左から２人目）・若林（後列中央）のほかに、山崎直方（後列左端）・八木奘三郎（前列左端）・下村三四吉（前列右端）・鳥居龍蔵（後列右端）も写っている。いずれも佐藤とともに同会で中央委員を勤めた人物であるが、そのほかに、佐藤亡き後を承けた井上喜久治（前列右から２人目）も写っている。仮に佐藤がもう少し長生きしていたならば、おそらくこの井上の席には佐藤が座っていたはずであり、末だに会えないでいる彼の姿を見ることができたに違いない。

写真20　「東京人類学会創期の諸氏」

５．その後の追跡調査

佐藤の業績等について最初に紹介（福田2011）した後、平成24年10月末になって、佐藤の墓所が十和田市西３番町の曹洞宗「澄月寺」の境内にあることが、十和田市教育委員会の調査で判明した。そこで、あわせて、その後の追跡調査によって明らかになった事項についても紹介しておきたい。

（１）佐藤重紀の墓所

佐藤の墓石は澄月寺本堂の手前左側の一角にある。土台石を含めた高さ１．４メートルほどの安山岩の自然石にあまり手を加えていない太い柱状の墓石で、正面に「佐藤重紀霊」と刻まれているが、裏・側面には墓を建てた年月日や人名などはない。墓の左側には「佐藤重節　室マツ子之墓」と刻まれた両親の墓、右側には「佐藤重節母墓」と刻まれた祖母の墓がある（写真21）。澄月寺ではまた、佐藤が病死したのは東京であったことも判明した。

写真21　佐藤重紀の墓（2012.11.6）

（２）佐藤重紀と函館

佐藤は、明治12年８月に函館小学教科伝習所（※翌年、函館師範学校と改称）に入学し、卒業後の14年８月に同校附属小学教員に採用されたが、その函館師範学校の跡地が、今の北海道教育大学函館校（函館市八幡町）であり、同校北方教育資料館・夕陽記念館の前には、「北海道師範教育発祥記念之碑」が建てられている（写真22）。

佐藤はまた、14年11月から勤務のかたわら、函館教育協会に入会し、会誌編纂委員などで活躍したわけであるが、そのときの住所が函館区曙町１番地である。平成24年11月、その場所を尋ねてみると、函館山山麓のロープウェー駅に近い二十間坂の上の角地あたり（写真23）で、広い坂道を挟んでちょうど反対側が東本願寺函館別院である。今の元町24番地であろう。函館湾を見下ろす非常に景色の良いところであるが、風のあた

写真22　函館師範学校跡地（2012.11.13）

写真23　函館の居住地跡付近（二十間坂右側手前。2012.11.13）

る場所で、とくに冬の厳しさが想像される。明治17年12月22日付けで、当時20歳の佐藤が、上北郡役所に勤務していた小林寿郎に送った手紙（三沢市先人記念館蔵）に、「吹く風の身にしむ秋となりにけり今年も蝦夷に胡笳をきくかな」と詠んだ歌を載せている。函館山に吹く強い風の音を、得意とする漢詩に出てくる胡笳（※中国北方の胡人が吹く笛）の音になぞらえたのであろう。この場所に立ってみて、わずか15年ほど前まではまだ蝦夷地であったこの地に住むことになった蒲柳の身の佐藤の辛さ・不安が実感される。

（3）佐藤重紀と東京

　佐藤は明治19年4月には函館師範学校教員を退職し上京し、22年10〜11月に東京人類学会に入会した。そのときの住所が神田区小川町18番地大崎方である。この場所を、平成23年5月27日に尋ねてみた。そうしたところ、意外にも、神田の古書店街に行くときに近くを通ったことがある場所であった。今の千代田区神田小川町3丁目4番地で、ＪＲ御茶ノ水駅から坂を下って靖国通りとの交差点に近い場所で、神田消防署駿河台出張所とは道路一本隔てたVictoriaの看板を掲げたビルがその跡地のようであった（写真24）。佐藤が訪問したことのある東京人類学会長神田孝平の住所は、今の神田淡路町2丁目9番地であることから、直線距離では700メートルもない近いところに住んでいたことになる。佐藤はこの場所で下宿生活を送り、『東人誌』に精力的に寄稿していたのである。この後、明治25年10月にはここを引き払い、遊学のため上京してきた弟の宏のところへ引っ越すことになる。

（4）佐藤重紀の踏査した遺跡

　佐藤はまた、明治23年3月から東京帝国大学理学部人類学教室に臨時で勤めていたが、帰省した際の調査と思われるが、同年4月21日に六日町の竪穴を調査し、30基以上の竪穴が丘陵上に連なっている旨書き残している（佐藤

写真24　東京の下宿地跡付近（2011.5.27）

1890）。現在の十和田市相坂にある六日町遺跡（写真25）である。この遺跡を平成24年11月11日に踏査した。近年の十和田市教育委員会の発掘調査では、平安時代の集落跡であることが確認されてい

るが、大半が道路・宅地となっており、佐藤が見た竪穴等は確認することができなかった。

　佐藤はまた、明治25年12月、東京人類学会中央委員の1人に選出され、26年2月5日の第83例会後、幹事の坪井らと西が原村貝塚を見学している。現在、東京都史跡に指定されている西ヶ原貝塚である。この貝塚に平成23年5月28日に実際に行ってみたが、今は北区立飛鳥中学校の構内（写真26）となっており、貝塚としての景観はみられない状況であった。

写真25　十和田市六日町遺跡（2012.11.11）

写真26　西ヶ原貝塚（東京都史跡）（2011.5.28）

　　おわりに

　これまで、佐藤重紀について縷々述べてきた。佐藤の名前は、学生の頃から『東人誌』上では知っていたが、平成元年8月、勤務先の青森県立郷土館で行なった二ツ森貝塚調査を担当した際、100年前にこの貝塚を調査した人物として、より身近に感ずるようになった。ただ、そのときは、地元在住の研究者であろうと短絡的に考え、調査報告書にもそう記載した（青森県立郷土館1992）。しかしその後、平成20年9月に、同貝塚が「北海道・北東北の縄文遺跡群」の世界文化遺産登録の国内候補の一つになったことから、あらためて『東人誌』上の佐藤の報告・論考を読み直してみると、とても地方に住む研究者とは思われない幅広い知識をもち、多彩なテーマについて寄稿した研究者であることがわかった。しかし、冒頭に述べたように、佐藤の経歴についてはまったく不明の状況であった。そこで今回、佐藤に関する資料調査を一から行ない、佐藤がかつて調査した遺跡のなかで、これまでに行ったことがない遺跡にも足を運ぶことにしたのである。この調査を通して、おぼろげながら、佐藤という一人の青年研究者像が浮かび上がってきた。しかし、前にも述べているように、いまだその顔写真を見ることができないでいる。同氏に関する何らかの情報をお持ちの方がおられれば、ぜひご連絡をお願いしたい。

『註』
1）「佐藤重紀氏兼テ病氣ノ處療養無効四月十六日死去サレタリ」（「會員死去」『東人誌』8－86、1893年5月）。
2）佐藤の死後、坪井の提案により、会員有志から義援金を募り、『東人誌』に「佐藤重紀氏紀念圖版」と銘打った図版を掲載することとなった。図版は、以下の3度にわたって掲載されている。
　　・明治26年6月、八木奘三郎・下村三四吉「常陸國椎塚介墟發堀報告」の木版図5枚（土器3・骨角器2）・石

版図 1 枚（土偶）（『同』 8 －87）。

- ・明治26年 8 月、坪井正五郎「アイヌの入れ墨」の木版図 3 枚（入れ墨）（『同』 8 －89）。
- ・明治26年10月、坪井正五郎「人骨製の槍」の着色石版図 1 枚（ニウヘブリッド人骨槍）（『同』 9 －91）。

3 ）『斗南藩の人　小林寿郎翁遺稿　明治中期の上北郡の一側面』（青森オフセット印刷1985）によれば、小林は会津藩士の家に生まれ、明治 2 年11月に斗南藩に移封され、現在の三沢市に住んだ。その後、当時七戸村（現七戸町）にあった上北郡役所に長く勤めたあと、大正 5 ～ 7 年には横浜村（現横浜町）長を務めた。三沢市先人記念館には、佐藤が小林に宛てた手紙が数通、保管されている。

4 ）明治22年11月26日付の佐藤から小林寿郎に宛てた手紙（三沢市先人記念館蔵）。

5 ）『履歴録　サノ部　庶務課職務係　自明治一五年二月　至』の簿書（北海道立文書館蔵）。

6 ）「明治 6 年 7 月（1863）　三本木開墾貫属名簿　並木・小稲・金崎・八戸通り居住」資料による。

7 ）函館の教員時代に小林に宛てた手紙（三沢市先人記念館蔵）に、佐藤の本籍が三本木村であることが記載されている。

8 ）・明治18年 9 月 5 日の荘田三平の演説「不景氣ノ影響將ニ教育ニ及バントス」『函館教育協會雑誌』第28号、1885年。

- ・「函館區教育會に感あり」『函館教育協會雑誌』第29号、1885年。
- ・「函館區教育會ニ於テ教育講習會規則ヲ議定シタルノ報ヲ得テ感ズル所ヲ述べ併セテ其議員諸君ニ寄ス」『函館教育協會雑誌』第31号、1885年。

9 ）『履歴録　シノ部　庶務課職務係　自明治十五年二月　至』の簿書（北海道立文書館蔵）。

10）『会津会会報』・『会津会雑誌』の記載については、会津若松市立会津図書館の教示による。

11）『函館縣職員録　明治十八年一月一日改』（函館市中央図書館蔵）。

第 5 節　奥羽人類学会と陸奥の考古家たち

はじめに

『青森県考古学』第17号に筆者は、「下澤保躬の考古学」と題して発表（福田2011。本書第Ⅱ章第 3 節に収録）した直後、下澤保躬と山形県鶴岡に「奥羽人類学会」を創設した羽柴雄輔との交遊について記した文献がある（国分1936）ことがわかった。そこで、これを機に、そのほかの陸奥（青森県）の考古家たちと羽柴及び奥羽人類学会との関わりを調べ直したところ、予想に反し、双方の関わりがかなり密接であることがわかってきた。

そこで本節では、明治中ごろにおける本県考古家たちと奥羽人類学会との関わりについて述べ、あわせて、下澤と羽柴の交遊を物語る文献についても紹介したい。

1 ．羽柴雄輔と奥羽人類学会
（1）羽柴雄輔
『日本考古学史辞典』（斎藤1984）・『山形県史 資料11篇 考古資料』（山形県1969）や杉山博

久氏の研究（杉山2007a〜d）等によれば、羽柴雄輔（写真27）
は、嘉永4（1851）年、松山町（現酒田市）に生れ、山形県内
の小学校長を歴任したあと上京し、慶応義塾図書館に勤務した。
古香と号し、石狂と自称した。在職中の大正10（1921）年12月
5日に死去。明治19（1886）年3〜4月に東京人類学会に入会
し（『東京人類学会報告』第1巻3号。以下、『東人報』1−
3）、同年の『東人報』1−6に「両羽四郡ニ於テ古物捜索ノ
経歴略記　東西田川飽海最上ノ四郡ナリ」を寄稿したのを皮切
りに、多くの論考を発表し中央の学者と論争した。羽柴はまた、
26年には、東京人類学会役員の地方委員になっている。羽柴の
業績は、杉山氏の「「石狂」の先生（1）〜（4）−羽柴雄輔

写真27　羽柴雄輔

小伝−」（杉山2007a〜d）に詳しいので、そちらに譲ることとし、羽柴が鶴岡に創設した奥羽人類
学会について述べる。本会では会報や会誌を発行しなかったが、『東京人類学会雑誌』（以下、『東
人誌』）」に本会に関する記事が、ほぼ定期的に掲載されているので、それを基にして述べる。

（２）奥羽人類学会

　明治23（1890）年10月の『東人誌』5−55によれば、この10月に「奥羽人類学会規則」が制定さ
れている。設立の目的を「本会ノ目的ハ専ラ昔時ノ奥羽（即チ今ノ福島宮城岩手青森山形秋田新潟ノ
七県）地方ニ於ケル遺跡遺物風俗習慣言語ニ関スル材料ヲ蒐集シ其他心理生理解剖形体原人等ニ至
ルマテ汎ク人類学的研究ヲ為シテ東京人類学会ノ悌弟ト成リ日本人類学ノ進歩ヲ計ルニアリ」とし
て、東京人類学会への協力を明確にうたっている。会員には、「本会会員ヲ名誉通常ノ二種ニ区別ス
　名誉会員ハ内外国人ヲ問ハス学術及名望アリテ本会ノ顧問ニ供センガ為メ入会セシムルモノ　通常
会員ハ本会ノ主旨ニ同意シテ入会スルモノトス」、また、「本会ハ会員ノ外ニ賛成員ヲ置ク」、事業と
して「本会会員ハ毎月第一日曜日ニ事務所ニ会シテ左ノ諸項ヲ実行スヘシ　報告　議事　談話　図書
及標品ノ展覧　標品ノ交換」とし、会誌発行は含まれていない。また、本会で行なった談話について
は、「本会ニ於テ取調べ得タル材料及ヒ遠地ノ会員ヨリ寄セラルヽ報告中弘ク世ニ示スヲ便トスルモ
ノハ復写ノ上一本ヲ東京人類学会ニ廻シ同会幹事ノ許可ヲ経テ其雑誌ニ登載スヘシ」とした。「本会
会員及ヒ賛成員ト成ランコヲ望ムモノハ名刺ニ宿所職業会員賛成員ノ別ヲ詳記シテ本会事務所ヘ申入
ルベシ」とし、事務所を「本会事務所ハ当分羽前国西田川郡鶴岡町大字高畑町字高畑二十七番地内ニ
設ク」と羽柴宅に置いた。幹事には羽柴らがなり、第1会は、同年11月2日午後1時から羽柴宅で
開かれ、来会者は十数名であった（「奥羽人類学会記事」『東人誌』6−56、1890年）。また、同年
12月7日の第2会（「奥羽人類学会記事」『東人誌』6−57）には、18名が出席し、名誉会員の松
森胤保（1825〜92。山形県会議員。著書に『弄石余談』）が会長に委嘱された。

　本会は、明治34年2月23日の第98会をもって最後となった（「奥羽人類学会記事」『東人誌』15
−180）が、羽柴は、この間10年以上に亘って、自宅を事務所・会場として会を運営し、東北地方の
人類学発展に大きく貢献した。杉山氏によれば、本会において羽柴が行なった談話は52回に及んだ
という（杉山2007a）。

　東京帝国大学に人類学会が設立（1884年）された後、地方においても人類学会が誕生しており、

明治21年には鳥居龍蔵（1870～1953。のちに国學院・上智大学教授）らによって「徳島人類学材料取調仲間」（※のちの徳島人類学会、四国人類学会）、次いで奥羽人類学会（1890年）、札幌人類学会（1895年5月）、北陸人類学会（1895年11月、金沢）等が設立された。

　（3）羽柴雄輔と下澤保躬との関わり

　次に、羽柴と下澤（写真28）の関わりであるが、奥羽人類学会創設以後のようで、両者の交遊を示す『閑雲手簡』2帖（森山1961）がある。下澤が羽柴に宛てた書簡集で、慶応義塾図書館で晩年の羽柴とともに勤務した国分剛二が整理したものである。この書簡集は印刷・刊行されていないため不明な点があるが、第2次大戦後に、これを国分から譲り受けた森山泰太郎（1915～2003、弘前市出身。思遠会会報の編輯兼発行人。民俗学研究家でのちに東北女子大学教授。著書に『砂子瀬物語』など）によれば、「手紙は明治二十六年から二十九年まで、弘前市百石町二十九番地下沢保躬から、山形県鶴岡高畑町羽柴雄輔宛のもので数十通あり。内容は亀が岡出土品のことから考古学・人類学界の現状や学者に対する批判、津軽・庄内彼我の歌人・好古家の消息など、実に多岐に亘り多彩に及び、而も自詠の歌が随所に見える。遂に対座して語る日を持たなかったこの両人の濃やかな交情と厚き風雅がうかがわれて感興尽きるところがない」。このなかの、26年5月21日付けの手紙では、下澤は「……一昨年ヨリ外崎覚等の大尽力ニテ津軽古今図書保存会といふヲ建設申候……」、収集図書を分類しているが、そのなかの「歴史の部ニハ六国史以下ニモ僅ニアレドモ此ツカルハ奥蝦夷ノ又奥ノ部ナレバ、史ニ上ラザル多カリシナラン。是等ノ為ニハ人種学広ク相成候ヘハ無此上好材料双方ノ都合ト被存候。……」（森山1961）とし、津軽の蝦夷について、六国史以下に余り書かれておらず不明な点が多いため、「人種学」が有用であることを述べたり、27年5月7日付けの手紙では、同年に沖縄女性の髪を人類学資料として入手したことも伝えたりしている（森山1962）。

写真28　下澤保躬

　（4）奥羽人類学会と下澤保躬

　さて、下澤は東京人類学会には、最後まで会員にはならなかったが、奥羽人類学会との関わりにおいては、27年2月の『東人誌』9－95の「奥羽人類学会第40会記事」には、同年2月10日に開かれた第40会で、「前会（※1月13日）後入会者賛成員ニ下澤保躬氏一名ナリ」とあり、下澤が「賛成員」として入会したことが窺われる。この賛成員の性格については、当初の「奥羽人類学会規則」（『東人誌』5－55）には記載がないが、32年1月の改正会則（「奥羽人学会記事」『東人誌』14－154）の第3條に「賛成会員ハ本会ノ主旨ヲ賛成シ応分ノ尽力ヲナサントスルモノトス」とあり、賛成員から賛成会員に名称は変わっているが、同様で調査・研究には関わらないものの、現在の賛助会員・協力会員的な位置づけであったとみられる。また、27年5月12日に、松森宅（※鶴岡町字宝町）で開かれた松森胤保会長追悼の席上、「……次ニ中央委員上野漸氏ハ陸奥弘前賛成員下澤保躬氏ヨリ寄セラレタル和歌二首ヲ朗吟シ終リヌ……」とあり、同年4月から病床に付いていた下澤から和歌が贈られたことが知られ、さらに前会後に下澤は金10銭（※当時の『東人誌』1冊の定価で、現

在の1,200〜1,500円ほどか）の寄附も行なっている（「奥羽人類学会第四十三会記事」『東人誌』9－98、1894年）。また、28年4月14日に鶴岡町三日町の新穂樓で行なわれた第54会兼本会創立第4年会（「奥羽人類学会第五十四会記事兼本会創立第四年会記事」『東人誌』10－109、1895年）や29年4月12日に鶴岡町の旭樓で行なわれた第66会兼創立第5年会にも、下澤は祝歌を寄せている（「奥羽人類学会第六拾六会兼創立第5年会記事」『東人誌』11－121、1896年）。そして、同年7月の『東人誌』11－124の「奥羽人類学会第六拾九会記事」には、同年7月11日に開かれた第69会で、「前会後賛成員下澤保躬氏（陸奥弘前）死亡致サレタリ」と下澤の死去が報告されている。このように、奥羽人類学会との関わりでは、下澤が鶴岡の例会に出席し何らかの研究発表を行なったわけではないが、奥羽人類学会に、遠い津軽から祝歌を送り、また下澤の母（ふち。1813〜97）の喜寿祝いに鶴岡から祝歌を貰う（国分1936）などの濃密な関係を築き、奥羽人類学会の発展に陰ながら寄与したのであった。

2．奥羽人類学会と本県考古家たちとの関わり

　次に、奥羽人類学会に関わった本県研究者について述べると、下澤のほかに、角田猛彦・工藤祐龍・佐藤重紀の3名がいるが、この3名は、東京人類学会会員でもあるので、双方の学会への関わりについて述べる。

（1）角田猛彦

　角田猛彦（写真29）について、前掲書（遠藤2006、村越2007）に、若佐谷五郎兵衛の著作（若佐谷編1987、若佐谷2002）・『三厩村誌』（種市編1962）・『平舘村史』（肴倉編1974）も加えて述べると、角田は嘉永五（1852）年6月、弘前の津軽藩士の家に生れ、幼名は邦太郎。大正14（1925）年2月23日に死去した。明治13（1880）年1月から32年9月までの19年に亘って細越尋常小学校（現青森市立栄山小学校）の訓導兼初代校長を務め、その後三厩尋常小学校第9代校長（※36年12月当時の住所は東津軽郡三厩村大字三厩。『東人誌』19－224附録、1904年）・奥内尋常小学校長・平舘尋常小学校訓導兼校長（※42年9月1日〜大正3年3月28日）を最後に退職している。ただ

写真29　角田猛彦

し、角田が県内の村長をしていたという記載（村越2007）があるが確認できない。墓所は弘前禅林街の海蔵寺。

　角田は明治23年11月の奥羽人類学会創設と同時か直後に入会したとみられるが、不明である。この後、26年9〜10月には東京人類学会に入会した。当時の住所は東津軽郡大野村大字細越91番地（『東人誌』9－91附録、1893年）である。奥羽人類学会との関わりをみると、27年2月の『東人誌』9－95の「奥羽人類学会第四十会記事」には、同年2月10日の第40会で、角田が前会（1月13日）後に「地方委員」を承諾した旨、記載されている。

　角田の奥羽人類学会での発表及び『東人誌』への寄稿は考古学・民俗学の内容に及び、下記のものがある。

①「陸奥国東津軽郡大野村大字細越年末年始の風俗」『東人誌』6－59、1891年。

②「陸奥国東津軽郡石器時代ノ遺跡探究略報」（「奥羽人類学会第六会記事」『東人誌』6－61、1891年）。明治24年4月5日に鶴岡で開かれた奥羽人類学会第6会での角田の談話。

③「陸奥国東津軽郡石器時代の遺跡探究報告」『東人誌』6－64、1891年。青森市の細越字種元、字内長沢等で角田が明治23年に行なった調査の報告で、青森市における最初の発掘調査報告。

④「陸奥国東津軽郡大野村産婦取扱ノ習慣」（「奥羽人類学会第七会記事」『東人誌』6－62、1891年）。明治24年5月3日に開かれた同第7会での角田の談話内容を羽柴が朗読。

⑤「石庖丁の類か」（「奥羽人類学会記事」『東人誌』8－82、1893年）。明治26年1月8日に開かれた同第27会での角田の談話。

⑥「石庖丁の類か（甲、乙、丙、丁、大さ図の如し）」『東人誌』8－82、1893年。

⑦「有孔貝塚土器に就きて」『東人誌』8－82、1893年。

⑧「奥国津軽地方ノ七夕祭り」（「奥羽人類学会第六拾六会兼創立第五年会記事」『東人誌』11－121、1896年）。明治29年4月12日に鶴岡町旭樓で開かれた同第66会兼創立第5年会での角田の談話。

⑨「共同備忘録第五回」「（六七）最小石斧に就て」『東人誌』13－143、1898年。

⑩「共同備忘録第六回」「（八七）有孔小石器に就きて」『東人誌』13－144、1898年。東津軽郡の石器・土器出土地、中津軽郡の石器出土地と出土品の紹介で、縄文時代の有孔石・土製品があるが、このなかに、青森市三内丸山遺跡の石製品7点、土製品2点を紹介。

　また、「東京人類学会九十三例会記事」（『東人誌』9－95、1894年）には、角田が、東津軽郡瀧内村の貝塚土器（※縄文土器）片、同郡大野村・作道村・荒川村・横内村の石鏃、南津軽郡五郷村（以上、現青森市）の石鏃計32点を寄附した記事が見える。

　以上のような活動をみると、奥羽人類学会の活動にもっとも積極的であったのは、本県では角田であったと言うことができる。角田が行なった東津軽郡管内を主とした遺跡調査成果は、東京帝国大学『日本石器時代人民遺物発見地名表』（1897年）に登載され結実した。

　また、角田に関して忘れてはならないのは、三内丸山遺跡との関係である。菅江真澄は、寛政八（1796）年4月に三内を訪れ、発見された土器・土偶について紹介したが、前掲したように明治26年の『東人誌』に「石庖丁の類か」と題して、三内丸山採集の石製装身具を紹介したことである。これは、三内からの出土品としては、真澄以来実に約100年ぶりの紹介ということになる。角田は、この後、さらに『東人誌』13－144にも同遺跡の出土品を紹介しており、三内丸山遺跡を世に知らしめた人物としてもっと評価されるべきであろう。

写真30　角田先生頌徳碑（2020.5.2）

　ちなみに、細越尋常小学校跡地に立つ青森市中央市民センター細越分館前には、角田の同校同窓会有志によって、昭和14（1939）年10月15日に建立された「角田先生頌徳碑」（写真30）が残されて

いる。考古学に関わる記載内容ではないが、生徒から慕われた教育者としての面をよく伝えている。

　（２）工藤祐龍

　工藤祐龍（写真31）について、前掲書（尾崎編1969、遠藤2006、村越2007）のほかに、田舎館村（1999）も加えて述べると、工藤は、嘉永四（1851）年、現在の田舎館村に生れ、幼名は彦一郎。明治37（1904）年に死去。明治10年に垂柳小学校創立とともに初代校長となり、22年（※途中から祐龍に改名）〜23年に初代、23〜26年に2代、34〜38年に5代田舎館村村長、26〜34年に同助役を2期務めた。寿僊堂と号し古物を愛好した。古銭の収集（※薇松泉会の会員）や田舎館式土器の収集も行なった。22年2月の『東人誌』4−36には、前会後に東京人類学会に入会した記事（※当時の住所は南津軽郡枝川村）が見える。また、奥羽人類学会との関わりでは、工藤は、27年1月の『東人誌』9−94の「奥羽人類学会第三十九会記事」に、同年1月13日に開かれた第39会で、青森県の「地方委員」を承諾した旨、掲載されている。また工藤は、28年1月12日に鶴岡町（現鶴岡市）字高畑の事務所で開かれた第51会で、「陸奥国出土土器図一枚」（遺跡名等不明）を展覧に供している（「奥羽人類学会第五十一会記事」『東人誌』10−106、1895年）。

　工藤の『東人誌』への寄稿はつぎのようなものがある。

　①工藤彦一郎「陸奥ノ珠玉」『東人誌』4−33、1888年。

　②工藤祐龍「亀ヶ岡発見ノ奇形石器」『東人誌』9−95、1894年。

　③工藤祐龍「小形の石槍」『東人誌』9−95、1894年。

　その他に、『東人誌』12−133（1897年）の雑報に、「亀ヶ岡発見の土偶及石鏃」として工藤が21年頃に発見し持っていた土偶・石鏃各1点の図が紹介されているが、執筆者は不明である。

　また、工藤は南津軽郡下の遺跡調査を行なっており、花巻村（現黒石市）の遺跡が『日本石器時代人民遺物発見地名表』（1897年）、田舎館村田舎館などの管内の遺跡約20か所が、『同（第2・3版）』（1898・1901年）に登載されている。

　明治34年の7月下旬から8月にかけて、東京帝国大学の大野雲外（1863〜1938）・松村瞭（1875〜1936）両氏が、石器時代の遺跡・遺物調査のため陸奥を旅行した際に工藤宅を訪問し、「陸奥地方旅行見聞録」として『東人誌』に寄せている。そして、そのなかで、「南津軽郡田舎館村大字枝川の会員工藤祐龍氏を訪問して同氏所蔵の古器物を見た所がその数の多い事は殆んど小さい石器時代古器物のミュヂーアムが造らるる程所蔵されてありまして中には学術上の資料として価値あるものもありました、玉類の如きは大小で三十余個を有し其の内同郡山形村大字花巻（現黒石市）で掘り出したといふ直径一寸五分程の石質堅き丸き玉は丁度アイヌ婦人所有の「タマサエ」（※タマサイ。ガラス玉の首飾り）の玉に類似したようのものでありました。又十数個の土偶中には頭飾りの異様の者もあってその出所は亀ヶ岡で其の完全且つ美麗で光澤あることは他に例を見ないものでありました。」（大野・松村1891）と述べている。また、この後しばらくたって、昭和54（1979）年、東北大学の伊東信雄（1908〜87）が「青森県田舎館遺跡

写真31　工藤祐龍

出土の土器とその性格」（伊東1979）を発表したなかで、兵庫県西宮市の辰馬考古資料館にあった
田舎館村出土とされる土器３点のなかに、田舎館と墨書された紙を貼ったものに旧蔵者を工藤龍（※
祐龍であろう）としたものがあり、地元の研究者工藤正（1925〜82）によれば、明治20年代に東田
から完形土器が20個ほど出土しており、その大部分は村長の工藤が持っていたと土地の古老は語っ
ている旨、記載している。

（3）佐藤重紀

佐藤重紀（1864〜93）の短い研究生活のなかで遺した多くの業績等については、本章第４節にお
いて詳述したので、ここでは省略するが、そのなかで、現在、七戸町にある二ツ森貝塚の明治21年
秋・22年春の２度にわたる調査（『東人誌』6−59）は、本県における最初の貝塚調査として記憶
されるべきであろう。また、十和田市アイヌ沢遺跡の縄文晩期土器の分析、六ヶ所村中志の壕で囲ま
れた竪穴群の報告等も同様である。

佐藤の奥羽人類学会との関わりについては、明治25年９月４日に開かれた同会第23会で、前会後
に「名誉会員」として佐藤重紀が入会した旨、記載されている（「奥羽人類学会第二十三会記事」
『東人誌』7−78）が、翌年春に死去したため、奥羽人類学会においても活躍することはほとんど
できなかった。東京人類学会員だけでなく、奥羽人類学会員からもその逝去を悼み、義捐金が寄せら
れた。もっと長生きして活躍してほしかった、惜しまれる研究者である。

（4）佐藤　蔀

以上の他に、奥羽人類学会には関わることはなかったが、羽柴との関わりがあった者に佐藤蔀が
いる。佐藤（1852〜1944）は、明治20年代の津軽の考古学界を牽引した著名な研究者であり、考古
資料の収集家としても知られている。羽柴宛に送られてきた書簡を帖仕立てにした『か里のおとづ
れ』上・下２巻（佐藤東1951）には、差出人の名前に長原孝太郎（1864〜1930）・真崎勇助（1841
〜1917。秋田県史編纂委員。主著に『雲根録』）・若林勝邦（1862〜1904）・坪井正五郎（1863〜
1913）・白井光太郎（1863〜1932。植物学者。東京帝国大学農学部教授）・山中笑（1850〜1928。
東京人類学会会員。民俗学研究者）らとともに佐藤蔀も見られる。佐藤は、当時、青森県小学校教員
で明治18年頃（※明治20年の間違いとみられる）の３月15日付けとされる書簡である。このなかで、
昨年、神田が自宅に来られた際に、羽柴翁が有名な古物収集家であることを話されていたことを記し、
（羽柴翁に）お会いして所蔵品を見ていただきご高説を拝聴したいので、夏の休暇の折に当地に来て
いただければ、亀ヶ岡遺跡等をご案内したい旨が記されている。

この佐藤をめぐって若林は、23年８月30日付けの羽柴宛の手紙に、奥羽人類学会創設の際には、
弘前の佐藤蔀と秋田の真崎に相談するように書き送っている（杉山2003b）が、佐藤は入会しなか
った。佐藤はまた、『東人誌』への寄稿も23年２月の第５巻第47号を最後にやめている。これはお
そらく、22年に弘前から青森へ転居し、翌年12月から青森大林区署（のちの青森営林局）に勤務し、
本務としての植物画の製作に専念するためであったとみられる。

青森営林協局を退職後も計画課に嘱託として残り高山植物の模写を続け、多数の植物画（青森県立
郷土館2007）を残しており、本県植物学界の指導者的存在でもあった。墓所は弘前禅林街の陽光院。

3．奥羽人類学会の解散

　奥羽人類学会では会誌を発行しなかったため、その会の活動内容は不明な部分が多く、『東人誌』の記事から断片を集めて紹介したわけであるが、この記事からみると、奥羽人類学会に関わった本県関係の研究者は４名、すなわち青森の角田、田舎館の工藤、弘前の下澤、そして、東京の佐藤重紀である。このなかで、学会の活動にもっとも積極的であったのは角田で、たびたび鶴岡に赴き談話を行なっていたようである。次いで、工藤である。これに対して下澤は、もっぱら賛成員として、研究以外の分野で協力していた。奥羽人類学会は、東京人類学会に協力する地方の人類学会という立場から、東北地方における人類学の研究活動・普及活動等におおいに貢献し、本県関係者も、それに協力してきたわけである。しかし、明治26年に佐藤、29年には下澤が死去し、32年９月以降は、長年に亘って地元青森をフィールドとしてきた角田が三厩村に異動し、そして、何よりも奥羽人類学会自体が34年2月をもって解散になった。時あたかも中央では、より考古学の専門性の高い考古学会（のちの日本考古学会）が28年４月に設立され、翌年12月から機関誌『考古学会雑誌』（のちの『考古学雑誌』）が創刊されている。東京人類学会としてもその専門性を求められてきている状況があり、これまで東京人類学会の兄弟会として活動してきた奥羽人類学会としては、もはや、たちゆかない状況になってきていたのであろう。明治中期の本県考古学界は、奥羽人類学会の解散とともに一つの区切りを迎えたとも言えよう。

4．羽柴雄輔と下澤保躬の交遊

　つぎに、冒頭に述べた羽柴と下澤の交遊を物語る文献資料を原文のまま紹介する。これは、第２次大戦前に東京につくられた民間の歴史研究会「思遠会」[1] の会報（『思遠会会報』第５号、1936年）に掲載されたもので、昭和11（1936）年２月に、東京で開催された第４回例会で国分剛二[2] が行なった講演内容（国分1936）である。当日の出席者は、国分のほかに中道等（1896〜1968。本籍は八戸で、民俗学研究家で小川原湖博物館長を務めた。主著に『三沢市史』などがある）・森山泰太郎ら９名である。

　　「下澤保躬と羽柴雄輔の交遊」

　　　　　　　　　　　　　　　　　　　　　　　　　　　　　　　　國分剛二

　羽柴翁は大正十年に七十一歳で病歿されました。長い間郷里山形縣で小學校の教師をなされましたが、老年の故を以て辭せられ、當時未だ恩給制度がなかつたので、中學校程度の豫備校の教師となり、更に帝大の史料（現東京大学史料編纂所）で古文書係をされ、後に慶應義塾圖書館へ来られました[3]。小學校の教師をして居られた頃、考古學に關して坪井正五郎、鳥居龍藏などの人々と懇意にして居た為め、神田孝平氏に見出されて上京したのだと云ふことです。明治二十餘年頃、長原孝太郎氏が奈良地方を遊歴した記行文がありますが、翁はその時一緒に奈良に行つて法隆寺の佛像などを澤山見て、拓本などもとつて来たと云ひます。例の百万塔（※奈良時代に陀羅尼経を納めた木造の供養塔で、高さ21㎝ほど。法隆寺に四万数千基が現存する）なども澤山あつたが、交通不便の為め持つて来る

ことが出来なかつたそうです。その頃尾州知多半島の醬油屋に發掘品が随分あつたのを見て、それを寫生された原稿もありますが、今私の手許に御座いませんで、本日は持つて參りませんでした。こんな具合にして、人類學考古學等に就ての知識を有たれたものらしいのですが、アイヌが北から南に渡つて、又北に戻つたのだといふこと（※「繩紋土器を比較して本邦の古代に大移轉の動乱ありしを知る」『東人誌』4－37）で、坪井博士と論爭をしたり、曲玉の如きものは獸の牙の變形したものだと云ふ自説（※「管玉曲玉ノ新説」『東人報』1－8）も御座いました。この説は古い人類學雜誌にも發表されて居りまして、中央の人類考古學者連からも、東北人として珍らしい存在と目されて居りました。鳥居博士の手紙にも見えて居りますが、松山（現今松峰）の家老で、長坂欣之助と云ふ人が、薩摩の燒打事件の時に一方の大將でありましたが、戊辰後松森胤保と改名して考古學を好み、又繪も好きで、庄内に關する鳥類を寫生してそれをいつも本箱に入れて萬一の場合に備へて居つた人だそうですが、發掘品にも鑑識眼があり、東北の土器には二種類あると主張して居ます。庄内の地方でも、彌生式と繩文式のあることを見てゐました。尤もその頃は學術的でなく、むしろ骨董品といふ所からあまり發達して居りませんでした。羽柴翁はその愛弟子であつたかとも思はれますが、とにかくその影響をうけて人類考古學に興味をもたれ、土器類を蒐集發掘された樣です。私は郷里に居りました時分は、よく翁の顔を知つて居りましたし、東京へ出てからは偶然勤務先が同じでしたので、親戚同樣の交際を致して居りました。翁の歿後單行本は慶應圖書館で購入し、その他の藏書は、酒田の本間家で買ひました。

　私が翁の手紙を整理致しましたのは、翁に宛てた多くの人々の内、山中笑、神田孝平、それに下澤保躬の三人の分丈けでした。下澤翁の手紙は、十二月の例會（※昭和10年12月14日の第2回例會[4]）にこの席上で御覽に供しましたものですが、内容には色々面白いことを書いてゐまして、古い人類學雜誌の惡口を書いたりなどしてゐます。羽柴翁が交際した弘前人としては、下澤翁の外に、宮川彦一（※不明）といふ人もあります。外崎覺翁[5]とは歿するまで交際して居られました。又秋田の柾木（※眞崎の誤り）勇助とも交際して居りました。柾木（※真崎）翁の寫眞はありましたが、下澤翁のは見えませんが、必ず交換されて、羽柴翁の寫眞は下澤家に行つたことゝ考へられます。明治二十七年（※十七年の誤り）に人類學會が創立せられた時に、下澤羽柴の二人は大へん喜ばれて、下澤翁の手紙には、坪井博士の例のコロボツクルの問題（「石器時代總論要領」『日本石器時代人民遺物發見地名表』1897年）などについて、かなり詳しく書かれてゐます。又菅江眞澄のことなどもよく見えてゐますし、弘前のことが色々と傳へられてゐます。當時下澤翁は短冊を蒐められてゐた樣で、推薦方の手紙も御座いました。その頃下澤翁の母親で八十歳位の方（※ふち）があつた樣ですが、自分の家は今平和な時で大變樂しい、學問の後繼は子供の陳平（1881～1923）にやらせたいと云つて、陳平は今年十三年四ヶ月であるなどと、非常に囑望されてゐた樣です。又下澤翁の母が七十七歳の折に、鶴岡の方からも、澤山に祝の歌を書いてやつたらしく、そのお禮状も見えてゐます。

　下澤翁の手紙は、かく内容から見て極めて面白いのですが何分讀むに困難なのは遺憾です。尚和歌に關しては兩翁相通ずる所があつたらしく、かなり論爭が見えて居ります。

　　　　　　　　　　　　　　　　　　（昭和十一年二月十五日本會第四回例會席上）

　なお本編掲載に際し、國分氏に校閲をお願ひする筈だつたが、同氏は御病氣で、目下入院加療中であるので、その意を果すことを得なかつた、從つて内容語句の上に不備の點があるとすれば、それは

筆記者の責任であるからお許し下さい。

　なお、以上に述べたなかで、県内の研究者については、尾崎編（1969）、遠藤（2006）、村越（2007）、県外については、『日本考古学史辞典』（斎藤1984）等を参照した。

『註』

1）思遠會は、在京青森県出身者や主旨賛同の有志で組織し、郷土陸奥の史的研究を主目的として昭和10年に組織された。長谷川進（1900〜46。『神社・氏神・氏子制度論』等の著作あり）が自宅を事務所に例会を主宰し、会報を発行した。また、この例会では、会員所蔵の古書・書画類を展覧している。

2）国分剛二（1892〜1958）。酒田出身の郷土史家で、慶応義塾大学三田情報センター編（1972）等によれば、大正8年に慶応義塾図書館の雇員になった後、同郷・同僚の羽柴と親しくなり山形県の郷土史を中心に研究するようになったようであり、『荘内』誌上に庄内の郷土史関係の論考を載せている。司書として図書館関係の雑誌などにも寄稿し、図書館界にも知られていた。

3）慶応義塾大学三田情報センター編（1972）によれば、羽柴は大正4（1915）年頃、慶應義塾図書館に筆写生として勤務し、珍本や稀本を筆写して所蔵本としていた。

4）思遠會1936「思遠會記事」『思遠会會報』第2号。この例会に国分は、羽柴宛の下澤の手紙を集めて帖仕立てにした『閑雲手簡』2帖を持参した。

5）外崎　覺（1859〜1932。弘前生れ）（写真17）。初め覺藏。漢学者・郷土史家。私立東奥義塾教員の後、文部省維新史料取調員、宮内省陵墓監、同殉難録編纂掛を務める。明治21年2〜3月の東奥義塾教員時代に東京人類学会に入会。住所は青森縣津輕郡森町14番地（『東人誌』3－25、1888年）で、『東人誌』には以下を寄稿している。

　・外崎覺藏1888a「陸奥津輕郡湯口村古物發見」『同』3－27。
　・外崎覺藏1888b「陸奥國津輕郡湯口村奇器を出す」（図は佐藤鄙画）『同』4－34。
　・外崎　覺1900「共同備忘録（第9回）、高野村狄舘・相内村の土器」『同』15－166。
　　また、『同』5－44（1889年）によると、外崎は前第53会（1889年9月）後に、以下の出土品を東京人類学会に寄附している。
　・石鏃及び貝塚土器（※縄文土器）（中津軽郡紙漉澤村畑地・同郡湯口村出土）。
　・貝塚土器（中津軽郡独狐村七面山・北津軽郡相内村・西津軽郡亀ヶ岡村・中津軽郡新岡村出土）。
　　なお、外崎が調査した湯口村の遺跡は、『日本石器時代人民遺物発見 地名表』（1897年）に登載されている。著書に『六十有一年』（1922年）他がある。また、森鴎外の史伝もの『渋江抽斎』にも登場している。

第6節　中谷治宇二郎、昭和3年夏の津軽

はじめに

　中谷治宇二郎（1902〜36）（写真32）が、若くして逝った天才的考古学研究者であるとともに、

兄が雪や氷の研究で世界的に知られた中谷宇吉郎（1900～62）であることを知る考古学研究者は多い。しかし、若き日に津軽の遺跡を歩き、遺跡を調査したことを知る研究者は、青森県内でもだいぶ少なくなってきた。津軽に生まれ、当然のこととして津軽を足場に考古学を学び、また県内の遺跡調査の仕事に携わってきた筆者にとって、中谷は、何かにつけて思い起こされる存在であった。平成11（1999）年の秋、石川県加賀市にある「中谷宇吉郎 雪の科学館」において「兄弟展－宇吉郎と治宇二郎－」が開催された。そこには、津軽の縄文土器・土偶も展示されており、中谷と津軽との関わりをあらためて知らされたのであった。中谷の津軽における調査の記録を、中谷関連の資料が公開されたこの機会にまとめておくことは、本県の考古学研究史にとって必要であると思われる。折しも今年（平成14年）は、中谷の生誕百年目に当たるのも何かのご縁である。

1．著書との出会い

中谷[1]は明治35年に石川県江沼郡動橋村（現加賀市）に生まれ、小学校教師・新聞記者を経たあと、大正11（1922）年に東洋大学に入学した。印度哲学を志したが、病により中途で退学した。大正13年に鳥居龍蔵（1870～1953。のちに国學院大學教授）のすすめもあって東京帝国大学理学部人類学科に選科生として再入学し、昭和2（1927）年に修了したのちも引き続き人類学教室で研究を続けた。昭和4年にパリに単身留学したが、病のため7年に帰国し、11年に大分県湯布院温泉の療養先で34歳の若さで死去した。この間に『日本石器時代提要』（1929年。岡書院）、『日本石器時代文献目録』（1930年。岡書院）、『日本先史学序史』（1935年。岩波書店）等の著書を立て続けに出版し、さらに「注口土器ノ分類ト其ノ地理的分布」（1927年。『東京帝国大学理学部人類学教室研究報告』第4編）などの論考も精力的に発表した。

筆者が、中谷の名前を知ったのは、弘前大学に入学したばかりの頃で、もう35年以上も前のことである。彼の著書をはじめて手にしたのもこの頃で、賀川光夫編『日本縄文文化の研究』（1967年。昭森社）が最初であった。これは治宇二郎がパリ留学中に発表したフランス語論文の日本語訳を主とした遺稿集であった。また、ちょうどこの頃、弘前大学教育学部の村越潔先生（1929～2011。北海道生れ）の講義のなかで「亀ヶ岡の地名由来が、『永禄日記（館野越本）』の元和九（1623）年の条に記されていることを最初に指摘したのが中谷である」ということも聞いていた（村越1970）ので、筆者には、その若さに似合わず語学や考古学史に通じた個性的かつ非凡な研究者としての印象が強く残った。

写真32　中谷治宇二郎（パリ留学の時）

その後、就職先の北海道札幌市内の古書店でまず、中谷の著書では比較的よく出まわる『校訂日本石器時代提要』（1943年。京都・甲鳥書林）を購入し、さらに、青森県にUターンした後になるが、中谷の基本的著書として探したのが『日本先史学序史』であった。この著書は、わが国の考古学研究の前史をまとめたもので、全国のいわゆる考古地名の資料集成・分類を行ない、地名成立の歴史的背景に言及した名著であった。そこで、この著書を持っている友人や公共施設を探した結果、

ようやく探しあてたのが弘前大学附属図書館であった。必要箇所をコピーするため、青森から弘前まで3日間通ったことが思い出される。

　この後、平成2・3（1990・91）年、勤務先の県立郷土館で、県内貝塚の調査・研究の一環として木造町（現つがる市）田小屋野貝塚を調査した（写真33）ことがある。中谷が昭和3（1928）年夏に一部を調査した（清野1968a）ことを知ったうえでの調査であった。62年ぶりの調査となったが、これによって縄文前期中ごろの竪穴住居跡が一軒発見され、内部に堆積したヤマトシジミ主体の貝層からベンケイガイの腕輪や鯨類骨が出土するなど注目すべき成果があった（県立郷土館1995）。中谷の調査では成果に乏しかったようであるが、中谷が今、存命でおられたら、どのような感想をもったことであろうか。

写真33　田小屋野貝塚の調査（1990.8）

2．昭和3年夏の遺跡調査行

　さて、平成10（1998）年に中谷のご長女である法安桂子氏から、青森県における中谷の関わった遺跡について何度かお尋ねの電話をいただいていたが、平成11年3月26日付けの私信で、中谷が、大正15（1926）年から昭和3（1928）年にかけて本県を調査でたびたび（大正15年、昭和2年5～6・10月、3年7～8月）訪れていたことが判明した。

　このなかで昭和3年夏の調査はもっとも長く、大学の夏期休暇を利用して7月下旬から約2週間の日程で行なわれた。調査は、貝塚調査が主な目的で、古人骨を収集していた京都帝国大学医学部教授の清野謙次（1882～1969）からの全面的な援助があった。清野とは昭和2年に秋田県鷹巣町（現北秋田市）の調査中に出会った折り、来年夏の調査の際の援助の約束ができていたようである。北陸出身の中谷が、東北地方のなかで最北の津軽を目指したのは、注口土器の研究以降のことである。陸奥式土器（※縄文晩期の土器）と薄手式土器（※縄文後期の土器）の共伴関係や東北地方の竪穴住居跡が石器時代のものかどうか等の問題意識から、「東北地方の石器時代遺物の考察に日を暮してきたが、之等の疑問の為に更に調査の必要を感じ、そのフイルドを津軽にとった。津軽は地形の獨り一単位をなせるのみならず、従来東北の遺物を代表した遺跡は殆どこの地にあり、その文化の心臓部とも考へられる所であつた」（中谷1929a）と津軽を選んだ理由を述べている。

　昭和3年夏の調査記録は「東北地方石器時代遺跡調査予報－特に津軽地方に就て－」と題して、翌年発表された（中谷1929a）。そこで、本稿ではこの報文をもとにして、これに清野あての書簡（清野1969a）、法安桂子氏のご教示や「治宇二郎がセツ夫人にあてたハガキをもとにまとめた行動記録」[2]、さらに調査に同行した板柳町生まれで、当時東京在住の今井冨士雄（1909～2004。のちに成城大学文芸学部教授、岩木山麓埋蔵文化財緊急調査特別委員会指導顧問）によるご教示[3]や著作（今井1957・99）を加えて、その調査行程を復元してみることとする。ただし、日付や遺跡の調査順などには筆者の推測もかなり含まれていることをお断りしておきたい。また、登場人物については本稿の性格上、敬称を略させていただきたい。

（南津軽郡の調査－浅瀬石川流域）

　昭和3（1928）年7月27日、中谷は木村善吉（※考古学研究家。「陸中大湯町竪穴調査報告」『人類學雜誌』45-9の論考あり）とともに秋田県大館町（現大館市）の栗盛教育団で真崎勇助翁（1841～1917。元東京人類学会員）収集の土器・石器や菅江真澄の著書等（現在、大館市立中央図書館蔵）を見たあと大館に泊まった。翌28日に青森県南津軽郡黒石町（現黒石市）入りし、30日まで県史蹟調査委員の佐藤雨山（1893～1959）の案内で付近の遺跡を調査した。まず、南津軽郡山形村豊岡（現黒石市豊岡（1）遺跡）の積石塚（ケールン）の調査を行ない、翌日には南津軽郡花巻村（山形村の誤り）鷹待場の遺跡（現黒石市花巻遺跡）を調査した。豊岡の積石塚では、鉄滓多数と筒形埴部破片（※羽口とみられる）が混じっていたことから、製鉄関連の遺跡とみなし、墳墓の確認はあきらめ地下の発掘は行なわなかった。鷹待場では、組合せ式石棺出土地点

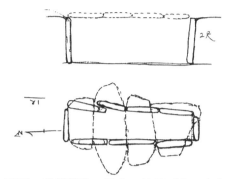

図17　花巻遺跡の露出石棺図（中谷自筆）

と明治21年に大甕が出土したりんご畑の地点を2日間にわたり調査した。組合せ式石棺1、2基を調査した（図17）が出土遺物はなかった。また、大甕出土地点では2メートル四方の調査区からビール箱2個の出土遺物があった。現在の円筒上層式土器のほかに安山岩質の石皿やブーメラン状打製石器（※不明）等であるが、この土器型式については最初の発見報告地を冠して、「花巻式土器」と呼ぶべきこととしている。この調査には同村青年達が協力し、のちに花巻土器保存会をつくったという。ちなみに、佐藤は著名な郷土史家で、『浅瀬石川郷土志』（佐藤・工藤編1976）の著書がある。また、この調査中の中谷の宿は佐藤宅であった。

（北津軽郡の調査－十三湖北岸）

　この後7月31日・8月1日に、北津軽郡内潟村（現中泊町）村長の奥田順蔵（？～1953。県史蹟調査委員で十三史談会長。ご子息と今井は中学校の同級生）と同郡相内村（現五所川原市）村長の三輪五郎兵衛の案内で、相内村のオセドウ遺跡を人夫3人とともに発掘した。調査区は、大正14年5月に東北帝国大学解剖学教室副手の山内清男（1902～70）が2週間調査した際の調査区の間で、面積は約11㎡（図18）。ここでは、同教室主任教授の長谷部言人博士提唱の円

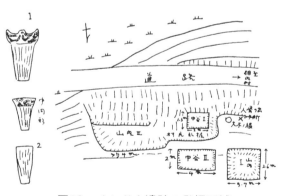

図18　オセドウ遺跡の発掘区域

筒土器のほかに石器や小型で彫刻のある骨器等が出土した（清野1969b）。翌2日午前中には同村笹館貝塚（現笹畑遺跡）で、山内調査区の隣の断崖中腹を半日調査した。ここは貝塚としては非常に貧弱であったが、円筒土器等が出土した（清野1969a）。また、笹館の調査時に、地元では円筒土器片を「ヨロヒカケ」（※鎧片か）と呼んでいることを記している。これは、寛政年間に、三内村で地元民が円筒土器破片を「みかへのよろひ」と言ったのを真澄が『栖家能山』に付した絵の中で、「甕甲」、すなわち土製の鎧であろうと解したこと（内田・宮本編1972a）を想起させるもので、興味深い。

なお、今井によれば、オセドウ遺跡の調査前（※7月31日か）には、北津軽郡金木町（現五所川原市）の藤枝溜池付近の遺跡や市浦村（現五所川原市）の福島城跡を調査しており、福島城跡では竪穴から台型埴部土器（※台付土師器）が出土した。よく研磨された薄紅色の上等の高杯であったという（今井1957）。

（北津軽郡～西津軽郡の調査
　－十三湖南岸と岩木川流域）

　8月5日（※3日か4日の可能性もある）に十三潟（現十三湖）を渡った。数日来の東風（ヤマセ）のため波が高く、河口の渡船場は閉まっていたが、対岸の北津軽郡十三村（現五所川原市）役場の好意で出してくれた迎えの舟で、屈強の船頭5人とともに激浪のなか、しぶきを浴びて渡った。ちなみに、ここには、昭

写真34　十三湖大橋（1984.10.19）

和34年には木造の十三湖橋が架けられ、54年には現在の十三湖大橋となった（写真34）。十三村に上陸後、村に一台の自動車で、明神沼の南はずれにある浜の明神の寺院址（現つがる市車力）を見学した（中谷1929b）。文久年間に多数の懸仏（かけぼとけ）が発見された場所である。今井によればこの十三村の旅館では、奥田も一緒で、中谷が珍しく酔って民謡を歌ったという（今井1957）。この後、亀ヶ岡遺跡（現つがる市館岡）までの道すがら、一帯の地形を見ながら石器時代遺跡の分布を踏まえ、十三湖の変遷やその水戸口すなわち岩木川河口の成立などについて思いをめぐらしていたようであり、これに関する考察も報文中（中谷1929a）に載せている。

　亀ヶ岡は、雷電神社南側の水無沢（沢根地区であろう）の畦道数か所を2日間にわたって調査し（写真35）、掘り残されていた狭い地域から完全な土器を数個発掘した。また、包含層の一部が淡水産貝塚になっている隣接の田小屋野貝塚では、円筒土器を発掘した（清野1969a）。

　いずれの調査でも人骨の出土がなく予想したほどの成果はあがらなかったようである。このあとに向かった西津軽郡森田村（現つがる市）の竪穴遺跡では、祝部埴部土器（いわいべはにべ）（※須恵器・土師器）の破片が点々としており、表面が窪んでいた竪穴住居跡を2軒発掘した。このうちの一軒からは鉄滓の塊が多数出土した。土器は出土しなかったが、付近に散布している土器により

写真35　亀ヶ岡遺跡（1990.11.8）

これと同一時期のものとみている。付近には縄文土器片はなかった。このことを踏まえて、これらの竪穴を、今でこそ平安時代などの古代のものと考えることは常識化しているが、東北地方などに見られる表面が窪んだ竪穴は石器時代のものではないとする考えを述べている。当時としては卓見であった。この竪穴遺跡については、鰺ヶ沢街道のすぐ上の場所であった（今井1957）ということを考えると、八重菊（1）遺跡などの可能性がある。

　なお、今井からの私信によると、この亀ヶ岡の発掘で得た優品は、現在、東京大学総合研究博物館に保管されている。また、亀ヶ岡調査の際には、旅館を営む越後谷権作秘蔵の大土偶を見せられ、中

谷がその大きさに驚いたという。のちに、国の重要文化財に指定される片足のない遮光器土偶のことである。その際に、越後谷は「自分は出征中、大山 巌 元帥の部下であった。元帥のご子息である次男の大山柏（1889〜1969。大山史前学研究所を主宰。のちに慶應義塾大学講師）のことを考古学者と聞いているので、まだ発掘をしていない自分所有の苗代を発掘してもらいたい旨伝えてほしい」と中谷に依頼した。それが、その後（※昭和25年8月）の慶應義塾大学による亀ヶ岡発掘の端緒となったという。

（中津軽郡の調査－岩木山北〜東麓、青森）

8月6日（※5日の可能性もある）に中津軽郡裾野村（現弘前市）の役場を訪ねたあと、巌木山神社の宮司長見恒久の好意で陸奥式土器（図19）や青竜刀形石器などの出土品を見せてもらった。十腰内遺跡（現十腰内(1)遺跡）（写真36）（青森県埋文1999・2001）、やや南の伝次森山の遺跡（現十腰内(2)遺跡であろう）を発掘し、後者からは、薄手式土器（※縄文後期の土器）が多量に出土した。また、1kmほど南にある御月山の遺跡では伝次森山と同様、包含層は荒らされてはいなかった。東隣にある十面沢では、広大な湯ヶ森の遺跡がところどころ掘られており、遺物はまったく発見されなかった。この後、丘を一つ越えて北東方向の清水森（現弘前市）の遺跡を発掘し、厚手の土器（※縄文中期の土器）が出土した。また、中津軽郡の高杉村（現弘前市）役場を訪ねたあと、遺物の所有者宅で資料を見、岩木山北東麓にある同尾根山遺跡（尾上山遺跡であろう）を調査し、陸奥式後期（※縄文晩期）の土器が出土した。ちなみにこの北東麓は、昭和41〜44年、筆者が学生の頃、たびたび踏査し遺物を採集した地域でもある。

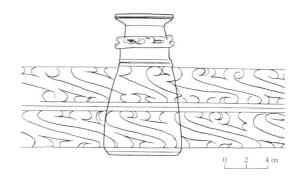

図19　十腰内の土器（長見恒久蔵・中谷自筆）

写真36　十腰内(1)遺跡の調査（1999.6.3）

7日には、青森市の県庁学務部教育課に地方視学官の福士百衞を訪ねて今回の調査への配慮に対するお礼を述べた（※人類学教室からは県庁あてに事前に協力依頼状を出していた）。そして、当時収集家として知られていた元東京人類学会員の佐藤蔀宅（現青森市松森2丁目）を訪ね、十腰内遺跡などの津軽の出土品を見たり、当時の亀ヶ岡発掘の話を聞いたりした（今井1957・99）。ちなみに、佐藤宅で中谷が作成した実測図のカードは東京大学総合研究博物館に保管されている[2]。

（上北郡の調査－小川原湖南西部）

この後、上北郡七戸町に入り、中谷の妻セツの弟菅原正志と会い、ともに8月10日まで、県史蹟調査委員の成田券治（憲司とも。1892〜1963。七戸町町会議員等ののち、郷土史研究に関心をもち、七戸城跡の国史跡指定に尽力）とともに七戸町の竪穴を見学し、上北郡榎林村の貝塚（現七戸町二ツ森貝塚）を調査した。

貝塚では当初、計4か所の調査を予定していたが、洪積世のカキ化石層であったり、二ツ森地区の

写真37　大正年間の成田旅館　　　　　　写真38　二ツ森貝塚の調査（1989.8）

貝層では遺物が発見されなかったりの状況、さらに寒さと降雨続きのため一か所だけの調査となった。しかしこれも丸一日は調査できず、貝塚のやや北側斜面を３×２ｍほどの広さで調査し、円筒土器・鹿角・骨角器などあわせて一箱を得たのみであった（清野1969c）。調査中の宿は、成田が七戸町で営む成田旅館（写真37）[4]であった（今井1957）。ちなみに、この貝塚は平成元（1989）年に筆者の県立郷土館勤務当時、調査を行なっており（写真38）（青森県立郷土館1992）、その後、天間林村、合併後は七戸町教育委員会によって史跡整備・調査が行なわれている。

（仙台）

　この後、８月12日に三戸郡八戸町（現八戸市）入りし遺跡の調査（※どこの調査か不明）をしたのち、東京への帰途８月15日に仙台市の東北帝国大学法文学部の奥羽資料調査部を訪問した。この間、黒石から七戸までは、当時、東奥義塾を卒業し東京で浪人中の今井冨士雄が同行した。

　ちなみに、この調査の結果は『人類学雑誌』第43巻第８号の会員消息に「七月下から八月上旬にかけ東北地方石器時代遺跡調査　主として陸奥・津軽方面」、同巻第10号の会報に「例会講演　津軽地方の石器時代遺跡」と記されている。また、『東北文化研究』第１巻第２号の彙報にも「中谷氏の東北調査旅行」としてこの調査のことが載せられ、津軽での発掘は、本稿に紹介した遺跡以外も含めて20か所以上にものぼったという。

　全国的な土器の編年体系がほぼ確立され、研究分野が多岐にわたるようになった今と違って、昭和３年という年は、まだまだ山内清男を中心とした研究者による縄文土器編年の枠組作りの最中であった。石器時代の年代はまだ確定されておらず、大雑把なものであった。また、昭和25年の文化財保護法施行の20年以上も前ということで、地主の許可さえあれば誰でも自由に遺跡発掘ができる時代であったが、坪掘りという試掘調査程度の小面積の調査であったにせよ、10日間ほどで、この頃に東京帝国大学から出版された『日本石器時代人民遺物発見地名表（第５版）』1928年）に掲載された津軽の遺跡を20か所

1.豊岡（1）
2.花　巻
3.藤枝溜池
4.福島城
5.オセドウ
6.笹　畑
7.浜の明神
8.亀ヶ岡
9.田小屋野
10.八重菊（1）
11.十腰内（1）
12.十腰内（2）
13.湯ヶ森
14.清水森
15.尾上山

図20　中谷治宇二郎たちが
　　　調査した津軽の遺跡

以上も調査した（図20）というのは、蒲柳の身の中谷にとってはまさに、情熱のなせるわざであったとしか言いようがない。しかも、各地で村長以下さまざまの人々の協力が得られたことも、現在ではあまり考えられないことであろう。中谷はこの調査中、方眼紙を貼った手製の遺物カードをたえず持ちスケッチを続けていたが、その研究態度に、同行した今井は感心している。時に、中谷治宇二郎26歳、今井冨士雄18歳の若き日の一こまであった。中谷は、『人類学雑誌』第44巻第3号の報文末尾に、この調査行の正式な調査報告書をまとめるには今後、数年かかるため、多くの人々の協力をお願いしたい旨記している。しかし、治宇二郎には、この報告書を刊行するだけの時間的余裕は残されていなかった。これは中谷のみならず、青森県や東北地方の考古学研究の進展にとってもまことに残念なことであった。

写真39　パリの国立人類博物館（1997.9.1）

おわりに－『兄弟展』へ－

　これまで述べてきたような治宇二郎への関心をもちながら、平成9（1997）年夏にパリに行ったことがある。滞在中の一日、セーヌ川西岸のトロカデロ広場を背にし、対岸のエッフェル塔と対峙する広大なシャイヨ宮の一角にある国立人類博物館（Musee de l' Homme．中谷留学当時のトロカデロの土俗博物館）（写真39）を見学した。ここで、旧石器文化の遺物やその他の展示品を見てはいたのだが、当時は、この博物館と治宇二郎がまさか関わりがあろう（中谷1985）などとは思いもしないことであった。しかし、翌年、法安氏からこの博物館には中谷コレクションがあり、亀ヶ岡など津軽の遺跡関連の資料が所蔵されている旨を伺った。事前に知っていれば、そのコレクションを見ることができたわけで、非常に悔しい思いをしたものであった。

写真40　中谷宇吉郎 雪の科学館（1999.11.5）

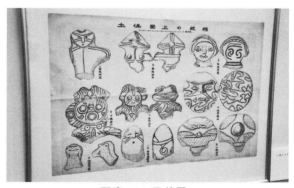

写真41　兄弟展

　平成11年秋（10月7日〜12月7日）、石川県加賀市にある『中谷宇吉郎 雪の科学館』（写真40）で、特別展『兄弟展－宇吉郎と治宇二郎－』（加賀市地域振興事業団1999）が開かれた。この特別展の企画は法安氏から事前に連絡を受けていたこともあり、11月5日の朝、妻とともに開館をまって入場した。柴山潟の湖畔に立つ雪の結晶をかたどった建物の展示室一階・二階が展示会場であった。

　兄弟二人の年譜、業績、著書、中谷作成の遺物カードなどがこじんまりとした空間に紹介されてお

り（写真41）、一階の細長い展示空間には中谷が調査した遺跡の出土品が展示されていた。そのなかには、弘前市十腰内やつがる市床舞、鰺ヶ沢町建石など津軽の遺跡から出土した縄文後・晩期の土器・土偶計5点が展示されていた。しかし、筆者の目はそれよりも、その傍らにある中谷兄弟が交わした手紙の文字を追っていた。外国から弟の病を気遣う兄の手紙、感謝の気持ち・病状を伝える弟治宇二郎の手紙、そして、考古学に科学的な学問上のアドバイスを与える兄の手紙等々……であった。二人の学問上の業績よりも、この業績が、お互いに影響し気遣いあう心で支えられていたことに、私はより惹きつけられたのであった。

『註』

1）中谷の生涯については、昨年末に刊行された法安桂子氏の著書（法安2019）に詳しい。

2）中谷の遺したノート、書簡、古文献資料、標本カード類は、法安氏により東京大学総合研究博物館に寄託され、平成13年1〜3月にはそれを記念した新規収蔵品展「縄文とパリ－中谷治宇二郎の記録－」が同博物館で開催された。

3）平成12年4月25日付の筆者宛ての書簡など。

4）成田旅館は、かつて七戸町横町にあった旅館である。現在はないが、大森貝塚の調査で著名なE．S．モースの一行が、明治11年、函館で土器を発掘し、函館湾で生物のドレッジを行なったあと、連絡船で青森に上陸し、陸路で東京に向かう途中、8月18日に七戸で泊った旅館「福田屋善八旅人宿」である。成田はこの旅館の権利を買って営業していた（鵜沼1991）。

第Ⅲ章

旧石器・縄文文化の調査・研究史

第1節　旧石器文化、縄文草創期・早期・後期文化

　青森県の旧石器・縄文文化の研究史については、旧石器時代や縄文時代各期が、同じような長さの研究史をもっているわけではなく、かなりの幅がある。このため、この章ではまず、研究史が浅い旧石器文化から縄文早期にいたる文化、そして後期の文化について述べる。そしてその後に、長い研究史をもち、しかも本県の縄文文化を特徴づける円筒土器文化や亀ヶ岡文化について述べ、さらに、三方が海域に囲まれるという本県域の地理的な特性から、海との関わりを示す貝塚文化について、それぞれ述べる。

　さて、昭和12（1937）年に発表された山内清男（1902～70）（写真43）の「縄紋土器型式の細別と大別」（図25）のなかでは、当時行なわれていた縄文土器の前、中、後期の3区分を検討したうえで、尖底土器などを早期として区分し、前期の前に位置づけ、後期からは亀ヶ岡式土器などを晩期として独立させて後期のあとに位置づけ、5期区分が提唱された（山内1937）。その後、戦後しばらくたった昭和39年には、同じく山内によって早期の前に、早期から分離された草創期を位置づけ、現在の6期区分になっっている（山内1964）。

　また、縄文時代に先行する旧石器時代については、昭和24年に群馬県岩宿遺跡の発掘調査において、旧石器が発見されて（杉原1956）以降、研究が進められてきている。

　以上を踏まえ、青森県の状況をみると、まず、旧石器文化については、昭和2年8月～翌年1月の、東北帝国大学理学部地質古生物学教室の曽根広（1887？～1953。松本彦七郎の助手、のちに助教授）による現在の平内町椿山海岸における人工品とみられるエオリス（原石器）の採集・調査（曽根1929、Sone1929）、さらに、昭和26年、現在の五所川原市金木町の藤枝溜池岸から発見された偽石器に始まるが、後者については、明治大学考古学研究室の杉原荘介（1913～83）らによる27・28年の発掘調査、そして杉原自身の自然礫とする判断（杉原1954）によって、いずれも人口品説が否定されたため、旧石器時代の研究は行なわれてはいない。また、本県では、この問題に関連して、昭和34年に弘前市教育委員会が行なった弘前市大森勝山遺跡の調査で出土した土器を伴わない石器群（村越1975）、さらに、同38・39年の九学会連合下北調査委員会による東北町長者久保遺跡の調査で出土した土器を伴わない石器文化（山内・佐藤1967）については、当初から旧石器時代の終末あるいは縄文文化の初頭と考えられるなど、旧石器文化の終末から縄文文化の起源をめぐる年代論争の舞台となってはいたが、しかしこれらはいずれも旧石器文化の本格的な調査・研究ではなく、その前史的なものであった。本県で、明確に旧石器文化、さらに縄文草創期の遺跡が調査されたのは、青森県立郷土館が昭和51～54年に行なった蟹田町（現外ヶ浜町）大平山元Ⅰ～Ⅲ遺跡（青森県立郷土館1979・80・81）である。

写真42　大平山元Ⅰ遺跡の土器

　大平山元Ⅰ遺跡では、長者久保遺跡と同様の旧石器

の特徴をもつ石器群とともに無文土器片が出土し（写真42）、同Ⅱ・Ⅲ遺跡の調査では、舟底形石器を特徴とする石器群や樋状剥離をもつ尖頭器を特徴とする石器群、さらにナイフ形石器を特徴とする石器群など、明らかに旧石器時代の石器が出土したことにより、旧石器時代、そして縄文草創期の本格的な研究が始まったのである。

　また、縄文時代の早期の研究については、昭和12年の山内の５期区分により提唱されたが、この時期の研究は、第２次大戦後になって、下北半島、小川原湖周辺、八戸市の太平洋側地域を中心として調査研究が行なわれ（図21）（二本柳・角鹿・佐藤1957）、貝殻・沈線文から縄文系土器にいたる編年が次第に確立されてきた（青森県史編さん考古部会2017）。そして、これに縄文前期・中期の円筒土器文化の時代、さらに、縄文後期の十腰内土器文化、晩期の亀ヶ岡文化の時代が続くわけであるが、後期の土器については、山内の発表した５期区分の後期に位置づけられる薄手式土器の存在が、本県においても既に認識されてはいた（角田1935）が、まだ型式名が設定されていない状況であった。

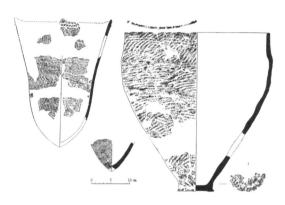

図21　三沢市早稲田（1）貝塚の土器

　本県において、初めて土器型式が設定されたのは、第２次大戦後しばらく経ってからのことで、昭和35（1960）年７〜９月に行なわれた弘前市十腰内遺跡（現十腰内（2）遺跡）の調査が契機であるが、当時、東京大学人類学教室研究生の磯崎正彦（1933〜80）が、のちにその出土土器を整理して、昭

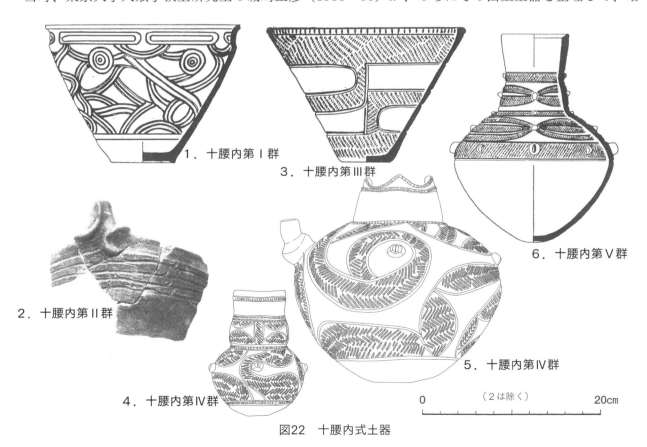

1．十腰内第Ⅰ群

3．十腰内第Ⅲ群

6．十腰内第Ⅴ群

2．十腰内第Ⅱ群

5．十腰内第Ⅳ群

4．十腰内第Ⅳ群

0　　　　（2は除く）　　　20cm

図22　十腰内式土器

和43年に発表した十腰内第Ⅰ～Ⅵ群土器の型式編年（図22）（今井・磯崎1968）であった。

　なお、このなかで、本県の旧石器・円筒土器文化の研究史については、『青森県史　資料編　考古1』（青森県史編さん考古部会2017）、さらに貝塚の研究史については、『青森県内の貝塚遺跡群重点調査事業報告書』（青森県教育委員会2019）にまとめられたものがあるので参照していただきたい。

第2節　円筒土器文化
－土器の発見から三内丸山遺跡の調査まで－

　円筒土器は、北海道南西部から本県域を中心とする東北地方北部にかけて、縄文前期中頃から中期中頃にかけて作られた円筒形の深鉢土器である。現在、円筒下層式と同上層式に2分され、下層式はa～d式、上層式はa～e式に分類されている。下層式は前期中頃から中期末まで、上層式は中期初頭から中頃までに位置づけられ、各型式の土器が年代順に相次いで作られたと理解されている。この上層・下層式の土器が使用された文化が円筒土器文化である。

1．江戸時代の円筒土器の記録

　円筒土器に関する最初の記録は、国学者で紀行家としても知られた菅江真澄（1754～1829）（図2）が著した『栖家能山』（内田・宮本編1972a）にある。これについては、既に第Ⅰ章において述べたが、寛政八（1796）年4月14日に三内村（現青森市）を訪れた際の記録がある。古い堰の崩れから掘り出された縄形、布形の古き瓦（※縄文土器か）や甕の破片を見たが、このなかに、人の頭、仮面などの形のもの（※土偶）や頚鎧（※錏。兜の鉢の後方と左右に垂れて首筋を覆うものに似たもの）があるとして、土器破片、土偶破片の絵が付されている。この土器は、土器型式で言えば、縄文中期中頃の円筒上層c式の口縁部であり、土偶は、円筒土器文化の板状土偶であろうか。真澄はこの後、『追柯呂能通度』（内田・宮本編1972c）では、花巻（現黒石市）から出土した三内と同じ土器の絵を付し、さらに『美香弊の誉路臂』（内田・宮本編1973a）では、文化二（1805）年8月12日に出羽の戸鳥内（現秋田県北秋田市）で三内と同じ人面のようなものを見たとして、絵を付している。この後、円筒土器については、弘前の国学者・日本画家の平尾魯仙（1808～80）が安政二（1855）年に著した『合浦奇談』「巻之二」（青森県立図書館1969a）に、同氏所蔵で独狐（現弘前市）出土の土器片が図示されている（第Ⅰ章図3）。現在の円筒上層c式等であるが、「……亀ヶ岡の物は土精細文多からず。上品と云べし……。独鈷山畑の物は土粗く器も厚く文多く下品と云べし……。」として、亀ヶ岡等の出土品と比較しながら、文様には沈文、浮文などの語を使っている。

2．明治時代の円筒土器文化研究

　明治17（1884）年10月、坪井正五郎らを中心に設立された「人類学会」（のちの「東京人類学会」）の機関誌『東京人類学会雑誌』（明治44年から『人類学雑誌』に改称）には、各地から出土する遺物の報告が盛んに行なわれた。とくに、本県津軽の考古家たちは、競うように本誌に寄稿し

た。明治22年には、弘前の考古学研究家佐藤蔀（1852～1944）が、『本誌』第5巻第45号に「陸奥国津軽郡花巻村ヨリ出デタル大甕」（佐藤1889）と題して、花巻村（現黒石市）から発見され、当時山形土器と呼ばれていた円筒形の土器（※円筒上層c式）（図23－1・2）を富士形土器と称して発表し、人骨を納めた土器ではないかと推定した。この報文では、ほかに湯口（現弘前市）出土の土器（※円筒上層b式）口縁部破片も紹介し、類例として、三内丸山遺跡など津軽地方の20点の発見例をあげている。この遺跡の大甕については、この2年後に淡厓こと神田孝平によって本誌第6巻第60号に「津軽花巻村発見大甕続報并図」として、新たに出土した完形品2個（※円筒下層a、同上層c式）も紹介された。また、青森の細越尋常小学校（現青森市立栄山小学校）の角田猛彦（1852～1925）（写真29）は、勤務の傍ら三内丸山遺跡などの東津軽郡管内を中心に遺跡調査を行ない、26年の本誌第8巻第82号には三内丸山遺

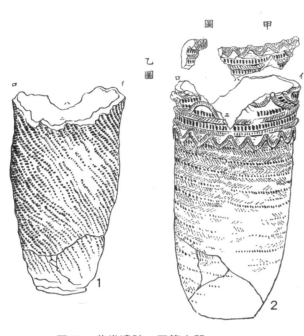

図23　花巻遺跡の円筒土器

跡採集の石製垂飾品も報告している。またこの年には、今度は、『東洋学芸雑誌』に、帝国大学（現東京大学）理学部人類学教室の若林勝邦が、上北郡貝塚村（現七戸町二ツ森貝塚）の調査結果を報告（若林1893）し、円筒下層式・上層式土器とともに石器・鹿角・獣骨・貝類などの出土遺物を報告し、この遺跡に居住した人々の生活について若干の考察を加えている。

　明治以前の円筒土器文化研究は、このような出土品の報告が主であったが、これは、土器や石器などが、大昔の産物であることは認識していたものの、その使用者やその文化的な面がおもな関心事であったため、土器に即した年代研究、すなわち土器の型式や変遷など、年代、時間軸の設定の視点・発想がまだ生まれていないという当時の学界レベルと軌を一にするものであった。

３．大正～第２次大戦後の土器研究

　円筒土器をめぐる状況は、大正の中ごろから大きく変わることとなる。土器の研究が、それまでの状況から脱却して、年代的な尺度となる土器の型式編年研究が行なわれるようになったのである。先陣をきったのは東北帝国大学理学部地質鉱物学教室の松本彦七郎（1887～1975）である。松本は古生物学における進化論的視点と層位的発掘調査法を遺跡調査に応用し、岩手県の三陸沿岸や宮城県仙台湾沿岸の遺跡調査を行ない、大正8（1919）年にはこの地域における土器の変遷を把握したのである。この後、東北帝国大学医学部解剖学教室で長谷部言人教授（1882～1969）の副手であった山内清男（1902～70）はこの調査に大きな影響を受け、大正13年から縄文土器の層位的出土例に基づいた型式編年研究を始めた。その成果の一部は昭和2（1927）年、長谷部によって『人類学雑誌』に「円筒土器文化」として発表された（図24）。このなかで長谷部は、一群の円筒形土器に対し円筒

土器と命名し、それまでの研究史や円筒土器遺跡の特徴と分布、円筒土器文化の石器・骨角器・土偶・人骨についてまとめ考察している。しかし、このなかで、たとえば主に北海道南部から秋田・岩手両県北部にいたる円筒土器分布のなかで、岩手県の遺跡が記載されていない点や遺構についてまったく触れていないなどの不備があるものの、円筒土器文化に関する最初のまとまった論考として、忘れることはできない。ここで、山内の行なった円筒土器関連の調査から型式設定までの経緯をみると、大正14年5月にはオセドウ遺跡（現五所川原市）を発掘し、ある地点では薄手式土器の下層から一種の土器型式（※円筒下層式）が出土し、別の地点では、この型式の土器が別型式（※円筒上層式）の下層から出土した。また、15年4月には、長谷部とともに調査を行なった中居貝塚（現八戸市一王寺遺跡）では、3ヶ所のうち2ヶ所で同様に円筒上層式が上層から、円筒下層式が

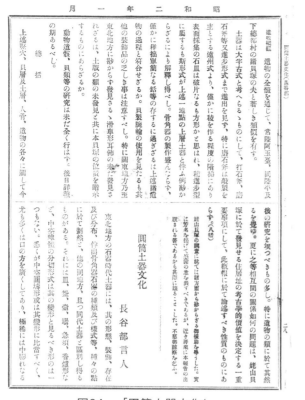

図24　「円筒土器文化」

縄 紋 土 器 型 式 の 大 別 と 細 別

	渡島	陸奥	陸前	関東	信濃	東海	畿内	吉備	九州
早期	住吉	（＋）	槻木 1 〃 2	三戸・田戸下 子母口・田戸上 茅山	曾根？× （＋）	ひじ山 粕畑		黒島×	戦場ヶ谷×
前期	石川野× （＋）	円筒土器下層式（4型式以上）	室浜 大木 1 〃 2a,b 〃 3-5 〃 6	花積下 関 山 蓮田式 黒浜 諸 磯a,b 十三坊台	（＋）（＋）（＋）踊場	鉾ノ木×	国府北白川 1 大歳山	磯ノ森 里木 1	轟？
中期	（＋）（＋）	円筒上 a 〃 b （＋）（＋）	大木 7a 〃 7b 〃 8a,b 〃 9,10	五領台 阿玉台・勝坂 加會利E 〃（新）	（＋）（＋）（＋）（＋）			里木 2	曾畑 阿高 出水 ？
後期	青柳町× （＋）（＋）（＋）	（＋）（＋）（＋）（＋）	（＋）（＋）（＋）（＋）	堀之内 加會利B 〃 安行 1,2	（＋）（＋）（＋）（＋）	西尾×	北白川 2 ×	津雲上層	御手洗 西平
晚期	（＋）	亀ヶ岡式 （＋）（＋）（＋）（＋）	大洞B 〃 B—C 〃 C1,2 〃 A,A'	安行 2—3 〃 3	（＋）（＋）（＋）佐野×	吉胡× 〃 × 保美×	宮滝× 日下×竹ノ内× 宮滝×	津雲下層	御領

註記　1.　この表は仮製のものであって，後日訂正増補する筈です。
　　　2.　（＋）印は相当する式があるが型式の名が付いて居ないもの。
　　　3.　（×）印は型式名でなく，他地方の特定の型式と関聯する土器を出した遺跡名。

図25　「縄紋土器型式の細別と大別」

下層から出土した。このような出土例に基づき山内は、円筒土器の形態・文様の型式編年を行ない、昭和4（1929）年の「関東北に於ける繊維土器」（山内1929）のなかで、円筒土器を下層式と上層式に2分し、下層式土器を古い順に円筒（土器）下層式a〜dの4型式、上層式を2型式以上に細分し、円筒土器の型式編年の骨格をつくり上げたのである。山内は、その後、昭和12年には、これまでの土器型式による編年研究に基づき、「縄紋土器型式の細別と大別」（図25）を発表し、縄文早期から晩期にいたる5期区分を提唱した（山内1937）。このなかで山内は、当時一般化していた

写真43　山内清男

前・中・後の三区分を検討し、前期から尖底を本格的に古い土器群として、前期の前の位置づけ、後期からも亀ヶ岡式およびその並行型式を晩期として独立させ、後期のあとに位置づけた。そして、前期には円筒（土器）下層式a〜dの4型式を、上層式を中期に位置づけ、円筒土器文化の年代的位置付けを行なったのである。この5期区分は前年（山内1936a）に既に編年図（仮製）が附表（山内1967）としてあったようではあるが、昭和12年のこの論文によって、名実ともに円筒土器の推移とその縄文時代における年代的位置が確定されることとなった。

また、この後昭和14年夏には、中里町（現中泊町）に縁戚をもつ当時、東京の高校生であった白崎高保（1922〜87。のちに室蘭工業大学教授）が、同町深郷田遺跡を調査し、出土した一群の土器について、円筒下層式直前に位置づけられる土器型式として深郷田式を提唱した（白崎1941）。

その後、昭和33年には、八戸市蟹沢遺跡の発掘調査において、円筒下層d式が層位的にd1・d2類に二分され（江坂・笹津・西村1958）、さらに昭和39年には、『日本原始美術1　縄式土器』において、山内により上層a・b式に後続する上層c・d式が追加された（山内1964）。そして、昭和45年には、つがる市石神遺跡の調査報告書（江坂編1970）においては、円筒下層a・b式、同上層a・b各型式が、それぞれa1・a2、b1・b2式に細分され、その後さらに円筒上層d式のあとにe式が設定され、円筒土器型式は終わる。そして、それに後続する型式として、昭和14年に提唱されていた、東北地方中・南部に分布する大木式系の榎林式土器（角田1939）が位置づけられ、これに後続する最花式土器も設定され、現在にいたっている。

4．『円筒土器文化』と三内丸山遺跡の調査

このような円筒土器文化の研究史や土器編年のほかの研究成果をまとめたのが、昭和49年、弘前大学教育学部の村越潔（1929〜2011）（写真44）が著した『円筒土器文化』（図26）である。本書は、昭和40年代に行なった森田村（現つがる市）石神遺跡の調査を含め、それまでの研究成果を踏まえて執筆されたものである。円筒土器文化の研究史から説き起こし、円筒土器の命名と形状、円筒土器の分布、土器型式と編年、円筒土器に伴う人工遺物・自然遺物、円筒土器を出土する遺跡と遺構など、円筒土器文化全般にわたってまとめており、その後の当該文化研究の基本図書として扱われている。

円筒土器文化については、その後、各地で調査が行なわれ、新知見が急増している。円筒下層式土

写真44　村越　潔（1995.3.17）

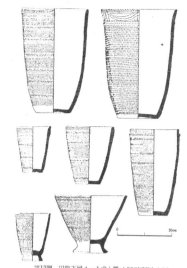

第12図　円筒下層d－1式土器（『石神遺跡』より）

図26　『円筒土器文化』

器の分布では、従来、石川県真脇などの遺跡が知られていたが、その後、北海道礼文島では、同上層式の集落跡も調査されており、日本海沿岸を主に、各地で特色ある円筒土器文化が展開していることがわかってきた。そのような状況のなかで、本県では、平成4（1992）年から6年にかけて、青森市三内丸山遺跡の調査が行なわれ、全国的に注目された。

　調査によって、この遺跡は縄文前期中頃から中期末にいたる大規模集落跡であることが判明している。調査区域が、それまでの道路や線路区域といった線的な範囲ではなく、県営球場という面的な範囲の調査であったこともあるが、竪穴住居跡や掘立柱建物跡、主に貯蔵庫とみられる土坑、土坑墓・環状配石墓・盛り土遺構・道路状遺構・粘土採掘坑など各種の遺構が調査区域から検出された。また、おびただしい数量の円筒下層・上層式土器、膨大な数の土偶・土製品・石器類、さらに岩偶・ヒスイなどの石製品や植物・骨角製品などの各種の道具も多数出土している。また、この調査を通じてさまざまな分野の研究、学際的な研究が行なわれ、これまであまり行なわれなかった研究分野にも目が向けられるようになり、円筒土器文化研究の裾野を大きく広げている。遺構面では、住居跡の構造や集落の構成もある程度わかるようになり、祭祀・信仰面では、膨大な数の土偶や岩偶、交流・交易面では、糸魚川産ヒスイや北海道産を主とする各地の黒曜石や石斧材料の緑色岩（通称アオトラ石）、また植物面では、食料としてのクリの実、建材・薪材のクリ、さらに漆の利用など多岐にわたり、三内丸山遺跡の調査以前とは比較にできないほどの文化内容が明らかにされてきている。こ

写真45　三内丸山遺跡センター（2018.12.5）

の遺跡では、現在も計画的に調査が続けられており、昨年春には、県立の「三内丸山遺跡センター」（写真45）が開館した。今後の円筒土器文化研究の拠点施設として、期待がかけられる。

ちなみに、円筒土器の型式については、三内丸山遺跡の調査の成果を盛り込んだ『青森県史　別編　三内丸山遺跡』（2002年）では、円筒下層a・b₁・b₂・c・d₁・d₂式、同上層a₁・a₂・b・c・d・e式に細分され、『青森県史　資料編　考古1』（2017年）でも踏襲されている。

第3節　亀ヶ岡文化
－土器の発見から山内清男による編年確立まで－

　昭和40年代後半から始まった、諸開発に伴う遺跡発掘調査の激増によって、考古学関係の情報は膨大なものとなって積み重ねられてきており、考古学研究者はその情報の摂取に血眼となっているのが現状である。

　縄文時代晩期に東北地方を中心として東日本一帯に展開した亀ヶ岡文化についても、その例外ではない。以前、このような現況を踏まえて、亀ヶ岡文化の文献目録を作成したことがある。これは、「……近年の新資料の増加による知見の拡大等によって、亀ヶ岡文化の内容は次第に明らかにされてきてはいるが、不明な点はなお依然として多い。この解明には……中略……基礎的作業として過去の諸文献をみなおすこともまた必要であろう。」（福田1976）との観点から、作成したもので、現在もその考えに変わりはない。また、この作成時点から、今後文献目録から一歩進んで、筆者なりに亀ヶ岡文化研究の推移をみてみたい気持ちもあわせもっていた。しかしながら、亀ヶ岡文化の研究は、わが国の石器時代研究のあゆみと軌を一にして進められてきており、その全般について触れることは、筆者の能力のおよぶところではない。したがって、小稿では、亀ヶ岡文化のひとつの要素にすぎないが、亀ヶ岡文化の指標および年代の尺度となっている亀ヶ岡式土器の研究の推移を中心にふりかえってみることとしたい。ただし、とりあつかう年代は、第2次大戦前の山内清男による亀ヶ岡式土器の型式編年確立までとしたい。

　亀ヶ岡文化研究のあゆみをたどるに際し、『日本先史学序史』（中谷1935）、『日本考古学・人類学史　上巻』（清野1954）、『日本考古学史』（斎藤1974）、「亀ヶ岡式土器研究小史」（磯崎1977）等の研究成果を参照させていただいたが、とくに江戸時代に関しては、中谷・清野の2書によるところが多い。

　さて、亀ヶ岡文化研究史を土器研究を中心として考えた場合、土器の発見から亀ヶ岡式土器の型式編年の確立までは、つぎの3期に区分して考えることができる。
　○第Ⅰ期　亀ヶ岡遺跡の発見と紹介がなされた江戸時代。
　○第Ⅱ期　人種論、民族論の盛行した明治時代および大正期前半の時期。
　○第Ⅲ期　土器の型式編年学的研究の開始と確立がなされた大正期後半から昭和10年代前半まで。

第Ⅰ期

　わが国における石器時代の考古学的な遺物発見の歴史は平安時代にまでさかのぼることができるが、亀ヶ岡式土器に関する記録は遅れて江戸時代初期になってはじめてみられるようになる。本書第

Ⅰ章に紹介した『永禄日記』の元和九（1623）年の条である。この記録は、中谷が『日本先史学序史』において、はじめて紹介したものである。この原本は、のちに村越潔（1929〜2011）が、写真を含めて紹介した（1970）が、記載された条文については、現在では第Ⅰ章において紹介したように、後世の加筆である可能性が非常に高い。

　この後、亀ヶ岡式土器について触れた記録は、菅江真澄（1754〜1829）によって残されている。『追柯呂能通度』（寛政十年？）、『新古祝甕品類の図』（文政四、五年頃）である。これは、第Ⅰ章においてすでに述べたが再述すると、真澄は、前者において、花牧（現黒石市花巻）出土の土器および甕が岡（現つがる市亀ヶ岡）出土の土器を図示し、つぎのように述べている。

　「寒苗の里より、みかべのよろひなすもの、あるははにわなすもの、あるはふる瓦やうのものいつるもいといとあやしとおもふに、又このころ、黒石のほとりなる、むかしいふ小杭埜、いまいふ花枚の邑のこもり、山はたけより、さむなへにほりえしに、おなしさまなるものほりいてしとて、しりたる人のをくりしを、めつらしう、かたにしるしぬ。はた甕が岡といふやかたのひろ野あるその小高きところをほりうがてば、こがめ、へひち、ひらか、をつぼ、手壺、あまの手抉やうのものまで、むかしよりいまし世にかけてほれども〳〵つきせず、なにの料にうつみしにや。凡、いはひべ、とりへひちに似たるもの多し。しか、そのかたをひたんにのす。」

　このなかで、真澄は、花牧出土の土器が寒苗（現青森市三内）出土の土器と同じ形態のものであるとし、「みかべのよろひ」と呼称し、亀ヶ岡出土のものと区別している。

　また、後者においては、東北地方北部出土の土器、陶器等を紹介するなかで、亀ヶ岡式土器についても7例、図とともに紹介している。このなかで、別所村（現秋田県大館市）出土のものについて、「津軽の甕が岡に掘りうるがことし。そのさま秋田比内の橋桁村（現大館市）、蝦夷国の祢母呂（根室）ノ浦に掘るものに凡似たり。……中略……此の甕はいにしへ蝦夷、など此処に住て作たるにや。祢母呂の甕をもておしはかり知るべし。」と述べていることから、真澄は、亀ヶ岡出土の土器を他の土器と比較する際の標識的なものと把握している。そして、この土器の使用者は蝦夷であったろうと土器による人種論を披瀝している。

　みかべのよろひなすものと亀ヶ岡のものとの区分は、のちに円筒土器と亀ヶ岡式土器として、東北地方・北海道の縄文土器編年のうえで、それぞれ中期、晩期を代表する土器群として位置づけられるわけであるが、両者が、既にこの時期に見ぬかれていたことは、真澄が各地をまわって多くの考古資料をみていたということもあろうが、真澄の資料の見方、分析力、洞察力の確かさを示すものであろう。中谷治宇二郎は『日本先史学序史』のなかで、真澄のこの業績を紹介し「石器に於ける新井白石・木内石亭の総和にも対比すべきもの」として高く評価している。

　江戸時代の、とくに後半の18世紀から19世紀にかけて、泰平の世が続き、人々の生活が安定してくるにつれ、古いものを愛でる風が広まり、各所に、古いものを持ち寄っては語り合う団体が生まれた。江戸時代における石器研究の最高水準に達したとされる『雲根志』を著した近江の人、木内石亭（1724〜1808）の「奇石会」もそのひとつであるが、江戸においては、「耽奇会」をあげることができよう。これは、文政七（1824）〜八年に行なわれ、定例会にはそれぞれの古物を披露するわけであるが、その時の古物図が『耽奇漫録』に収録されている。このなかには亀ヶ岡から出土したとされる遺物が4点含まれている。土偶2点と注口土器、鉢形土器各1点であるが、亀ヶ岡の遺物が江戸

の文人達にももてはやされるようになっていたのである。

　この時代には、ほかにも亀ヶ岡式土器に関する記録はあるが、単に土器の紹介に終わっている。

　亀ヶ岡式土器を含めて、江戸時代における考古学的資料に対する姿勢は、大半が好古的関心、興味にとどまっていたわけである。前述のように、菅江真澄という傑出した見識をもった学者がおりながら、それに続く者のいなかった状況を考えるならば、さまざまな意味での情報網の未発達、未分化の学問的状況等を考慮にいれたにせよ、この時代は多くの研究者が評するように「ディレッタンティチズム（好古趣味）」が主流をなした時代ということができる。

　江戸時代における亀ヶ岡文化研究という観点からすれば、この時代を亀ヶ岡文化研究の開始段階とするよりは、むしろ、それへの興味、関心が高められた段階として、その先駆的な意義を認めたい。

第II期

　明治維新が行なわれ、新政府によって教育制度が整備されるとともに、西洋の学術、文化が積極的にとり入れられることとなった。これによって、西洋の諸学術は水の高きより低きに流れるごとくわが国に流入し、考古学的研究の面においても変革を与え、次第に好古趣味的段階から実証主義的方法をもった学問としての方向を歩むようになってくる。このなかで、明治10（1877）年に東京大学に招聘された米国の動物学者、E．S．モース（1838〜1925）（写真54）はとくに多くの影響を与えた。モースは同年、東京・大森貝塚を発掘し、翌々年には『SHELL MOUNDS OF OMORI』・『大森介墟（古物）編』（西岡編1967、モース著、近藤・佐原編訳1983）を著した。これによって考古学的研究のうえで、発掘調査、調査報告書の刊行がそのよってたつ技術、方法論として確立されることとなる。

　明治17年10月、東京大学理学部生物学科の学生であった坪井正五郎（1863〜1913）（写真20）、白井光太郎（1863〜1932）らによって人類学研究を目的にした「人類学会」（のちの東京人類学会など）が創立され、19年より機関誌『人類学会報告』（のちの『東京人類学会雑誌』・『人類学雑誌』）が刊行された。坪井がモースの影響を強くうけていたことは、斎藤（1974）により、その辺の事情を窺い知ることができる。

　また、明治28年には三宅米吉（1860〜1929）らによって、歴史時代の考古学研究を目的として「考古学会」が創立され、翌年より機関誌『考古学会雑誌』（現在の『考古学雑誌』）が刊行され、ともに以後の日本考古学界に多大の寄与をなすこととなるが、とくにこの第II期に関しては、東京人類学会の機関誌が亀ヶ岡文化研究の主たる舞台となった。

　『人類学会報告』が創刊されるとともに、亀ヶ岡文化関係の記事が、頻繁に誌上に紹介されることとなった。明治19年には坪井正五郎が「津軽瓶ヶ岡ヨリ出ツの土偶」（坪井1886）として、亀ヶ岡遺跡出土の土偶を紹介した。続いて翌20年には蓑虫（1836〜1900）の手紙が「陸奥瓶岡ニテ未曽有ノ発見」（蓑虫1887）と題して掲載され、亀ヶ岡遺跡の発掘で土器、石剣、土偶、玉類が出土したことを報告した。また、弘前の佐藤蔀（1852〜1944）も、この年、亀ヶ岡遺跡出土の大型土偶を『東京人類学会雑誌』（以下、『東人誌』）に「瓦偶人之図」（佐藤1887d）として発表しており、出土遺物とともに亀ヶ岡遺跡の名は次第に知られるようになった。

　これら一連の報告をうけて、帝国大学理科大学（現東京大学理学部）人類学教室の若林勝邦（1862〜1904）（写真20）は明治22年7月24日から同31日にかけて、亀ヶ岡遺跡を発掘した。この調

査結果は、同年の『東洋学芸雑誌』に「陸奥亀岡探究記」（若林1889）として掲載され、図とともに、出土した土器、土偶、石器類、獣骨等が紹介された。そして、出土土器と他遺跡出土の土器の比較によって、亀ヶ岡遺跡が石器時代の後期の属するものであり、土偶の服飾、土器製法が現今アイヌの技術と大差があるとして、アイヌ以外の人種の遺跡である推定した。

　この報文は、従来、いたづらに掘り散らかされてきた亀ヶ岡遺跡の、学者による最初の発掘調査報告として、また同遺跡の年代観を述べたものとして注意される。

　また、佐藤重紀（1864〜93）は、同年の『東人誌』に「「アイノ」沢遺跡探究記」・「陸奥上北郡「アイノ」沢遺跡探究記（前号ノ続）」（1889a・b）を発表した。このなかで、当遺跡（現十和田市）の出土の土器をχ文、無文粗製、縄文、赤塗（有文、無文）に分類し、各地の土器との比較を行ない、その差を指摘した。アイノ沢遺跡出土の土器は大部分が亀ヶ岡式土器の中葉のものであるが、それぞれの年代差については言及されていない。しかしながら、明治時代に入って以後、はじめての亀ヶ岡式土器の本格的研究として評価される。

　明治27（1894）年には八木奘三郎（1860〜1929）（写真20）・下村三四吉（1868〜1938）（写真20）によって「下総国香取郡阿玉台貝塚探究報告」が同誌に発表された。これは亀ヶ岡文化との直接的関連はないが、注目されるのは、両氏が関東地方の土器に「大森式」、「陸平式」の二者があるとし、その差を人種上の差とするかどうか不明としながらも、年代差があるものと確信したことである。そして、この二者の新古関係については、「粗大ナル土器即陸平式ノモノヲ以テ後者トナサザルヲ得ズ」としている。陸平式は縄文中期、大森式は同後期のものに位置づけられる点からすれば、こ

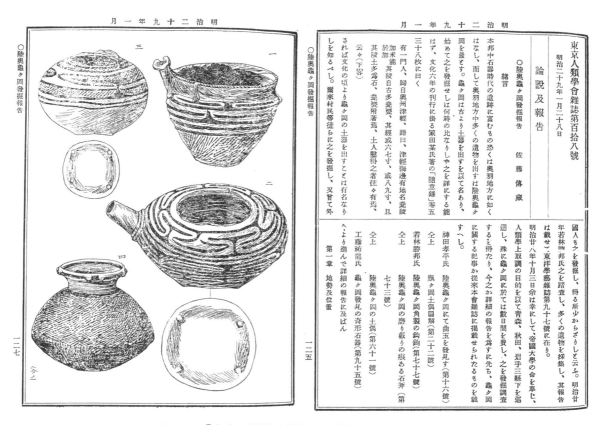

図27　『東京人類学会雑誌』に掲載された亀ヶ岡発掘報告

の結論は誤りである。しかし、土器型式に年代差があると認めた点でははじめての報文であって、わが国の縄文土器の型式編年研究の先駆的なものとして評価される。

　明治28（1895）年10月に帝国大学理科大学人類学教室の佐藤伝蔵（1870〜1928）（写真62）は、第1回目の亀ヶ岡遺跡の発掘調査を実施した。この報告は翌年の『東人誌』に掲載された（図27）（佐藤1896a）。このなかで佐藤は、出土遺物を石器と土器に分類し、各種の遺物について図を付して報告したが、地質学者としての視点から、遺跡の立地、性格、さらに玉類の穿孔方法等について注意を払い、かつて湖底であったこと、石器製造所であったこと、金属器を使用したこと等を推定している。また、遺物包含地の土層断面図を付して、遺物の出土層位も示している。しかしながら、出土した土器どうしの違い、さらにその新古関係については触れていない。

　なお、同年の次の号には、佐藤による青森県相馬村紙漉沢（現弘前市）の遺跡の発掘報告も掲載された（1896b）。図によると、亀ヶ岡式土器前葉の土器と石器が出土している。

　さて、明治29年5月には、佐藤は第2回目の亀ヶ岡遺跡の発掘調査を実施した。この報告は、同年7月と8月の同誌に、わけて掲載された（1896c・d）。調査は5月1日から14日まで行なわれ、総人夫数が132人という大発掘調査であった。出土遺物も曲玉、丸玉、岩版、石鏃、石斧、石匙、石錐、石棒・石剣、凹み石、シカ、イノシシ、クジラの骨、さらに完形に近い土器250個前後、土偶19などであって、種類、数の多さからも、亀ヶ岡文化の遺跡の発掘調査としては最大規模のものであった。出土土器は亀ヶ岡式土器中・後葉の大洞C_1〜A式であるが、土器の型式分類、年代差には言及せず、専ら亀ヶ岡遺跡の遺物包含層の生成要因について論及した。そして、土器中に1種の海藻の渦巻いているものが確認されたことから、津波によるものと説明した。

　以上、亀ヶ岡式土器および亀ヶ岡遺跡に関するエポック的な記載について、年代順に述べたが、亀ヶ岡文化研究の長い学史の一翼を担ってきた記載はこのほかにもある。多くは、亀ヶ岡文化関係の遺跡・遺物の紹介や報告であるが、それと同時に各資料に基づいた機能・用途論、土偶・土版・岩版の系統論、土器の文様論、土器の把手、土偶・土版・石剣等の型式論、さらに地質学者による石器の原石産地推定等各方面の研究も開始された。

　このなかで、佐藤が明治33年に『東人誌』に発表した「亀ヶ岡より出る青玉の原石産地」（1900b）の論考は、亀ヶ岡遺跡から出土する多数の丸玉あるいは勾玉の原石産地について、地質学者としての視点から、遺跡に近い青森県鰺ヶ沢町（※深浦町の誤り）大戸瀬岩としたのであるが、その当否はともかくとして、石器の岩石学的研究の恒常的な今日、その視点は評価されよう。また、本論考は遺跡・遺物の歴史地理学的考察の先駆とも言えるものであった。

　また、坪井正五郎は明治24年の

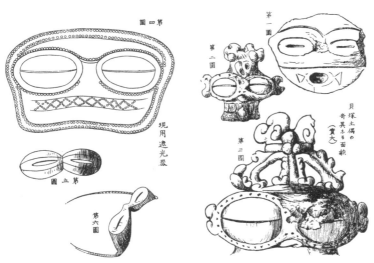

図28　遮光器および遮光器土偶

『東人誌』に「雪中遮光器」を発表し（1891）、亀ヶ岡遺跡出土の土偶の眼部の形態について、雪の反射光をさえぎる遮光器であると推定した。さらに、27（1894）年の『東洋学芸雑誌』にも「貝塚土偶の面貌の奇異なる所以を説明す」（図28）（1894）として、同様の発言をしたが、最後に、「現今の極北地方住民は古代の貝塚土偶の面上に覆ひ有る如き遮光器を用ゐれどもアイヌは之を用ゐず。」と述べ、明確に、この土偶によって、石器時代住民がアイヌではないとする人種・民族観を述べた。この遮光器説に対しては、英国人のN．G．マンロー（1863〜1942）が明治41年の『PREHISTORIC JAPAN』（1908）のなかで反論し、人間の眼の定型化されたひとつの装飾と解した。

　坪井の遮光器説はのちになって、さらに長谷部言人（1882〜1965）（1924）、甲野勇（1901〜97）（1924）らによって反論がなされ、遮光器説は消滅した。しかしながら、この名称は「遮光器土偶」として残り、亀ヶ岡式土器前半期の土偶を特徴づけている。亀ヶ岡文化の遺物として、日本石器時代人種論争に一役かった遺物のひとつとして銘記すべきものと思われる。

　さて、「人類学会」創立当初より論議の争点となったのは、わが国の石器時代住民がいかなる人種・民族であったかという点であった。

　白井光太郎の唱えるアイヌ説に対し坪井はアイヌの伝承上の人々であるコロポックルであったとする説を唱え、大きく二派にわかれて論争が行なわれるが、明治末期には、多数の学者はアイヌ説を唱えるにいたった。鳥居龍蔵（1870〜1953）（写真20）は千島アイヌの調査結果にたって、小金井良精（1858〜1944）（写真78）は石器時代人骨とアイヌ人骨との比較によって、浜田耕作（1881〜1938）はアイヌ文様と石器時代土器の文様の比較によって、それぞれの立場からコロポックル説に反論した。このなかにあって、坪井はまさに孤軍奮闘の観があったが、大正2（1913）年に死去して以降、コロポックル説は消滅してしまう。

　このように、学界を指導する立場の諸学者による日本石器時代住民論争がくりひろげられていたため、第Ⅱ期においては各遺跡の資料報告、発掘報告においても、遺跡、遺物についていかなる人種、民族が使用し、残したものかという問題について触れたものが多く、さながら考古学即人種・民族論の観があった。しかしながら、この論争は、人種、民族論の多くは形質人類学的な研究からではなく、土器、土偶等の文化遺物の民族学的考察によって行なわれたため、当初から限界があった。

　亀ヶ岡文化研究においても、その例外ではなく、若林による亀ヶ岡遺跡の発掘報告、また亀ヶ岡文化の遺物研究において、人種・民族論が述べられており、第Ⅱ期の亀ヶ岡文化研究を特徴づけている。前に述べたように、確かに亀ヶ岡文化の遺物に関する個別的研究があるにせよ、それは体系だった研究を志向するものではなく、ひろい意味での資料の報告にとどまるものであったといえる。

　亀ヶ岡文化を含めて、石器時代住民の人種・民族に関する問題が大きくとりあげられた背景には、江戸時代以来の人々の関心がたえずそこにあったという状況があり、人類学の台頭によって、石器時代の人種・民族問題が短絡的にそれと結びつけられる学的環境にあったといえる。

　しかしながら、その論拠が形質人類学研究から出発せず、伝承や文化遺物等の民族学的研究から出発した点に、この時代の学問の未発達、未分化の状況を指摘できる。

　また、大正期の後半から、土器の型式編年学的研究が隆盛をみる時代に移ってくる状況を考慮するならば、この第Ⅱ期において、土器の型式編年学的研究がなされなかったために逆に人種・民族論に終始せざるをえなかったという面も考えられる。

第III期

　坪井の死去によりコロポックル説は消滅し、日本石器時代住民論争においてアイヌ説が以後の学界の主流となり、石器時代の土器はアイヌ式土器、アイヌ派土器、アイヌ式縄紋土器と呼称されたが、大正期後半から縄文土器の名称が次第に使用されるようになった。

　大正期中頃になって、わが国の土器研究のうえで画期的な研究が仙台湾周辺の遺跡調査を通して行なわれるようになった。層位学による土器の型式編年学的研究である。

　当時、東北帝国大学理学部地質古生物学教室の松本彦七郎（1887〜1975）、同医学部解剖学教室の長谷部言人が当初の主役であった。ともに古生物学における進化論的視点と層位的発掘調査方法を遺跡の調査に応用したものであるが、その成果は大正8（1919）年にはじめて発表された。

　長谷部は『現代之科学』誌上に、「宮戸島里浜貝塚の土器に就て」（1919）と題して発表した。その調査方法は、「約二尺幅の濠を地表より敷に迄近く掘下げたり。此際各遺物包含層を一層づゝ剥し遺物殊に土器破片全部を収めたり」という厳密な層位的な発掘調査方法であったが、その結果、里浜貝塚（現宮城県東松島市）においては10層の包含層が識別され、土器が少しづつ差を示すことが確認された。そして、「……亀岡式（※亀ヶ岡式）最下層に多きも、上方に赴くに従ひて其数を減じ、第四層辺よりは亀岡宮戸中間式之に代れるが如き観あり、宮戸式（※現在の弥生式土器）は最下層に少きも以上にては常に主なる部分を占む……」と縄文土器の終末から弥生式土器にいたる土器の推移を示す層位的観察結果を述べた。

　さて、縄文土器の型式編年学的研究のなかで、その先駆的業績をなしとげたのは松本であった。松本は、三陸地方の獺沢貝塚（現岩手県陸前高田市）（1919a・b）、仙台湾地方の宝ヶ峰遺跡（現宮城県河南町）（1919c）、大木囲貝塚（宮城県七ヶ浜町）、里浜貝塚（1919a・b・d・e）等の遺跡の層位的発掘調査を精力的に実施した。松本の調査方法は、「遺物を層別にして何等の取捨する所無く全部を収集」（1919c）するものであり、土器の型式分類については「アイヌ式及弥生式の区別は本来単に土器式別にして遺跡の式別には非ず。若し遺跡式別なりと主張すべくば、そは既に出発点より誤れるものなり……予等が茲に痛切に必要を感じ居るものは懸って遺物の式別にあり、……予の式別は全然遺跡乃至その内の層位としてのものにして、云はば古生物学的層位学的の式別乃至時代別と同類のものなり、人種別観念を含まず。若し是等の或る二式間の中間的に現れたるが如き遺跡乃至その内に層位ある場合にはその通りに指示すべく、無理にも何れかの一方に結ぶ付くが如き事は禁物なり。……」（1919b）とし、土器型式をまったく人種観を除いた層位別、時代別のものとして取り扱うという厳密な実証的な態度であった。この理論によって、三陸地方、仙台湾周辺の遺跡の発掘調査を行なったわけであるが、この調査結果を踏まえ、大正8年、松本はわが国の土器を第一期大木式、第二期獺沢式、第三期宮戸式、第四期大境5層式、第五期大境4層式、第六期を埴甕斎甕期の六期に区分し、縄文土器を含めて、土器の時期的変遷をはじめて把握した（1919b）。松本のこの編年試案によって、亀ヶ岡式土器は第三期宮戸式に含まれるととらえられることとなり、おおまかではあるが年代的位置づけがなされたのである。

　明治時代において亀ヶ岡遺跡の年代が石器時代の後期と考えられたこと（若林1889）があったが、松本の場合、層位的発掘調査によって、それが裏づけられていたことから、亀ヶ岡文化研究のなかで、

画期的な業績となったわけである。

　一方、鳥居は大正12（1923）年、『人類学雑誌』に「石器時代に於ける関東と奥羽との関係」と題して発表した。鳥居はこのなかで、石器時代において、北方に出奥式（※亀ヶ岡式。現在の大洞式）、南方に薄手式、若しくは厚手式の3部族が存在したと述べたが、その過程で、関東地方の土器、とくに薄手式のなかに、奥羽地方のみに存する出奥式土器が混在することを指摘した。

　これについては、亀ヶ岡式土器は従来、関東地方の縄文土器が北進、退却したものとする見解があった状況に対し、逆に出奥式からの影響と考えた。これは、昭和に入って、他の研究者によって継承され、ほぼ定説化されるが、その最初の見解として注意される。

　大正14年10月、長谷部は『人類学雑誌』に「陸前大洞貝塚（発掘）調査所見」（1925）を発表した。これは、同年8月の大洞貝塚（現岩手県大船渡市）の発掘調査の報告であるが、大洞貝塚のC地点、B地点、A地点、A'地点を発掘し、C地点とA地点出土の土器の差に着目し、大洞C式土器、同A式土器と呼称した。しかしながら、相互の年代差については触れていない。

　ちょうどこの頃、長谷部の副手であった山内清男（1902〜70）は、縄文土器の型式編年学的研究を進めており、大洞貝塚出土の土器を精査するなかで、亀ヶ岡式土器のなかに6つの型式が含まれることを発見し、その成果を昭和5年、雑誌『考古学』に「所謂亀ヶ岡式土器の分布と縄紋式土器の終末」（1930）として発表した。

　このなかで亀ヶ岡式土器は、大洞貝塚の出土地点にちなんで、大洞B式、未命名の一型式、大洞C旧（C₁）式、大洞C新（C₂）型式、大洞A式、大洞A'式の6型式に分類された（図29）。未命名の一型式は是川中居遺跡（現青森県八戸市）の一部、羽後藤株遺跡（現秋田県北秋田市）出土土器を参照して、一型式を制定され、大洞B−C（B式とC式の中間の型式）型式と称された。そして、各型式がそれぞれ時代を異にするものであり、層位および型式の比較によって大洞B式からA'式にいたる順序で相継ぐものとされ、さらに、それぞれの型式に精粗二様の製作がみられることもまた指摘した。

　山内は昭和7（1932）年、『ドルメン』誌上の「縄紋土器の終末」（1932）において、亀ヶ岡式土器の編年を試みている。このなかで、縄文土器を第一縄紋式（尖底あるもの）、第二縄紋式（諸磯式及びその並行型式）、第三縄紋式（所謂厚手式及びその並行型式）、第四縄紋式（薄手式の仲間）と四分し、亀ヶ岡式土器は関東地方の堀之内式および並行型式の土器とともに、第四縄紋式に位置づけられることとなった。

　昭和8年には大場磐雄（1899〜1975）が、「縄文式土器論の過去及び現在」（1933）の論考

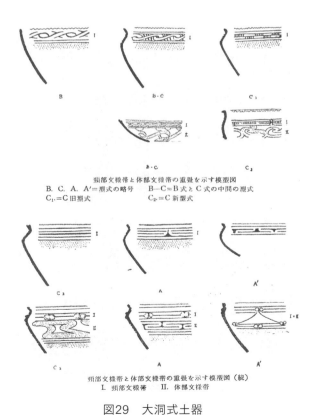

頸部文様帯と体部文様帯の重畳を示す模型図
B. C. A. A'＝型式の略号　　B−C＝B式とC式の中間の型式
C₁.＝C旧型式　　C₂.＝C新型式

頸部文様帯と体部文様帯の重畳を示す模型図（続）
Ⅰ. 頸部文様帯　　Ⅱ. 体部文様帯

図29　大洞式土器

のなかで、当時の諸型式をまとめ、縄文土器を前期、中期、後期と三分し亀ヶ岡式土器を後期に位置づけた。

　昭和12（1937）年、山内は『先史考古学』誌上において「縄紋土器型式の細別と大別」を発表した。このなかで山内は、縄文土器型式の前期、中期、後期の三区分を検討して5期区分を提唱し、亀ヶ岡式およびその並行型式を後期から晩期として独立させ、後期の後に位置づけた。この論考により、亀ヶ岡式土器の縄文時代における年代的位置が確定された。

　これによって、以後の亀ヶ岡文化研究において、多方面にわたる研究分野への道が示されたことになり、従来の亀ヶ岡文化研究史上かつてない画期的な業績として評価されることとなった。

　この一方、大正の末年から、関東地方のある時期に、東北地方で最も発達した亀ヶ岡式土器が発見されるという現象についての論議－亀ヶ岡文化の系統論－が行なわれるようになり、昭和に入って一層活発化した。

　昭和3年、甲野勇は、関東地方発見の亀ヶ岡式土器は、「土質はより疎鬆であり、縄文も亦粗大である……」（1928）として、奥羽文化の影響によって生じた現象と解した。また八幡一郎（1902～87）は、昭和5年、雑誌『考古学』に「奥羽文化南漸資料」（1930a～c）として3回にわたって連載した。このなかで、関東、中部地方出土の亀ヶ岡文化系の遺物を多数紹介し、亀ヶ岡文化は奥羽地方を中心として推移したものであり、それが関東、中部地方へ滲透してきたものと解した。

　これに対して山内は、昭和5年に『考古学』（1930）において、関東、中部地方の亀ヶ岡式土器について、「……この地方（※奥羽）から器物として移入されたか、或はその上模倣されたものと考えられる。……飜って考えるに、この事実は亀ヶ岡式が奥羽に於て行われつつあったと略々同じ時代に於ける関東又は中部地方の土器型式を示すものであって、直ちにこれを奥羽文化南漸の如き一方的影響とのみ解すべきではない。」と反論したが、のちに、『日本遠古之文化』（山内1939）の補註26では、東北地方から他地方へ伝播したものと解している。

　この三者の見解に対し、大場は昭和6年から7年にかけて、『史前学雑誌』において、「関東に於ける奥羽薄手式土器」（1931・32）と題し2度にわたって反論し、いうなれば「北漸説」を唱えた。これは、奥羽薄手式土器（※亀ヶ岡式土器）が東北地方においてほぼ完成の域に達したものであるとまず前提づけ、その完成の域に到達する以前の姿相が関東薄手式土器にみられる点から、関東薄手式土器のある時期から奥羽薄手式土器が発生したとするものである。

　この亀ヶ岡文化の系統論に関しては、この後、積極的に自説を展開する学者はなく、尻すぼみの状況になるが、東北地方以南にみられる亀ヶ岡式土器については、大筋として、「南漸説」が通説化しているといえる。

　さて、亀ヶ岡式土器の年代、系統について触れてきたが、亀ヶ岡文化の実年代に関して重要な意味をもつ論争がくりひろげられたことを銘記しておく必要がある。わが国の石器時代終末期の実年代に関し、昭和11年、雑誌『ミネルヴァ』を舞台として、山内と古代史学者の喜田貞吉（1871～1939）（写真46）の間で争われたいわゆる「ミネルヴァの論争」である。

　この論争は、昭和11年2月、『ミネルヴァ』創刊号に掲載された「座談会　日本石器時代文化の源流と下限を語る」における山内の発言（甲野編1936a）に始まった。これは、座談会の司会をつとめた後藤守一（1888～1960）の、縄文土器の終末の時期を奥羽地方や関東地方においても古墳時代、

あるいはもっと遅く鎌倉時代までと考えてもよいとした発言に対し、山内が、「縄文土器の終末は地方によって大差はない」と反論したものであった。

　これに対し、喜田はただちに同誌に「日本石器時代の終末期に就いて」（1936a）を発表し反論した。喜田は、このなかで、石器時代遺跡から宋銭（そうせん）が出土した例をあげ、また有脚石鏃の有無によって、石器時代の終末年代には大差あるものとした。山内はこれに対し、同誌に「日本考古学の秩序」（1936a）を発表し、縄文土器に終末に位置づけられた亀ヶ岡式土器の型式編年学的研究成果を踏まえて反論した。論戦は、その後、喜田の「「あばた」も「えくぼ」、「えくぼ」も「あばた」－日本石器時代終末期問題－」（1936b）、「座談会　北海道・千島・樺太の古代文化を検討する」の発言（甲野編1936b）、「又も石器時代遺蹟から宋銭の発見」（1936c）、山内の「考古学の正道－喜田博士に呈す」（1936b）として続けられた。これら一連の論争により、山内の土器の型式編年学的研究の前に喜田の常識考古学が論破されることとなった。

写真46　喜田貞吉

　この論争は山内と喜田の間で行なわれたものではあるが、喜田のこの年代観は当時の考古学者の大半がもっていたものであって、逆に山内の年代観こそ常識的に受容されえない要素を多くもっていたものである。しかし、この論争が山内の勝利となって終結したことによって、彼が志向していた土器の型式編年学研究の方向の正しかったことが裏づけされることとなった。これにより、土器の型式編年を無視した思いつき的な常識考古学はもはや成立しえないものとなり、考古学の学問としての基礎が築かれることとなったのである。

　さて、この第Ⅲ期において、亀ヶ岡式土器の編年的研究、亀ヶ岡式土器の系統論、「ミネルヴァの論争」が学界を賑わしたわけであるが、このほかに亀ヶ岡文化に関する重要な発見がなされていたことに注意しなければならない。

　それは是川遺跡（現八戸市）からの植物性遺物の発見である。是川遺跡については、大正9（1920）年から、地主の泉山岩次郎と義弟の斐次郎（あやじろう）によって発掘がなされ、中居の地区では大正15年秋～昭和3（1928）年に、クルミ・トチ・ナラ等からなる泥炭層から漆塗りの櫛（かご）・籠や篦（へら）状木製品、編物等が原形を保った状態で発見される（喜田1929a）に及んで、従来、土器・石器等の無機質遺物の研究が主体であった石器時代研究に大きな衝撃を与えた。

　この是川遺跡は、昭和4年4月、大山柏（1889～1969）（写真78）が主宰する「史前学研究所」によって発掘調査され、漆塗りの弓・腕輪・耳飾や篦状木製品等の出土をみた。この発掘報告書は翌年の『史前学雑誌』第2巻第4号「是川研究号」のなかで発表された。

　この植物性遺物の発見によって、亀ヶ岡文化の内容が土器・石器以外の有機質の遺物を含むものであることが確認され、従来の石器時代文化研究に一新生面が開かれたわけであるが、亀ヶ岡式土器の年代を新しくみる学者にとっては、その論拠の一つともなっていたのである（喜田1929a）。

　大正の後半から昭和12年までのおよそ20年間は、亀ヶ岡文化研究の過去の長い歩みにくらべれば、誠に短い期間であった。しかし、その間に層位学に基く土器の型式編年学的研究が開始され、一定の

成果があがったのは、松本や山内らの実証主義的理論と方法によるものであろう。亀ヶ岡式土器の系統論、「ミネルヴァの論争」において、山内の見解が認められるようになったのも亀ヶ岡式土器の型式編年がほぼ確立されていたためであるのは論をまたない。

この意味において、この時期は亀ヶ岡文化研究のなかで、その年代的基礎を与えるものとしてまず通らなければならない大きな関門をくぐった時期と考えることができる。

しかしながら、この時期の縄文文化研究が、土器の編年研究が主勢を占めたことにより、その文化内容を明らかにするといった文化史的、文化論的研究が立ち後れをみせたのは亀ヶ岡文化研究においても同様であった。

縄文土器の型式編年学的研究は、当初よりあくまで縄文文化の推移、変遷を明らかにする場合の必要な年代的組織をつくる一つの手段として行なわれてきたものであるが、一部の研究者に、「縄文文化の研究＝土器の型式編年学的研究」との観を抱かせたことも注意すべき現象であった。この傾向は昭和50年代の現在においても多々みられるもので、やや気になる状況ではある。

一方、第Ⅱ期において活発に論議された日本石器時代住民論は、第Ⅲ期にいたって、その当初には鳥居による見解が出されたこともあったが、次第に隆盛になってくる松本以降の人種別観念を排除した土器の型式編年学的研究の前に衰退し、考古学者の手から人類学者の手へ委ねられることになったのである。

この現象は、考古学の一分野として登場してきた遺物の型式編年学的研究によって従来の常識考古学が次第に排除せられ、実証主義的理論と方法論によって考古学が学問として確立していく過程を示しているが、この第Ⅲ期は縄文文化のみならず亀ヶ岡文化の研究においても、その基礎が築かれた段階と考えることができる。

以上、江戸時代における亀ヶ岡式土器の発見からその編年と年代的位置がほぼ明らかになった昭和10年代前半までを三期に区分して述べてきた。そして、第Ⅰ期を、亀ヶ岡式土器の発見と紹介がなされ、好古趣味的傾向のなかから、それへの関心が高められてきた時期、第Ⅱ期を亀ヶ岡文化関係の遺跡・遺物が紹介され、これをめぐって人種・民族論的考えが盛行した時期と考えた。また、第Ⅲ期を、亀ヶ岡式土器の型式編年学的研究がなされた結果、その編年上の位置がほぼ明確化され、亀ヶ岡文化研究の上で、年代的基礎が築かれた時期と把握したわけであるが、この第Ⅲ期以降、第2次大戦を経て、亀ヶ岡文化研究の内容は次第に詳細になり、多岐にわたってきている。亀ヶ岡式土器編年の再検討・細分、亀ヶ岡式土器と縄文時代後期の土器、および弥生式・続縄文式土器との関係、さらに他地域の土器との比較、また亀ヶ岡文化関係の遺物・遺構の研究が積極的に行なわれるようになってきている。

昭和40年代後半以降には、いわゆる行政調査の激増によってさまざまな混乱があったが、遺跡の発掘調査および出土資料の整理において、関連諸科学分野からの協力により亀ヶ岡文化の内容が次第に明らかにされてきており、今後いっそう、その傾向が続くものと推定される。今後の調査研究に期待するところ甚だ大きいものがある。

コラム1　再発見された埴輪・人種人形模型

　青森県立弘前中央高等学校に所蔵されている埴輪模型と人種人形模型を見たのは平成7（1995）年10月のことである。当時、この学校の教諭であった福井敏隆氏が、筆者が勤務する青森県立郷土館に持ってこられたのである。当初は、古い学校であればどこの学校にもある教材模型かと思ったわけだが、人種人形模型の台座に貼られていたラベルには「理學博士坪井正五郎松村瞭撰定」の文字、さらに底面には両氏の検定印のあるラベルも貼られていることに驚き、あわてて見直した記憶がある。坪井正五郎（1863〜1913）、松村瞭（1880〜1936）といえば、東京帝国大学人類学科の教授、同助教授として活躍した著名な人類学者である。そして、人種人形模型のいくつかには「博多人形元祖」「井上式地歴標本製作所」のラベルが貼られていた。これらの模型を見ながら、坪井らと博多人形がどのような関わりをもち、なぜ弘前の高等学校にあったのかなどの疑問が湧いてきた。しかし、これに関する記録類は、福井氏によると同校にはまったく残されていないということであった。

　このようなことから、日々、見慣れた出土品とはまったく違った分野の資料を調べてみることになったのである。模型の内訳は次の通りである。

埴輪模型（写真47）

　土製の人物埴輪の模型4体で、標本番号のラベルが貼られている。完全なものは2体でほかは、頭部が破損したものである。いずれも、坪井正五郎の『はにわ考』（坪井1901・斎藤編1979b）にある図（図30）と同じ埴輪を模している。

　1は完形品で高さ20.3cm。顔や鎧・兜に赤い着色がみられる。「雑歴二号」と朱書されたラベル、内側に「埴輪模造品」と書いたラベルが貼られ、左後には「東」の刻印がある。

　2は顔や裾の一部が欠損したもので、高さ13.4cm。衣服に赤い着色がみられる。「雑歴二号」と朱書されたラベル、内側に「埴輪模造品」、後ろには「第弐號」と書いたラベルも貼られ、左横には「東」の刻印もある。

　3は顔と左腕が欠損したもので、高さ18.3cm。赤の着色はみられない。「雑歴二号」と朱書されたラベル、内側には「埴輪模造品」と書いたラベルが貼られ、右後ろには「東」の刻印もある。

　4はほぼ完形で、高さ20.2cm。顔と帽子に赤い着色がみられる。「雑歴二号」と朱書されたラベル、後ろには「第四號」と書かれたラベルが貼られている。左横には「東」の刻印がある。

図30　埴輪模型

人種人形模型（写真48）

　土製の12体の模型で、国・民族ごとに帽子・髪型・衣服などを男女1対を色付けし製作されたものである。台座にはそれぞれ以下のように、種族名が印刷されたラベルが貼られ、さらに、検定、不

許複製のラベルも貼られている。

1．「支那人（男）　CHINESE」（高さ17.3㎝）
2．「オロッコ（女）　OROKHO」（高さ16.3㎝）
3．「イタリー人（男）　ITALIAN」（高さ16.8㎝）
4．「イタリー人（女）　ITALIAN」（高さ15.9㎝）（顔欠損）
5．「内地人（女）　JAPANESE」」（高さ14.5㎝）（顔欠損）
6．「ユーター種族（女）　UTAH」（高さ15.9㎝）
7．「バリ種族（男）　BARI」（高さ18.8㎝）（槍欠損）
8．「バリ種族（女）　BARI」（高さ16.1㎝）
9．「臺灣（※台湾）蕃人（男）　ABORIGINES OF FORMOSA」（高さ17.8㎝）
10．「臺灣（※台湾）蕃人（女）　ABORIGINES OF FORMOSA」（高さ17.3㎝）

正面

正面

背面

背面

内側

写真47　埴輪模型

台座　　　　　　台座裏

祖元形人多博
所作製本標歴地式上井

複　不
製　許

写真48　人種人形模型

　このほかに「ユーター種族（男）　UTAH」（高さ15.6㎝）と「マオリ種族（女）　MAORI」？（高さ15.9㎝）もあるが、台座が欠損していたため、本文では除いてある。

　これらの模型について調べた結果、以下のようなことが判った。

　まず、埴輪模型は、「東」の刻印以外に手がかりがないため、埴輪研究も行なった坪井が何らかの形で関わっている可能性があると考え、坪井の『はにわ考』を見たところ、図30に示されたものと同一のものであることがわかった。しかも、本書には副題として「附土偶土馬模型説明」ともあり、18ページには「……。我々は只千数百年前に当たる佩玉時代の風俗を示すものとして此所に埴輪土偶土馬の模型を作り是等に関する説明を試みる事と致しました。」と記載されている。さらに、『はにわ考』には第一号から第五号までの埴輪模型の説明があり、いずれも東京帝国大学人類学教室の所蔵品で、6世紀ごろの埴輪実物をモデルにしたものである。この第一号から第四号までの模型のなかで、第二・四号は弘前中央高等学校のラベル番号と同じであるため、もともとは1の模型には「第一号」、3の模型には「第三號」と記されたラベルが貼られていたものとみられるが、『はにわ考』には、第五号として武蔵国入西村（現埼玉県坂戸市）の小円墳にあった埴輪土馬も掲載されているので、この模型もかつては同校に保管され「第五號」のラベルが貼られていた可能性がある。

　この埴輪模型製作の経緯については、『はにわ考』刊行前年の文献に関連記事があった。『東京人類学会雑誌』第16巻第176号で、明治33年10月7日に、東京帝国大学人類学教室で行なわれた例会の際の坪井の演説である。「……人類学的智識普及の為には探るべき道筋が色々ありますが、地理或は歴史の授業上参考として用いる標本に人類学関係の物品を加へるが如きも一法でありませう。東洋社で石器時代遺物及び古墳発見の標本を発売する様に成ったのは誠に好い事で、教育に従事する人も古物の研究をする人も等しく便宜を感ずる事疑ひありませんが、人類学に志す人に取っても好参考品であります。撰択者は此道に経験深き野中寛一（※完一の間違い。？〜1925）氏でありますから、十分の信を置いて差支へありません。……」。この東洋社というのは、現在の『日本考古学会』の前身であった『考古学会』の事務所がおかれた出版社（明治30年7月〜34年1月）で、『はにわ考』の出版社でもある。おそらく、東洋社が明治33年から出版以外に製作・販売を始めた模型の1セットであったと思われる。埴輪模型に押された「東」の銘は、この会社の頭文字であったのであり、坪井の人類学という学問の普及への意識が強く働いた製品とみることができる。

　次に、人種人形模型は、福井氏によると（福井1996）、これらはすべて、同一のセットではなく、内地人やオロッコ・台湾蕃人は、「帝国人種模型」として、他は「世界人種模型」として製作されたもので、当時のわが国の領土とそれ以外に区分されて製作されている。製作年代は、「帝国人種模型解説書」から、韓国併合のあった明治43（1910）年10月から、坪井の死去した大正2（1913）年5月の間に限定できるとし、弘前中央高等学校の前身、県立第一高等女学校（※明治34年3月開校）では、地理の授業に使われたと考えている。しかし、いつまで使われたかという点については第2次世界大戦までは可能性があるとしている。また、人種人形模型1体の価格は、現在の価格で言えば4,000円程度とやや高めであるがセット販売されたとみている。

　これらのことから、この人種人形模型は、明治43（1910）〜大正2年（1913）頃に、井上清助（1867〜1922）という博多人形師が博多人形の改良や販路拡大をはかって、視聴覚教材として井上式元祖博多人形の製作販売を始め、その一環として内外の人種人形模型を製作した際に、坪井や松村

113

両氏を学術顧問として、学術的な考証に当たらせたということになろう。

　ついで、坪井・松村両氏であるが、東京帝国大学人類学教室の教授・助教授で、とくに坪井は、考古学や民族学的な分野で活躍した著名な学者である。本県との関係で言えば、日本石器時代住民＝コロポックル説の提唱者であり、東京人類学会員でアイヌ説をとる弘前の佐藤蔀との間で民族論を戦わせたり、さらにまた、つがる市亀ヶ岡遺跡出土の土偶に代表される遮光器土偶の眼部表現に、「遮光器」の名を与えた学者としても知られている。また、松村は、同教室で人骨研究を主とし、東京人類学会幹事（会誌担当）でもあった。

　坪井は、人類学知識の普及に一生懸命であったことは、既に述べたが、明治25（1892）年10月、ヨーロッパ留学からの帰国後、母校の人類学教室教授として人類学知識の普及や東京人類学会の組織化など活動を活発化させている。そして、37（1904）年6月、人類学教室が主催した「人類学標本展覧会」では、多数の人びとが来場し大盛況であったという（坪井1904）。これは、その前年に大阪で開催された第5回内国勧業博覧会において展示協力した「人類館」における「生きた人間の展示」（川村2013）に対する批判への反省にたって行なわれたとみられるが、さまざまな経緯があったうえで製作されたことも知っておく必要がある。

　なお、この模型購入に関わった人物としては、『八十年史－青森県立弘前中央高等学校』（校史編纂委員会1980）により在職期間を考慮すると、校長では、2代目の永井直好校長（※東京帝国大学法科大学政治学科卒。明治36年11月〜大正14年3月在職）、地理歴史担当の永山源之丞氏（※明治34年4月〜大正14年3月在職）の可能性があり、とくに、人種人形模型については、製作販売された時期から、両者が関わっていたとみられる。今回、再発見されたこれらの模型は、わが国が明治時代になって、西欧から新たに導入された人類学・考古学の普及を目的に作成された教材模型である。おそらく、わが国で学術的な考証のもとに製作された最初の教材模型であろう。

　明治・大正期の時代性を表す考古・人類学模型が、本県の高等女学校で用いられていたことは、当時の本県の地理・歴史教育の一端を物語るものとして非常に興味深いものである。

　現在、人種人形模型を保管している機関として確認できたのは、岡山県金光町（現浅口市）の金光学園・金光図書館と東京大学総合研究博物館だけであった。このことから、これらの資料はきわめて希少性がたかいことがわかるが、日本各地の学校で教材として使われていたとみられるため、創立が明治期に遡る古い学校であれば、まだ資料室などの片隅に眠っている可能性がある。

第4節　貝塚文化

1．明治時代

　貝塚は、畑地などに土器片とともに貝殻が多数、散布していることで発見される場合が大半である。しかし、青森県の江戸時代の文献には、土器・石器に関わる記載はあるものの、貝塚に関する記録は見られない。本県で、明確に貝塚の存在を示す文献が確認されるのは、明治時代になってからである。明治9（1876）年完成の官撰地誌『新撰陸奥国誌』（岸編著1876）にある記載で、「北郡　七大区之三二小区　榎林村　古蹟　貝塚」には、「支村貝塚の東一丁畑の土中蠣　蛤　蜊　蜆 等の売（※賣で貝のことか）多く出ツ貝塚と云在の名この縁にして由ある古墟なるへしと云ものあれとこのツカとは一里塚糠塚炭ツカなと云るか如く昔人家ありて貝殻をこゝに捨てしか塚のことく積堆せし跡なるへし」の記述が見える。これは、昔の人が食べた貝の殻を捨てたのが積もったもので、明らかに遺跡だとする認識が窺われる。

　この貝塚は、現在七戸町字貝塚家ノ前（旧天間林村大字榎林字貝塚家ノ前）にある二ツ森貝塚（国史跡）で、縄文前・中期にわたる東北地方屈指の大規模貝塚遺跡である。

　この貝塚に注目し、最初に発掘調査を行なったのは佐藤重紀（1864～93）である。佐藤は、明治21年秋・22年春の2度にわたって調査し、その結果を、24年2月1日の東京人類学会第66会で口頭発表し（佐藤1891）、同2月の『東京人類学会雑誌』に「陸奥国上北郡の貝塚」として寄稿した（佐藤1891）。調査地は、榎林村支村貝塚のうち、地元で貝盛と呼ばれていた地点である。調査の結果、ほたて・蛤・浅蜊・蜆・牡蛎・花貝（※サクラ貝）類・螺の貝類や獣骨・鹿角、縄紋の付いた精粗の土器片、石器では石弩（※石鏃）・石匙・石斧などが出土した。佐藤はさらに、遺跡にまつわる口伝として、「……太古手長婆と足長爺とあり、爺婆を負ふて海に入り、婆手を伸べて貝を撈ふ、相依りて以て生活す、食ふて棄つるところのもの即貝盛なりと。」という、いわゆる巨人伝説も紹介している。ところで、佐藤は、実は会津出身者である。戊辰戦争後に家族とともに三本木村（現十和田市）に転住してきた。その後、函館師範学校に学び同校に勤務したあと、勉学のため上京したが、21年の夏、肺病治療のため帰郷し療養生活をおくった。その期間にこの貝塚を調査し、さらに周辺地域も踏査し貝塚などを確認している（佐藤1891）。このときの踏査地が、『日本石器時代人民遺物発見地名表』（東京帝国大学1901）に登載されている。

　佐藤の調査後、明治26年7月25・26の両日、帝国大学理科大学（現東京大学理学部）人類学教室技手の若林勝邦（1862～1904）が、この貝塚を発掘した。調査結果は、26年11月の『東洋学芸雑誌』に報告された（※本書第Ⅳ章第4節・図41）（若林1893）。出土品として、馴鹿（※鹿角の誤認）・獣骨・石斧・石鏃・土器などを記し、貝殻を淡水産と鹹水産にわけ、鹹水産の双殻類には、ほたて・はまぐり・かき、螺類には、あかにしがあった旨記している。また、馴鹿の出土により当時は今よりも寒い気候であり、小川原沼（現小川原湖）の地形・水質が変化してきたことなど地形の変化についても考察をくわえている。

　その後、28年10月、翌29年5月には、同大学人類学教室で坪井正五郎の助手である佐藤伝蔵（1870～1928）が、現つがる市の亀ヶ岡遺跡を調査している。貝塚は、確認されなかったが、この

二回目の調査にあわせ、近江沢を挟んで北側の田小屋野貝塚（現国史跡）も調査した（佐藤1896e）。しかし、報文には貝塚に関する記載がないため、貝層の調査は行なわなかったようである。

２．大正～昭和前期（第２次大戦前）

　大正の中ごろになって、本県の貝塚調査では従来とは異なった方法を用いた発掘調査が行なわれるようになった。土器や貝殻などを含む土層の堆積順に基づいた土器の編年研究である。貝塚では、地質学の層位学の基本法則、すなわち連続して堆積する土層では、下のものほど古いという法則が端的に示される点に注目し、それを応用した土器研究である。

　東北帝国大学地質鉱物学教室の松本彦七郎（1887～1975）、同大学医学部解剖学教室の長谷部言人（1882～1969）らによる調査で、この方法を仙台湾の貝塚調査に応用したものである（松本1919a・長谷部1919）。

　このような状況のなかで、大正12（1923）年６月25・26日、偶然、十三湖北岸の相内地区にあるオセドウ遺跡（現五所川原市）で、貝層上端より一体の人骨が発見された（宍倉1924）。この発掘に参加した相内の医師、宍倉宣孝の話に、人骨は30才から40才程度の仰臥人骨で器物は無く、石器時代には各地で屈葬が多いなかで伸展葬であることは注目すべきこととあったのをうけ、県史蹟名勝天然紀念物調査会では調査員（※中道等か）を派遣し、現地調査を行なった（写真49）（青森県史蹟名勝天然紀念物調査会1924）。

写真49　オセドウ遺跡（1923）

　人骨の発見後、この遺跡に注目が集まってきたのを機に、大正から昭和にかけて、十三湖北岸の遺跡調査が行なわれた。東北地方北部の円筒形土器の層位的な編年研究を進めていた長谷部教授の助手、山内清男（1902～70）は、大正14（1925）年５月にこのオセドウ遺跡や相内地区の笹畑遺跡（現笹館貝塚）を発掘し、さらに十三湖南側の田小屋野貝塚（現つがる市）も発掘した。その結果、オセドウ・笹畑では、貝層から円筒下層式が出土し、田小屋野でも、貝層から円筒下層式が出土することを述べ、シジミの淡水産貝塚から円筒下層式が出土することは注目されると述べた（山内1929）。

　この一方、東京帝国大学人類学科選科生の中谷治宇二郎（1902～36）もこれらの貝塚に注目し、昭和３（1928）年の夏季休暇を利用して、７月31日・８月１日の両日、オセドウ遺跡を発掘した。８月２日には笹畑遺跡も発掘し、淡水産のシジミの貝塚であることを述べた。中谷は、この後、田小屋野貝塚も発掘し、同様に淡水産貝の貝塚であることを述べている（清野1969b）。この調査は、京都帝国大学医学部の清野謙次（1885～1955）の援助・依頼によるもので、古人骨発見の可能性を探らせるのが主目的であった（清野1969a）。しかし、中谷が清野に送った出土品には人骨に関わる記載がないため出土しなかったとみられる。

　山内の縄文土器の編年研究の成果は、昭和12年の「縄紋土器型式の細別と大別」（山内1937）として発表された。縄文土器型式を早期から晩期までの５期に大別し、編年表を付して各型式に年代的

な位置を与えたのである。その結果、円筒下層式は前期、上層式は中期、未命名の土器型式は後期、そして、亀ヶ岡式は晩期に位置づけられ、これ以後の貝塚の調査報告では、土器型式が記載され、出土人骨にも年代が与えられることとなった。

　さて、大正末から昭和にかけて、八戸市是川遺跡の泥炭層の漆塗土器や木製品等が注目されるが、大正15（1926）年4月に、長谷部・山内は、是川地区の一王寺遺跡を発掘（A・A′・B・Cの4地点）し、C地点では黒褐色土の上位に砂層があり、その上位の貝層から円筒下層式が出土すること、貝類は鹹水産で魚骨も出土することを記し、当時、付近に海水が来ていたと考えている（山内1929）。

　一王寺遺跡はこうして円筒土器文化の遺跡として知られるようになり、昭和4（1929）年4月には大山柏侯爵（1889〜1969）（写真78）主宰の大山史前学研究所も調査した。発掘地点は長谷部・山内調査時のB・C地点付近である。その調査報告（図31）（宮坂1930）には、遺物の自然遺物では哺乳類がシカ・イノシシ・ウサギ・クジラなど7種、魚類ではクロダイ・スズキなど4種、貝類ではマガキ・アサリ・イガイ・シジミなど8種が記載され、人工遺物では、骨角器として、装飾品や針・釣針など、その他石器・土器・土製品・石製品について記載され、土器は層位との関わりで記載されている。そして、海棲哺乳動物・魚類・貝類の大半が鹹水産であることなどから、漁撈生活は、当時、遺跡近くに湾入していた海の漁であったとし、当時の地理環境・生活についても考察している。このような記載は、これまでの本県の貝塚の調査報告にはなかった記述内容で、しかも詳細なものであった。

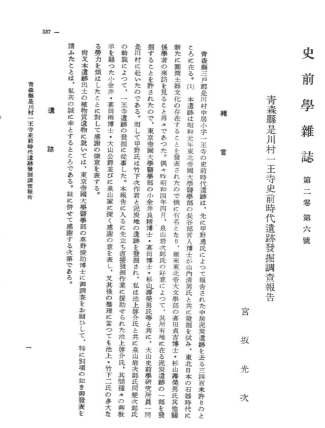

図31　『史前学雑誌』に掲載された一王寺遺跡発掘調査報告

　さて、前述の二ツ森貝塚は、昭和に入って再び調査が行なわれた。3年8月初旬には中谷が調査し、円筒土器片や鹿角・骨角器等が出土したが、人骨はなく発掘は失敗に終わった（中谷1929a）。この貝塚では、この後、8年5月には、東北帝国大学教授の喜田貞吉（1871〜1939）も調査した（角田1939）が、調査報告がされなかったため内容は不明である。ただ、この調査に随行した当時、成城高等学校生であった角田文衞（1913〜2008）（写真73）は、この後、京都帝国大学大学院に進学し、13年8月中旬に、榎林貝塚（現二ツ森貝塚）を調査し、出土土器の詳細な分析結果を翌14年1月の『考古学論叢』に発表した（角田1939）。このなかで、榎林貝塚第一群の土器を「榎林式」として設定し、出土層位も検討したうえで、円筒上層a・b式に後続し東北地方南部の縄文中期、大木8式に併行する土器型式として位置づけた。この型式は、その後の研究により、現在では円筒上層a〜e式に

後続し、大木8b式に併行する土器型式として位置づけられている。

　なお、オセドウ遺跡は、昭和15年8月4日には、立正大学専門部地歴科学生の吉田格(1920〜2006)によっても調査されており、上層より厚手式及び円筒上層式、下層から円筒下層式が出土した旨、報告された(吉田・直良1942)。

3．第2次大戦後〜平成元年

　大戦の終了とともに、これまでの皇国史観から解放され、学術面では自由で実証的な歴史研究が行なわれるようになり、石器時代遺跡の調査も注目されるようになった。昭和25(1950)年8月には、これまでの「史蹟名勝天然紀年物保存法」にかわって「文化財保護法」が施行され、国の機関として文化財保護委員会(現文化庁)が設置され、遺跡や埋蔵文化財を所管することとなった。この法律には、明確に遺跡や出土品に関する規則が盛り込まれており、それまでの、土地所有者の承諾があれば誰でも自由に発掘できた時代とは違って、遺跡の発掘は国への届出制となり、さらに29年の法改正により埋蔵文化財条項は独立章となり、調査以外の土木工事についても発掘の届け出が義務づけられるなど、整備された。こうした状況のなかで、各地で遺跡の発掘調査が行なわれ、貝塚にも及ぶこととなる。しかし、調査件数の多さに比べ、それに伴う調査報告は、昭和30年代まではまだ全般的に、要旨程度の簡単な内容のものが大半であった。

　さて、本県の貝塚は、三沢市などの小川原湖周辺、八戸市の新井田川流域、下北半島むつ市の田名部川流域や津軽海峡沿岸地域、青森市・平内町の陸奥湾沿岸地域、津軽半島五所川原・つがる市など十三湖・岩木川下流域に集中し、縄文早期から中・近世までの計70ヶ所以上の貝塚が知られている(図32)。これらは、青森県教育委員会の『青森県遺跡地図』(2009年)・『青森県内の貝塚遺跡群重点調査事業報告書』(2019年)に登載されている。そこでここでは、大戦後から昭和末期頃までの貝塚の調査・研究について述べる。

（1）貝塚の調査

　この期間に行なわれた発掘調査のなかで注目すべきは、昭和20年代では下北半島や八戸市周辺の縄文遺跡などである。このなかで、慶応義塾大学文学部の江坂輝弥(1919〜2015)らは、東北地方北部、とくに本県の縄文遺跡に注目し、昭和20年前半から、40年代半ばまで断続的に調査を行なった。23・26・39年にはむつ市最花貝塚(縄文中期。金子1967)、28年には同女館遺跡(縄文前期。江坂1955)、また、29年には東通村札地遺跡(縄文晩期。清水1958)、30年には、名川町(現南部町)虚空蔵遺跡(縄文晩期。江坂1959)などを調査した。しかし、この一連の調査については、日本考古学協会の『日本考古学年報』には、簡単な概要が紹介されただけで、その後に正式報告がまとめられなかったことは、本県の貝塚研究にとって甚だ残念なことであった。

　昭和30年代に入り、わが国の高度経済成長に伴って道路などの交通網の整備が進められ、学術調査のほかに、開発の事前調査も行なわれるようになり、これまでの、県外の研究者に頼る調査だけではなく、県内研究者も交えた調査も少しずつ行なわれるようになった。

　学術調査では、東京大学東洋文化研究所の佐藤達夫(1925〜77)を中心として、昭和30〜33年に、小川原湖周辺の六ヶ所村唐貝地貝塚(佐藤・渡辺1958)、三沢市早稲田(1)貝塚(二本柳・角鹿・佐藤1957、角鹿・二本柳・佐藤1960)が調査された。調査は、山内の方法論を受け継ぎ、貝塚の層位

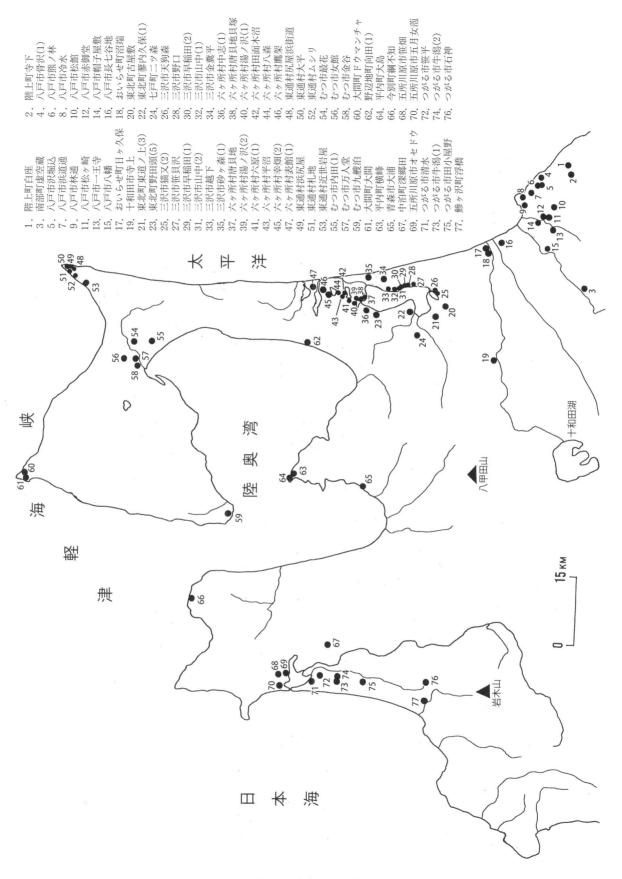

図32　青森県の貝塚

に基づく土器編年研究を目指したもので、一連の調査によって、この地域における円筒土器以前の縄文早期後半から前期初頭までの土器編年「早稲田第1〜6類土器」がなされた。また、慶応義塾大学では、引き続き33年には、八戸市長七谷地貝塚（縄文早期。江坂1962）、35年には同熊ノ林遺跡（縄文前期。八戸市立商業高校社会科研究部1962）、下北半島では、35年に、脇野沢村（現むつ市）九艘泊岩陰（縄文晩期〜続縄文。江坂・高山・渡辺1965）、38年には大間町ドウマンチャ貝塚（縄文晩期。江坂・渡辺・高山1967）の調査を行ない、昭和37年には、立教大学が三沢市野口貝塚の調査（縄文前期。岡本・加藤・1963）を行なった。

この一方、開発に伴う調査では、昭和33〜35年に国営岩木山麓大規模開発事業に伴う調査が弘前市教育委員会によって行なわれ、その一環として35年には鰺ヶ沢町浮橋貝塚（縄文前期）の調査を、弘前大学教育学部の村越潔（1929〜2011）が担当者となって行なった（村越1968）。また、37年には、天間林村（現七戸町）二ツ森貝塚が、道路改良に先立って青森県教育委員会（調査担当者は村越潔）により調査が行なわれた（写真50）（青森県教育委員会1963）が、これは、青森県として行な

写真50　二ツ森貝塚の調査（1962.8）

なう最初の調査となった。二ツ森貝塚では、その後、50年にも道路工事に伴う調査（B地点）が行なわれた（福田・小野寺2019）。また、37年には、中里町（現中泊町）深郷田遺跡（縄文前期。成田・佐藤ほか1965）においても調査が行なわれた。

さて、昭和40年代になると、東北縦貫自動車道建設やそれに伴う道路整備を主とした大規模開発が各地で行なわれるようになったが、本県では、縄文・平安時代の集落跡の調査が主で、貝塚調査は、ほとんどみられない状況であった。このなかで、41年に調査された奥入瀬川流域の十和田市寺上遺跡（十和田市史編纂委員会1976）では、河口から約22kmも内陸に入った場所ではあるが、縄文前期の海産性のハマグリやアワビなどの貝類が出土したことから、内陸部にも貝塚はあり、それが、河川が人の移動や物流ルートを考えるうえで重要であることもわかってきた。また、42年には、むつ工業高等学校の橘善光（1933〜2007）らにより、鎌倉〜室町時代頃とみられる東通村大平貝塚の調査が行なわれた（橘1967）。この年代観は、のちの調査で近世のものと訂正されたが、このような新しい時期の貝塚の存在が明らかになった意味は大きい。43年には

写真51　大浦貝塚の調査（1968.7.29）

江坂輝弥によって青森市大浦貝塚の調査（写真51）（福田・永嶋・藤原2004）が行なわれた。陸奥湾南岸の、しかも本県では数少ない縄文晩期の調査であったが、この調査では、本県の貝塚ではこれまでに例のない製塩土器が出土し、今後の貝塚調査では、製塩も視野に入れておく必要性が認識された。また、昭和48〜50（1973〜75）年には、下北半島では大間町大間貝塚（弥生〜平安。橘・奈良1974、金子・橘・奈良1975・1976）が調査された。

　昭和40年代は、大規模開発が目白押しとなる状況のなかで、従来のような行政機関が臨時に外部の研究者に調査を依頼することでは、対応しきれなくなったことから、40年代後半から本県の教育委員会では専門職員を採用し調査にあたるようになる。50年代以降は、大半がこのような開発に対応する調査になるが、このなかで、52年の八戸市長七谷地貝塚（縄文早期末）の調査は、貝塚としては、県教育委員会が直接行なう初めての調査となった。しかも、この調査では、従来の目視による動物遺体の取り上げやブロックサンプリングによる試料採取にはとどまらず、対象区域全域の貝層を上下ないし上中下に分層し、すべてを採取する方法がとられている。これは、整理作業時の微細遺物の検出や古環境復元を意識したものであった。調査報告書（青森県教育委員会1980）では、膨大な量の貝類について、貝の種類・種類別組成、主要貝類（ハマグリ・オオノガイ・アサリ・ヤマトシジミ）の殻長組成の分析や魚類の体長復元が行なわれるとともに、漁具や漁の季節性や、本貝塚をめぐる古海洋環境についても考察され、縄文早期末の時代は今よりも温暖で、海進時に発達した内湾性の貝塚であったと指摘されている。長七谷地貝塚は、この調査成果により遺跡の重要性が認められ、昭和56年には、国史跡に指定された。

　また、昭和42（1967）年には、森田村（現つがる市）石神遺跡（縄文前期。江坂編1970）、46年には青森市大浦貝塚（縄文晩期。青森市教育委員会1972）、三沢市天狗森貝塚（縄文早期。三沢市教育委員会1979）、47・48年には、百石町（現おいらせ町）日ヶ久保貝塚（調査早期末～前期初頭。百石町教育委員会1974）、51年には、むつ市金谷貝塚（縄文前期。橘1977）、61年には同万人堂貝塚（縄文前期。橘・奈良1987）、50・63年には、八戸市赤御堂遺跡（縄文早期。八戸市教育委員会1976・89）、57年には、上北町（現東北町）古屋敷貝塚（縄文中期。上北町教育委員会1983）、62年には、階上町白座遺跡（縄文前期。階上町教育委員会1989）などが調査された。しかし、その多くはまだ、外部の研究者に調査担当を依頼する状況であった。

　これに対して、貝塚の学術調査はかなり減ってはきたが、昭和52・56年には、むつ市教育委員会では最花貝塚（縄文中期。金子ほか1978・83）の調査を行ない、青森県立郷土館では、63年から平成３年にかけて、県内の貝塚調査を行なった。縄文時代の食生活や自然環境復元のための資料収集を目的としたもので、63年は三沢市山中(2)貝塚（縄文早期。青森県立郷土館1992）、翌平成元（1989）年には二ツ森貝塚（縄文前・中期。青森県立郷土館1992）を調査し、さらに同２・３年は田小屋野貝塚（縄文前期。青森県立郷土館1995）を調査した。その結果、田小屋野では、縄文前期中頃の竪穴住居跡内に堆積したヤマトシジミ主体の貝層が発見され、各種の動物遺体とともにベンケイガイ破片が多数出土したことから、ここで貝輪製作が行なわれたことが判明した。郷土館によるこれらの一連の調査では、いずれも貝層の全量採取は行なわれず、１～２か所に設けた採取箇所から50cm角の柱状サンプルを、層位的に10cmカットで採取したあと、フルイ選別で試料採取を行なう方法がとられた。これは、貝塚の調査としては十分なものではなかった。しかし、この後、平成期になるが、16年には青森県埋蔵文化財調査センターが、道路改良事業に伴い行なった東北町東道ノ上(3)遺跡（縄文前期）の調査では、貝層の全量採取と４ミリ以上の微細遺物の水洗選別が行なわれた。その結果、動物遺体の回収とその詳細な分析が行なわれることとなり（青森県埋蔵文化財調査センター2006）、その後の貝塚調査の基準となった。

（2）自然環境及び自然遺物の研究

　本県の貝塚研究では、昭和39年に、村越潔が「東北北部の新石器時代における海岸線の浸進に関する試論」を発表（村越1964）し、当時、県内52ヶ所の貝塚の位置と年代、さらに貝種の分析を行ない、縄文時代の最大海浸期の海岸線を復元した。そして、小川原湖周辺では、縄文早期の海浸期、前期に海浸最盛期、中期末以降に海退期があったことを推定した。

　動物遺体に関するものでは、39年に、八戸水産高等学校の市川金丸（1933〜2007）（写真52）が「八戸市内の貝塚遺跡出土の生物群とその考察」（市川1969）を発表し、出土貝類のリストアップとともに、古八戸湾の形成、汽水域の指摘、海進の推移についてもふれた。また、42年には、早稲田大学の金子浩昌が「下北半島における縄文時代の漁猟活動」（金子1967）を発表した。下北半島の陸奥湾側の最花貝塚（縄文中期）と津軽海峡側のドウマンチャ・札地両貝塚（縄文晩期）の立地や貝類・魚類・鳥獣類等の動物遺体に基づき、漁猟内容の違いや地域ごとの特徴について指摘したも

写真52　市川金丸（1985.6）

ので、縄文文化の地域差を理解するうえでの貝塚のもつ有用性・重要性が示された。また、45年には、平安博物館の渡辺誠が「青森県類家貝塚における自然遺物の研究」（渡辺1970）を発表した。渡辺は、山内清男提唱の、東日本の縄文文化盛行の要因としてサケ・マスなどの食料にも恵まれていたことを指摘した「サケ・マス論」に対し、縄文早期の八戸市類家貝塚（現帽子屋敷貝塚）の動物遺体分析で、サケ科の１種が検出されたことに関し、本県のほかの遺跡ではサケ・マス類の出土が皆無であることなどから、類家例は例外的なもので、「サケ・マス論」には賛同できない旨、述べた。しかし、その後の県内の貝塚調査では、貝層の調査分析、焼土分析が積極的に行なわれた結果、サケ類の発見が続いているのは、当時の調査方法・サンプリングが不十分であったことを示している。そのほかに、前述の百石町（現おいらせ町）日ヶ久保

貝塚出土の貝殻（※ハマグリ）による^{14}C年代測定が、本県で初めて行なわれ、5,860±105yrBPの年代値が得られたことも注意される（大池1974）。

　貝塚関連の図書類としては、昭和52年に刊行された『原始時代の人と生活』（村越1977）は、本県の縄文人の食生活を一般向けにまとめたもの、さらに、55年の「青森県の貝塚」（村越1980）は、貝塚研究史、貝塚地名表、自然遺物一覧表、骨角器、人骨、さらに、関係文献を収録したもので、本県のその後の貝塚研究のための基本図書となった。このほかに、動物遺体や骨角器等を全国的な視野でまとめた研究もある。36年に刊行された、同志社大学の酒詰仲男（1902〜65）の『日本縄文石器時代食料総説』（酒詰1961）は出色で、東北地方から九州までの縄文時代836遺跡の自然遺物を、遺跡別、種類別に一覧にしてまとめた労作である。しかしながら、本県分では太平洋側・日本海側の貝塚計14遺跡が掲載されたのみであった。また、61年４月、同12月刊行の、早稲田大学金子浩昌・忍沢成視両氏による『骨角器の研究　縄文篇Ⅰ』・『同Ⅱ』（金子・忍沢1986a・b）は、全国の縄文貝塚等出土の骨角器について、研究史から器種別の集成・図掲、文献等を収録した大著で、本県出土の資料も多数収録されており、貝塚・骨角器研究の基本図書となっている。

コラム2　大森貝塚と岩川友太郎

　縄文文化や考古学を学ぶ人のなかで、大森貝塚やモースの名前を知らない者はまずいないと言って良いだろう。しかし、岩川友太郎という人物について知っている本県人も、ほとんどいないであろう。

　モース（E.S.Morse。1838～1925）（写真54）（大田区立郷土博物館編1990）は、米国メーン州出身の生物学者で、明治政府のいわゆるお雇い外国人学者の一人である。明治10（1877）年6月に来日後、7月から12年8月までの約2年間、新設された東京大学理学部の教授として動物学・生理学を学生たちに教え、わが国にダーウィンの進化論を積極的に広めた。横浜港に上陸し新橋駅に向かう汽車の窓から、大森停車場付近の線路脇に露出した貝殻を見つけ直感的に貝塚と判断し、わが国最初の発掘調査を行なった話は有名である。

　近代考古学の出発点となったこの貝塚には、現在、東京大森駅近くの2ヶ所に記念碑が建てられている。一つは、ＪＲ「大森駅」前のＮＴＴビル敷地内にある縦長の「大森貝墟碑」（大田区）で、正面に「我国最初之發見　大森貝墟　理學博士佐々木忠次郎書」、台座には「Relic of Shell Mound Discovered by Professor Edw.S.Morse in 1877」と彫り込まれたものであるが、もう一つは、約300mほど北側の大森貝塚遺跡庭園（品川区）にある縄文後期の土器を象った石像を載せた横長の「大森貝塚　昭和4年5月26日起工」の顕彰碑（写真53）である。モースの没後、昭和4年に弟子たちによって建立されたもので、下方には「発起人本山彦一　賛成人　理學士岩川友太郎　理學博士石川千代松　公爵大山柏　医學博士小金井良精　工學博士有坂鉊蔵　理學博士佐々木忠次郎　法學士宮岡恒太郎　杉山寿栄男」と縦位に刻まれている。

　さて、この賛成人の一人、岩川友太郎（写真55）であるが、実は弘前の出身である。船水清『岩川友太郎伝』によると、岩川は安政元（1854）年に現在の弘前市本町に生まれている。津軽藩校の青森英学寮に学び、のちに東奥義塾で英語教師をつとめた後、明治7年に上京した。そして、10年に新設されたばかりの東京大学に入学し、動物学を専攻するわけであるが、それは、モースの行なった演説を聞いたからであったという（船水1983）。「……予の如き寺子屋教育を受けた者には動植物に関する知識の素養のあらう筈なく、従て予備門の前進開成学校より大学へ移らんとするに臨み、何を専攻しやうかと苦心最中、先生が大学へ来られて動物に関する一場の演説を行われた。其の時に一同は先生の能弁と黒板画の巧者とに驚き、且つ予は先生の話された一節、「動物の模倣性」てふ事に深く興味を感じ、是に於て立ろに動物学を専攻しやうとした」（岩川1926）と述懐している。

写真53　大森貝塚顕彰碑（1985.2.26）

　モースは、東京大学に赴任早々、目を付けていた大森貝塚を、同年9月16日以降、2ヶ月ほどの間、断続的に飯島・佐々木等の門下生とともに発掘調査を行なった。わが国初の学術調査である。そして、明治12年には、調査報告書が東京大学から出版されている。わが国初の発掘報告書の

写真54　モース

写真55　岩川友太郎

『SHELL MOUNDS OF OMORI』（Edward S.MORSE1879・西岡編1967ほか）、『大森介墟（古物）編』（エドワルド、エス、モールス撰著・矢田部口訳1879・西岡編1967ほか）の2冊である。この報告書のPREFACE・緒言に、神田（孝平）・矢田部（良吉）（1851〜99）のほかに、訳文作成に協力した門下生の佐々木（忠次郎）（1857〜1938）、飯島（魁）（いさお）（1861〜1921）などとともに岩川の名が記されている。岩川が、実際に貝塚の発掘に加わったかどうかは不明であるが、明治28年以降、モースの腕足類の研究テーマを追うように貝類研究に専念し、わが国貝類学の基礎を築いた。東京女子高等師範学校（現お茶の水女子大学）の教授を長くつとめ、『日本産貝類標本目録』（東京帝室博物館、1919年）ほか多くの編著作を残した。

　岩川の考古学との接点は、大森貝塚との接点や、のちに東京人類学会入会などはあるが、実際の考古学には関わったわけではない。しかし、偶然とはいえ、上京後、たまたまモースと出会い、大森貝塚発掘という記念碑的なできごとに立ち会った学生がいたということは、もっと知られていい。

　さて、このモースがたった一度だけであるが、青森に来たことがある。明治11年のことである。東京大学理学部教授矢田部良吉の日記（鵜沼1991）によると、モースが函館で土器を発掘したり函館湾内から曳網で貝類を採集したあと青森に向かったのは8月17日である。モースは矢田部のほかに、大森貝塚の発掘に当たった学生の佐々木忠次郎らとともに、朝10時半、三菱の青竜丸（591t）に乗船し函館港を出航し、午後6時半に青森港に着いた。宿は、浜町の田沢市太郎の旅店（図33）である。この宿は『青森実地明細絵図』（正標堂1892）に描かれている。場所は、いまの青森警察署の西隣あたりである。この絵図によると、妻入り屋根の木造で、表側は2階建て奥は3階建ての建物のようである。

図33　田沢市太郎の旅店

　モースはこの青森の印象について、「この町は長くて、低くて、ひらべったい。これ等以外に、我々は何も気がつかなかった」（E.S.モース、石川訳1970）という印象を記し、町なかで見かけたのか、造り酒屋の酒林（さかばやし）のスケッチをのせているにすぎない。長い船旅で疲れ、外出することもなく床に就いたのであろう。そして、翌朝6時、一行は4台の人力車を連ねて陸路東京へと出発し、次の宿、七戸に向かった（鵜沼1991）。

第IV章

国史跡の縄文・弥生遺跡の調査・研究史

　ここでは、国の特別史跡・史跡に指定されている縄文・弥生時代の遺跡について述べる。

　まず、青森県の縄文時代の遺跡には、特別史跡三内丸山遺跡（青森市）、史跡では、田小屋野貝塚・亀ヶ岡石器時代遺跡（以上、つがる市）、大平山元Ⅰ遺跡（外ヶ浜町）、大森勝山遺跡（弘前市）、小牧野遺跡（青森市）、二ツ森貝塚（七戸町）、是川石器時代遺跡・長七谷地貝塚（以上、八戸市）があり、最後の長七谷地貝塚以外の8遺跡が、世界文化遺産「北海道・北東北の縄文遺跡群」の国内推薦候補に決定し、長七谷地貝塚が同候補の関連資産として位置づけられている。また、弥生時代の遺跡には、史跡垂柳遺跡（田舎館村）がある（図34）。

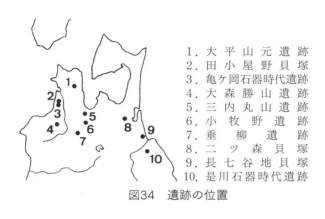

1．大 平 山 元 遺 跡
2．田 小 屋 野 貝 塚
3．亀ヶ岡石器時代遺跡
4．大 森 勝 山 遺 跡
5．三 内 丸 山 遺 跡
6．小 牧 野 遺 跡
7．垂 　 柳 　 遺 跡
8．二 ツ 森 貝 塚
9．長 七 谷 地 貝 塚
10．是 川 石 器 時 代 遺 跡

図34　遺跡の位置

　これらのなかで、三内丸山・田小屋野・亀ヶ岡・二ツ森・是川の5遺跡については、調査の歴史が明治時代以前に遡り、長い研究史があるため、それぞれ節として独立させて述べ、それ以外の大平山元Ⅰ・大森勝山・小牧野遺跡、長七谷地貝塚、さらに垂柳遺跡については、第6節に概要と主な文献を紹介する。

第1節　田小屋野貝塚
－女性人骨の発見まで－

　田小屋野貝塚は、つがる市（旧西津軽郡木造町大字舘岡字田小屋野）にあり、岩木川の一支流、山田川西岸の台地にある。標高は10〜23m。南側には近江野沢を挟んで古くから知られた亀ヶ岡遺跡がある。第2次大戦中の昭和19年6月26日付けで亀ヶ岡遺跡とともに国史跡に指定されてはいたが昭和の終わりまで、縄文前・中期のシジミ主体の貝塚であるという程度の内容しかわからない状況であった。この遺跡が最初に記録されたのは、明治29（1896）年5月のことで、東京帝国大学人類学教室の佐藤伝蔵（1870〜1928。熊本生。東京人類学会員）が、亀ヶ岡遺跡で行なった第2次調査にあわせて、調査を行ない、調査時の所見について述べている（図35）。しかし、貝塚に関するものではなく、「この遺跡では東北地方一般の遺跡とは異なって、遺物をまったく出土しない黒色土層（厚さ2〜3尺ほど）の下位に、多量の土器片が包含される厚さ4尺8寸ほどのローム層（赤土）がある。従来の研究では、このローム層は洪積世の上部であるから、洪積世の後期には人類がすでに土器を作っていたという解釈ができる。ただし、ヨーロッパではこの時期に土器はないが、ここでは多い。また、ヨーロッパではこの時期に磨製石斧ではなく打製石斧が出土するが、ここでは逆に磨製石斧が出土している。このような土層状況は、日本ではまだここ1ヶ所のみであるから、洪積世人類の遺跡とは断言できない。（以上、大意）」とし、洪積世土層と土器との関連を述べている（佐藤1896e）。おそらく、貝塚は調査しなかったとみられる。この記述は、昭和24（1949）年、群馬県岩宿遺跡で初めて確認された旧石器文化の研究史を語る際に、引き合いに出されるものであるが、この多量の土

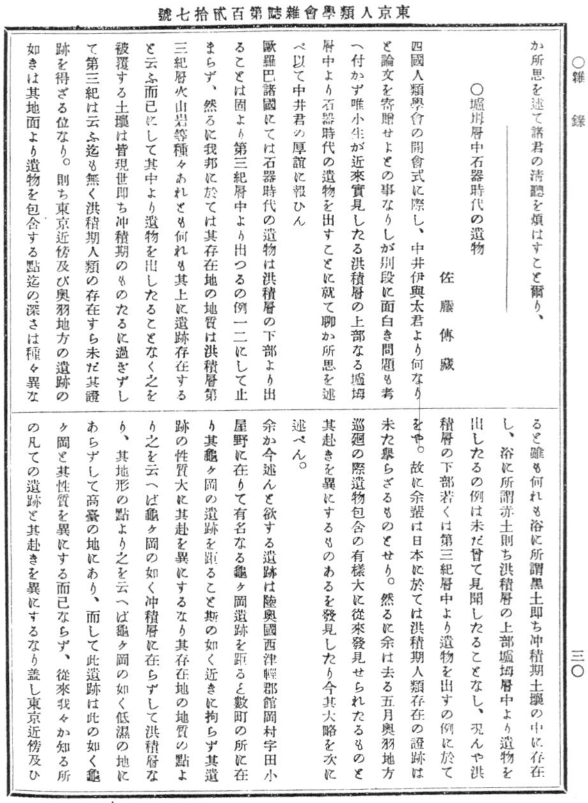
東京人類學會雜誌第百貳拾七號

○雜錄

か所思を述て諸君の清聽を煩はすこと爾り、

○壚坶層中石器時代の遺物　佐藤傳藏

四國人類學會の開會式に際し、中井伊與太君より何なりと論文を寄贈せよとの事なりしが別段に面白き問題も考へ付かず唯小生が近來實見したる洪積層の上部なる壚坶層中より石器時代の遺物を出すことに就て聊か所思を述べ以て中井君の厚誼に報ひん

歐羅巴諸國にては石器時代の遺物は洪積層の下部より出ることは固より第三紀層中より出つるの例一二にして止まらず、然るに我邦に於ては其存在地の地質は洪積層第三紀層火山岩等種々あれども何れも其上に遺跡存在すると云ふ而已にして其中より遺物を出したることとなく之を被覆する土壤は皆現世即ち沖積期のものたるに過ぎずして第三紀は云ふ迄も無く洪積期人類の存在すら未だ其證跡を得ざる位なり。則ち東京近傍及び奥羽地方の遺跡の如きは其地面より遺物を包含する點迄の深さは種々異なると雖も何れも俗に所謂黑土即ち沖積期土壤の中に存在し、俗に所謂赤土則ち洪積層の上部壚坶層中より遺物を出したるの例は未だ曾て見聞したることなし、況んや洪積層の下部若くは第三紀層中より遺物を出すの例に於てをや。故に余輩は日本に於ては洪積期人類存在の證跡は未た擧らざるものとせり。然るに余は去る五月奥羽地方巡廻の際遺物包含の有様大に從來發見せられたるものと其赴きを異にするものあるを發見したり今其大略を次に述べん。

余か今述んと欲する遺跡は陸奥國西津輕郡館岡村字田小屋野に在りて有名なる龜ヶ岡遺跡を距ること數町の所に在り其龜ヶ岡の遺跡を距ること斯の如く近きに拘らず其遺跡の性質大に其赴を異にするなり其存在地の地質の點よりも之を云へば龜ヶ岡の如く沖積層に在らずして洪積層なり、其地形の點より之を云へば龜ヶ岡の如く低濕の地にあらずして高臺の地にあり、而して此遺跡は此の如く龜ヶ岡と其性質を異にする而已ならず、從來我々か知る所の凡ての遺跡と其赴きを異にするなり蓋し東京近傍及ひ

三〇

図35　田小屋野貝塚を記した最初の論考

器片を包含するローム層は、たとえば竪穴住居跡を掘る際の掘りあげ土や盛り土、あるいは風倒木痕などが考えられようか。

この後、大正期には、14年には東北帝国大学の山内清男（1902～70）による踏査が行なわれたが、「畑中の凹所に露出した貝層からは円筒土器下層のものが出る。附近から円筒土器上層式、所謂厚手式の破片を拾った」という簡単な記録を残しているにすぎない（山内1929）。

昭和期に入って、3年夏には東京帝国大学の中谷治宇二郎（1902～36）が発掘調査を行ない（中谷1929c・清野1969a）、その結果について京都帝国大学清野謙次（1885～1955）宛ての書簡で次のように報告している（清野1969a）。「有名な亀岡（亀ヶ岡）遺跡の対岸に田小屋野の貝塚があります。包含地の一部分が淡水産貝の貝塚になって居ます。亀岡も2日掘りましたが、この広大な面積の遺跡も、殆ど絶滅して僅かな掘残しから、私は数個の完全土器を得たのみでした。田小屋野は未だ誰も手を着けた人はありません。それは土器が例の円筒形土器で汚いからです。ここの遺物は間違へて亀岡のものと一緒に人類学教室へ送ってしまひました。一寸面倒なことをしましたが、他日機があったら転送します。ここは未だいくらでも掘れますから。別に何時か掘って差上げても宜しう御座います」。

この遺跡は、その後、昭和19（1944）年には6月21日付けで、亀ヶ岡遺跡とともに国の史跡に指定されていることから、当然、何らかの調査が行なわれたことは間違いないが、報告例はない。この貝塚についてはまた、地元出身の考古学研究家であった佐藤公知（1899～1967）によれば、第2次大戦中に、「増産供米が強請されたので止むなく肥料として貝塚（貝殻のことであろう）を田圃に運搬し……」たために、かなり貝塚が掘り起こされ破壊されたということである」（佐藤1956）。

第2次大戦後もこの遺跡は依然として調査されず、国史跡ではあるが、いったいどのような貝塚であるのかわからない状態が続いていた。さらにまた、遺跡内では畑地化および土取作業が進行し、地表に散布している貝も次第に少なくなり、研究者間にもこの遺跡の発掘調査が必要ではないかという言葉が聞かれるようになってきた。そこで、当時、筆者が勤務していた青森県立郷土館では、昭和63（1988）年から行なっている県内の貝塚調査の第3年目、3ヶ所目の発掘調査の対象地としてこの遺跡を選定した。

調査は、平成2（1990）年8月2日（木）～10日（金）の日程で行なった。調査当時は、史跡内とその周辺は、宅地・畑地・山林であり、畑地にはやや少なくなったものの縄文土器や石器の破片・剥片、ヤマトシジミの貝殻が散布していた。そこで、調査区域の設定は、指定区域に隣接し貝殻が比

写真56　竪穴住居跡内の貝層（1990.8）

写真57　各種動物遺体の出土（1991.8）

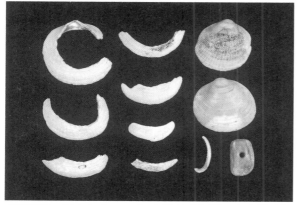

写真58　出土したベンケイガイ（右下2点を除く）

写真59　女性人骨の出土（2012）

較的多く散布し、しかも作付けされていない地点を選んで行なった。この調査によって、縄文前期中頃の貝塚（混土貝層）（写真56）と、その下から竪穴住居跡1軒が確認されたため、来年度も調査を行なうことにした。2年次の調査は、翌3年8月1日（木）から9日（金）まで行ない、2年分の調査の概報を、翌年3月刊行の調査研究年報に発表した（福田1992）。

　2年にわたる調査によって、縄文前期中頃の貝塚は、汽水産のヤマトシジミのほか、淡水産のイシガイを主とするものであることがわかり、縄文土器や石器・骨角器などの遺物、魚類・鳥獣類などの動物遺存遺体が多数、発掘された（写真57）。特筆されるのは、意外なことにシジミやイシガイに混じって、それまで南海産と考えられていた大型二枚貝のベンケイガイ破片がまとまって出土した（写真58）ことである[1]。多くが弧状の破片であったため、これは貝輪を作る際にできたものであり、この集落では貝輪作りが行なわれていたことがわかったのである。もちろん本県では初の確認例であった。

　なお、この調査結果は、平成7（1995）年に、青森県立郷土館（1995）によってまとめられた。

　この後、つがる市教育委員会では、史跡の保存管理計画策定を目的として、20年10月1日〜11月18日（つがる市教育委員会2010）、23年10月28日〜11月21日（つがる市教育委員会2012）、この貝塚の試掘調査を行なった。調査によって、縄文中期終わり頃（約4,200年前）の貯蔵穴・墓跡とみられる土坑群、前期末（約5,600年前）、中期初め（約5,400年前）・中頃（約4,700年前）の竪穴住居跡が地点を異にして発見され、しかも縄文晩期（約3,200〜2,500年前）の土器や平安時代（9〜12世

紀）の堀跡なども発見されるなど、予想以上の長きにわたる大規模遺跡であることがわかってきた。

　また、24年7〜11月の調査では、縄文前期中頃の別な竪穴住居跡の覆土から側臥屈葬状態の人骨が1体発見され（写真59）、分析の結果、出産歴のある若年成人女性であることが判明した（つがる市教育委員会2016）。津軽地方の縄文前期の完全な人骨例としては、五所川原市オセドウ遺跡の壮年男子例に次いで2例目で、女性人骨では初めてである。遺跡はその後29年10月13日付けで史跡面積が約43,000㎡に追加指定され、従来の3倍以上の範囲に拡大した。

　なお、本遺跡の出土品は、つがる市木造亀ヶ岡考古資料室（縄文館内）、つがる市縄文住居展示資料館（カルコ）、及び青森県立郷土館（青森市）に収蔵・展示されている。

『註』

1）当時の考古学関係者の多くは、東北地方北部・北海道出土のベンケイガイは、生息海域を房総半島以南とする貝類図鑑が多いことから、東北地方南部の太平洋側や房総半島から運ばれてきたとする考えであったが、実はこの当時、本県の水産関係者（高梨・白取ほか1993）や地元ではベンケイガイが七里長浜沖に生息し、一帯の浜では打ち上げ貝を容易に採集できることが知られていた。

第2節　亀ヶ岡石器時代遺跡
－明治20年代の亀ヶ岡発掘をめぐる人びと－

はじめに

　青森県で最も有名な縄文遺跡はどこかと聞かれれば、青森市三内丸山遺跡の調査（平成4〜6年）以前は、間違いなくつがる市の亀ヶ岡遺跡（写真60）、そして八戸市の是川遺跡であった。とくに亀ヶ岡は、既に述べたとおり、18世紀末の天明・寛政年間から既に知られ、出土した精巧な土器・土偶が江戸の好事家たちの間でもてはやされていた。

　亀ヶ岡遺跡（旧西津軽郡木造町大字舘岡字亀ヶ岡）は、岩木川の一支流、山田川左岸の台地・低地にあり、標高は5〜30mである。昭和19（1944）年6月26日付けで、「亀ヶ岡石器時代遺跡」として国史跡に指定されている（図39）。この遺跡で最初に発掘調査が行なわれたのは明治20年代になってからのことである。調査後には詳細な調査結果が報告され、亀ヶ岡の名が名実ともに広く知れわたることとなった。

　この調査は、津軽という狭い地域を越え、わが国考古学界にとっての重要なできごと、成果であり、明治期の考古学のひとつの到達点を示すものであったとも言えよう。

写真60　亀ヶ岡遺跡沢根地区（1917.8.27）

　一連の調査は、東京人類学会や帝国大学（現東京大学）が行なったものではあるが、これには地元の考古家たちの努力や協力がおおいにあったことを忘れてはならない。しかし、このことについてはあまりふれられず、知られていない部分が多い。そこで本稿では、明治20年代の亀ヶ岡遺跡調査が、どのような経緯で行なわれたのかという観点から、とくに東京人類学会と地元考古家たちとの関わりを軸にして述べてみたい。

１．亀ヶ岡遺跡の発掘調査

（１）若林勝邦の調査・報告

写真61　若林勝邦（中央。左：坪井正五郎）[1]

　亀ヶ岡遺跡に最初の学術調査のメスが入れられたのは明治22（1889）年７月のことである。当時、帝国大学理科大学の助手であった坪井正五郎（1863～1913。江戸両国生）は、この年の６月から３年間、仏・英に留学中で不在のなか、技手（1891年から助手）で東京人類学会の幹事を務めていた若林勝邦（1862～1904）（写真61）（岡書院1938）[1]は、24日から31日までの１週間、人夫24名とともに亀山地区の発掘調査を行なった。その目的は、これまでのような愛玩品の採集ではなく、なぜ亀ヶ岡村から精巧な土器が出るのか、土器のほかにはどんな物があるのかという学問的な考証であった。この調査報告は「陸奥亀岡探究記」として『東洋学芸雑誌』（若林1889）に掲載された。なぜ、自身が幹事を務める東京人類学会の機関誌ではなく『東洋学芸雑誌』であったのかはっきりしないが、この調査は帝国大学の命によるものではなく、個人的な問題意識からの調査であった。そこで、わが国初の総合学術雑誌である本誌のほうが、新しい学問としての人類学（※考古学を含む）をよりアピールできるのではないかという意識があったのであろうか。なお、この亀ヶ岡調査については、坪井から指示されていた可能性も考えられるが、明らかにできない。

　調査報告では、出土品を、○土器の部、○石器の部、○獣骨の部と材質ごとに大きく分類したあと、各部ごとに大きさや形状などについて述べ、最後に遺跡の特色をまとめ考察を加えている。わずか４頁という短い報告ではあるが、縮尺入りの遺物図も付されたもので、本県の遺跡としては初の発掘調査報告として評価することができる。しかしながら、現在の報告書と比べて、土器に土偶などの土製品、石器に石刀などの石製品を含めているのはよしとしても、遺跡地形図や土層図を欠き、出土層との関わりへの言及もない。さらに考察では、本遺跡をアイヌ人以外の遺跡とするなどの人種的考察を行なっており、違和感を感じさせるもので隔世の感がある。しかしこれも、遺跡の層位的な発掘調査という考え方・方法がまだ芽生える前の段階であり、しかも当時の考古学界では、課題として石器時代人種論が趨勢であったという背景があったことを思えば、やむを得ないところであった。

（２）佐藤伝蔵の調査・報告

　さて、明治25年10月、留学先から帰国した坪井（写真61・62）は同大学人類学教室の教授に任命された。そして、同27～28年の日清戦争の終結後、既に人類学教室の助手となっていた佐藤伝蔵（1870～1928）（写真62）（寺田1975）[2]は、人類学調査の目的で同28年10月の数日間、亀ヶ岡遺跡

の第1回目調査として、低湿地、若林が調査した
亀山、大型遮光器土偶が発見された苗代地区を調
査し、翌29（1896）年には第2回目の調査を行
なった。29年の調査では4月29日に亀ヶ岡のあ
る舘岡村に入り、5月1日から14日までの2週
間、総人夫132名とともに遺跡北側の近江野沢地
区を発掘調査した。調査担当者の佐藤が地質学科
卒業ということで、多少違和感を感じるが、人類
学の一分野として古物や遺跡があり、遺跡調査が
地質学や鉱物学の素養を必要とすることを考えれ
ば、納得される。調査報告は『東京人類学会雑
誌』（以下、『東人誌』）に計3回にわたって掲載

写真62　佐藤伝蔵（左から2人目。
3人目が坪井正五郎）[2]

された。第1回目の報告は翌29年1月の『東人誌』に「陸奥亀ヶ岡発掘報告」（図27）（佐藤1896a）
として、27頁にわたって掲載された。その内容は、若林のものとは大きく異なり、土層断面図を提
示し、土層と遺物の有無・多寡の関連についても記載している。出土品については、若林と同様に石
器、土器類に二分して図を付し、記述は詳細である。石器は石器材料、半成石器、完成石器に分け、
石棒などの石製品も含めている。また、土器類では、完全形やそれに近い土器を主にして、その形状
や縁（口縁部）・廃物利用（転用）、さらに付着顔料などの種類、そして土偶・土製玉、植物性遺物
についても記載している。結論では、この遺跡の特徴として出土品が泥炭層から発見されることを
述べている。また、第2回目の報告は同年7月の『東人誌』に「陸奥国亀ヶ岡第二回発掘報告」（佐藤
1896c）、8月の『東人誌』に「陸奥国亀ヶ岡第二回発掘報告（前号の続き）」（佐藤1896d）として2度
にわたって掲載された。この第2回目の報告は、計44頁に及ぶもので、しかも詳細な記載であった。
　報告の第1章では、発掘地の位置地形、近傍の遺跡のあと、発掘地の地質構造として土層の記載を
行ない、第2章の発見品では、記載遺物の関係を図で示したうえで、土器・石器の材料から述べてい
る。土器原料としての粘土、石器材料としての半蛋白石・黒曜石・鉄燧石・珪化木・玉髄・瑪瑙・緑
色凝灰岩（ぎょうかいがん）・砂岩をあげ、動物質の遺骸としてシジミ、鹿角・骨・鯨骨・猪牙、植物では水草・胡桃（くるみ）な
どをあげている。石器は器種ごとに述べ、石鏃と分類、石斧（打製・磨製石斧）と分類・一覧表、天
狗の飯匕（めしがい）（※石匙）、石錘、石棒及び石剣と一覧表と特徴、凹み石（くぼ）・砥石、両端を摩擦した楕円形の
石、薬研形（やげん）の石器について述べ、土器では土製品を含め実用土器と装飾品にわけ、完形土器（朱塗り
などを含む）・ほぼ完形土器について、壺形・徳利形・椀形・皿形・急須形に分類し文様や漆の付着
物、形状や底部種類、文様・把手（とって）・厚さ・大きさを一覧表にし詳しくまとめている。また、装飾品で
は土偶・動物形土製品、そして骨角器について述べている。最後の考察では、泥炭層から遺物が出土
することから、遺跡の成因として、津波による運搬説を述べた。当時は沼沢地で台地上に人々が居住
していたが、地震の津波により遺物は低地に落とされたもので、故意に捨てたものではないとした。
この報告では、遺跡の人種についてはふれず、地質・鉱物など遺跡に即した考え方・視点によって記
載しており、まさに地質学科卒業生としての佐藤の面目躍如たるものがある。
　これらの報告内容は、遺物の名称、図の掲載方法の点、出土層位の記載がないなどの点は、現在

と比べ大きく異なっているが、50年も前の筆者の学生のころの報告にかなり近いことに驚かされる。このような多種・多彩な出土品、詳細な報告、遺跡の成因などの問題提起によって、亀ヶ岡遺跡は名実ともにわが国における重要な石器時代遺跡のひとつとして認められることとなった。
　つぎに、このような亀ヶ岡遺跡の発掘が行なわれるようになった経緯をみてみよう。

２．明治20年の亀ヶ岡
（１）未曽有の発見
　まず亀ヶ岡における大発見があったことがあげられる。
　明治11（1878）年秋に本県下北に入った美濃出身の蓑虫山人（1836〜1900）[3]は、20年4月14日付けで、逗留先の浪岡から、東京人類学会の神田孝平宛てに1通の書簡を送っている。それを読んだ神田はその内容に驚き、すぐさま6月刊行の『東京人類学会報告』（以下、『東人報』）に、「陸奥瓶岡ニテ未曽有ノ発見－津軽ノ蓑虫翁ノ手柬－」と題して掲載した（蓑虫1887）。その内容はおよそ次のようである。「昨年の秋（※明治19年8月）に突然お会いしたあと、しばらく各地を漫遊しこの春には大きな土器が手に入りました。また、4月上旬には亀ヶ岡でこれまでない珍品を見つけました。私も鍬を手にして地元民と一緒に掘りまして、地下1尺ほどのところで、突然、土器10個、石剣5本、勾玉（まがたま）4個、土偶1対、玉質の磬石（けいせき）（※不明）、さらに、管玉（くだたま）が多数入った壺1個が出てきまし

た。亀ヶ岡で勾玉や磬石・管玉が見つかるのは前代未聞です。このなかで最も驚いたのは磬石で、玉質も良いだけでなく、非常に良い音で8百尺も離れたところにも達する稀にみる珍品です。土偶は男女2人を模したもので、乳房があり結髪したものと冠をかぶったようなものがあり、古代の首長を表したものと思います。こ

図36　蓑虫の亀ヶ岡発掘（明治17年11月初）

の発見のために発掘には3日かかりました。発見品の所有・購入をめぐって人夫と揉めましたが、いろいろ説明して勾玉4、磬石1、石剣若干を手に入れることができました。土偶は壊れたもので、発見したときに作業員同士の喧嘩で数片に砕けたのです。この土偶は考古家にとってはこの上ない良い物です。土器や完全な土偶は非常に高値で私の手の届くものではありません。その図はあとでお送りしましょう」。そして、これに続けて神田は、蓑虫のことを「通称土岐源吾で六十六号庵の別号をもっている。美濃国の人で生まれつき古物を好み、全国を巡ったあと明治12年に津軽に来て、好古の志を堅くし古物を千百点を持つほどになっている。今年の5月には、青森で奥村某（骨董商の奥村準作）と一緒に展覧会を行なった」などと紹介している。蓑虫は明治12年6月、弘前に国学者で日本画家の平尾魯仙（1808〜80）を訪ねて以降、好古趣味がますます高じ、県内で発見された遺物を見、多くの画を描いているが、この展覧会の開催を最後に本県を離れている。蓑虫にとってこの亀ヶ岡の発掘は、17年11月初めの発掘（図36）（青森県立郷土館2008）以来2度目となるものであるが、ともに発掘地点は不明である。

（2）瓦偶人の発見

　蓑虫の発掘・報告後、亀ヶ岡ではまた大発見が起こった。大土偶の発見である。展示図録や概説書等でおなじみの左足の欠けた重文の大型遮光器土偶（高さ34.3センチ）であり、明治20年11月刊の『東人誌』の巻末に「瓦偶人之図（がぐうじん）」（佐藤1887d）として掲載された（図37）。本来は図解とともに掲載する予定であったが、原稿が印刷に間に合わなかったという。原図は、本県初の東京人類学会員になり、日本画家としても知られた弘前の佐藤蔀が画いたもの（図38）で、正面のほかに背面・側面図も付している。しかし、残念なことに、正面図が左右逆に石版印刷されている。

　この土偶発見については、神田が、翌12月刊の本誌に「瓶ヶ岡土偶図解（前号巻末ノ図ヲ見ョ）」と題して紹介し（淡厓1887）、弘前の下澤保躬（1837〜96）の記文を紹介したが、実は、この原文とみられるものが、弘前大学北日本考古学研究センター蔵の『佐藤 蔀　考古画譜Ⅰ』（以下、『画譜Ⅰ』）（関根編2009）所載の「大ノ人形ノ図」に貼られた付箋である（図38）。以下、この付箋などをもとに、この土偶の発見から『東人誌』発表への経緯について述べよう。

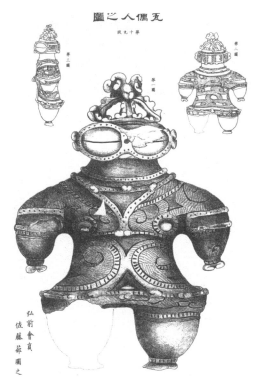 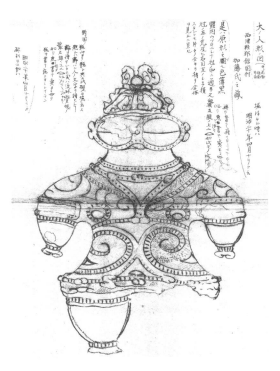

図37　「瓦偶人之図」　　　　　　　　　図38　記文が貼付された佐藤蔀の原画

（3）大土偶が発見された年月日

　この土偶が発見された年については、地元の研究者佐藤公知（1899〜1967）は、明治19（1886）年（佐藤1956）、弘前大学の村越潔名誉教授も、所蔵者越後谷源吾の発言として同じく19年であるとそれぞれ著書のなかで記している（村越1987）。しかし、後述する『東人誌』の記載や『画譜Ⅰ』の付箋などによれば、やはり明治20年であろう。つぎに、発見月日については、『東人誌』の神田図解では、下澤の記文として明治20年5月に掘り出したと記されているが、『画譜Ⅰ』の付箋には、「堀得タル時ハ明治二十年四月ナリト云」と記されている。この一方、この土偶が昭和31年5月14日

付けで県重宝「亀ヶ岡式土偶」に指定された際（※重文指定は翌32年２月19日付け）の「青森県文化財台帳」には、明治20年閏４月11日に亀ヶ岡字沢根75番地苗代から出土した旨記載されている[4]。

　この記載の食い違いについてはさまざまに解されるが、結論として、第Ⅱ章第２節で述べたように、明治20年閏４月11日、新暦換算の６月２日（木）（暦の会編1999）に出土したものと理解したい。『画譜Ⅰ』の原画付箋の４月は、閏４月の閏が抜け落ちたということなのであろう。また、『東人誌』の淡厓図解にある５月（第２節『註２』）はミスプリントと考えられる。

　次に、この土偶の発見から『東人誌』掲載までの経緯については、関係する重要な史料が弘前市立弘前図書館に所蔵されている。神田から下澤宛てに書かれた同年９月５日付けの書簡である。これは、上記記文を受領に伴う礼状とみられるものである。この書簡と解読文等については第Ⅱ章第２節に詳述したが、この日付けと当時の東京－弘前間の配達日数等から考えると、遅くても同年８月下旬には下澤から神田宛ての上記記文が郵送されていたとみられる。そう考えると、佐藤の原画そのものは、８月初旬にはできあがっていたとみられる。佐藤から送られてきた土偶の原画を見た神田は、『東人誌』に掲載する必要があると考えたが、発見の経緯などがわからないため、そのことを佐藤か下澤に書くように依頼し、これを受けて下澤が記文を送ったとみられる。そこで神田は、とりあえず、佐藤の土偶図のみを掲載し、あとに届いた記文を次号へ掲載したということであろう。

　ただ、最初に述べたが、発見が『東人誌』掲載の前年の明治19年であるという所蔵者の発言は、発見後70年以上もたってからの話であるから、記憶があやふやな状況でなされた発言なのか。それとも何らかの理由で１年遅らせたのかどうか。今となっては不明であるが、昭和31年に県重宝に指定された際の「青森県文化財台帳」の記載内容は、土地所有者等からの聞き取り調査に基づいたものとみられることから、発見年は、やはり20年と考えざるをえない。

図39　亀ヶ岡遺跡の過去の調査地点

次に、所蔵者と発見地であるが、小田原市文化財課の佐野忠史氏によれば、所蔵者は越後谷家で、

加藤（カト・カド）というのは越後谷総本家の屋号で、当時の越後谷家当主は、この土偶をのちに国に譲渡した耕一氏の曽祖父であるという。また、発見地点は、以前、この土偶を象った大石像が建てられた場所から発見されたというふうに聞いた記憶があるが、佐野氏の調査では、そこではなく、石像から80メートルほど南西の沢根地区丘陵端部であり（図39）（つがる市教育委員会2009）、写真60の人物のいる地点付近と推測されている（佐野2020）。

３．亀ヶ岡遺跡発掘をめぐる津軽の考古家たち

　明治20年代の亀ヶ岡遺跡の発掘・発見報告は、このように東京人類学会に縁がある人たちによって行なわれたが、この縁がどのようにしてできていたのかみていくと、本書第Ⅱ章第１節に詳述したが、発端は、明治19年夏の、東京人類学会の神田孝平の東北地方巡回旅行（神田1887a）である。神田は本県に入って弘前の「旧友」下澤保躬を訪ねたあと、ここで紹介された佐藤蔀を訪ねている。その後、神田は浪岡で蓑虫と会っている。この巡回旅行は、『東人報』・『東人誌』への執筆依頼や東京人類学会の会員募集に大きな成果があり、本県では11月には佐藤が本県人として初めて入会し、翌20年から寄稿するようになる。また下澤もただちに寄稿し、翌20年春には蓑虫が亀ヶ岡の発掘について神田宛てに書簡を送っている。

　神田は以上のように、明治19年夏の津軽で下澤・佐藤・蓑虫らの考古家と会ったわけであるが、つぎに、これらの人びととの、巡回旅行前の関係がどのようなものであったのかを述べ、さらに若林・佐藤伝蔵の行なった亀ヶ岡発掘の際に協力した人物について述べてみたい。

（1）下澤保躬と佐藤蔀

　両人の関係を知るうえで参考になるのが、『画譜』である。これによると、佐藤との関わりは、下澤所蔵の亀ヶ岡出土の注口土器（『画譜Ⅰ』）や浪岡出土の瓶器（※須恵器甕か）（『画譜Ⅱ』）（関根編2010）を明治14（1881）年５月19日に画いていることや、下澤の著した『津軽古今雑記類纂完』（下澤1882）に出てくる次の記載からたどることができる。

　「○弘前亀甲町士族常蔵（佐藤常蔵。和算家で藩校稽古館の教官を務めた）先生ノ長男佐藤蔀ハ至孝信誠ノ人ナリ画ニ巧ニ写書ニ妙也古跡探索ト古器物及ヒ花鳥ヲ画クニ巧ナリ某華族ヨリ好古舘ノ額ヲ贈ラレ又神田議官（※元老院議官）君ヨリ種々古器ノ依頼アリ又御巡幸（※明治14年９月９日）ノ時所集ノ古物ヲ左大臣公（※有栖川宮熾仁親王。1835〜95）以下御覧褒詞アリ名誉ト云ヘシ」

　この文面から、明治15年当時の下澤の佐藤に対する親近感がうかがわれると同時に、神田と佐藤は古器物を通じては名前は知っていたようである。下澤はまた、同じ弘前の日本画家平尾魯仙（1808〜80）とは幕末以来の親しい間柄（青森県立郷土館2013）であり、明治７年に佐藤蔀が魯仙に弟子入りしたこと（関根・上條編2009）を考えれば、既にこのころから、お互いに見知っていたことは間違いない。

（2）下澤保躬と蓑虫、佐藤蔀と蓑虫

　次に、下澤と蓑虫との関係は、「明治十五年六月下浣於浪岡邑玄徳寺平野百川前田諸君博覧会之図」（図12）に見えている。両人が浪岡の玄徳寺の展示会で同席した場面が描かれており、さらに15年11月には、蓑虫が小泊から下澤へ書簡を送っている（青森県立郷土館2008）ことから、この当時から交友があったことがわかる。また、佐藤と蓑虫の関係では、蓑虫が、12年６月に下北から弘前

に来て魯仙宅を訪ねた際に、蓑虫が勾玉5点、土器1点を携えて来ており[3]、それを写した魯仙の画には同年6月25日の日付けがある（青森県立郷土館2008）ことを考えると、このころには魯仙を通じて下澤や佐藤のことが伝わっていたとみられる。また、下澤が『東人報』に紹介した石皿（下澤1886）について、掲載された図とは別に佐藤蔀の描いた図が『画譜Ⅲ』にある。「方今ハ蓑虫仙人ノ物トナレリ」、「明治13年旧8月3日写」と注書きされていること（上條編2011）から、双方の関係を知ることができる。

（3）佐藤蔀と安田雄吉

安田（生没年不明）については、神田が明治19年夏に弘前に来た際には、安田と会ったという記録はないが、本書第Ⅱ章第2節で述べたように、明治20年の下澤宛ての書簡に見えることから、神田とは少なくともそれ以前から知り合いであったことがわかる。20年4～5月の東京人類学会入会時の住所録に弘前の古物商とある人物である。安田は21年5月18日、6月20日には、弘前の東京人類学会員、外崎覚蔵[5]（1859～1932。のちに外崎覚）・佐藤蔀らとともに、湯口村（現弘前市）字下り山の遺跡発掘に出かけている[6]ことから、同じ考古仲間であったようである。

（4）亀ヶ岡遺跡の発掘に関わった人々

さて、明治22（1889）年7月、若林は亀ヶ岡遺跡調査のため来県したわけであるが、それを伝える記事が、同年7月28日付けの『東奥日報』第169号に掲載されている。それによると、前述の第Ⅱ章第2節の『註4』に既に記したが、若林が7月20日に来県し弘前に寄った際には、外崎・佐藤蔀とともに、湯口村の遺跡調査（外崎1888a）に同行した人物として安田勇（※安田雄吉であろう）が記されている。安田はまた、28年10月には、佐藤伝蔵が亀ヶ岡遺跡調査のために来県した際の10月3日にも、弘前で同氏を案内している（佐藤1896b）。そのほかに、翌29年5月の第2次調査で来県した際の4月28日には、今度は、青森の東京人類学会員で細越尋常小学校長の角田猛彦（1852～1925）[7]が、細越村（現青森市）の遺跡を案内をしており、亀ヶ岡の調査には、実際に佐藤蔀も参加している。

このように、本県津軽に住む東京人類学会員は、東京人類学会（帝国大学関係者）の調査には、非常に協力的であったことがわかる。

おわりに

さて、明治17年、「人類学会」が創設されて以降、『東人報』・『東人誌』上には、毎回、全国各地の出土品が報告されるようになった。しかし、その多くはまだ、調査や調査報告と言えるレベルのものは多くはなかった。このような状況のなかで、明治22年、28・29年に、東京人類学会（帝国大学関係者）が行なった亀ヶ岡遺跡の発掘調査は、これまでにない多くの成果を上げ、わが国の考古学界にとって画期的なものとなった。この調査が成功裡に行なわれたのは、人類学教室のもつ組織力、若林・佐藤の若さ、さらに佐藤の地質学的視点の導入が基になっていたことは間違いないが、この背景として、明治19年の神田らの来県以降、新たに生まれた津軽の考古家同士の結びつきによってできた協力・応援態勢が前提としてあったことを忘れてはなるまい。

亀ヶ岡遺跡（写真63）は、第2次大戦中の昭和19（1944）年に国史跡に指定され、戦後は、慶応

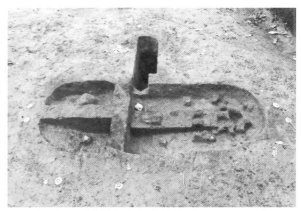

写真63　亀ヶ岡遺跡沢根地区（2003.9.15）　　　　写真64　発見された土坑墓（2017.11.18）

義塾大学、青森県教育委員会文化課、青森県立郷土館によって調査が行なわれている。その後、平成20（2008）年以降は、史跡整備事業に向けた調査がつがる市教育委員会によって行なわれてきており（写真64）、令和2（2020）年には、3月10日付けで史跡指定区域が追加され、大幅に拡大した。また、亀ヶ岡遺跡出土の重要文化財・遮光器土偶（巻頭写真）は、61年には文化庁に譲渡され、現在、東京国立博物館に展示されている。その他の亀ヶ岡遺跡出土品は、県内ではつがる市木造亀ヶ岡考古資料室（縄文館内）、同市縄文住居展示資料館（カルコ）、及び青森県立郷土館などに収蔵・展示され、県外では、東京国立博物館を筆頭に各地の博物館において収蔵・展示されており、一部が重要文化財や県重宝に指定されている。

『註』

1）岡書院（1938）。図版第Ⅰの写真に、東京人類学会創期の諸氏（明治26年7月2日撮影）（下村三四吉氏蔵）とある。

2）寺田（1975）P.121の写真に（明治30年、林為吉撮影、東京大学人類学教室蔵）とある。

3）青森県立郷土館（2008）。キャプションに「蓑虫山人肖像写真（岩手県立博物館提供）。原資料は秋田県扇田（比内）。裏面に「土岐源吾事蓑虫山人　明治廿八年四月」と書かれている」とある。また、本図録には、魯仙による蓑虫持参の勾玉画「満可玉之圖」が掲載されている。

4）青森県文化財台帳の記載。同様の内容は、青森県文化財保護協会（1956）の「口絵解説　県指定亀ヶ岡式土偶」にも紹介されている。

5）本書第Ⅱ章第5節『註5』参照。

6）本書第Ⅱ章第2節『註4』参照。

7）本書第Ⅱ章第5節参照。

コラム3　小岩井兼輝の亀ヶ岡発掘

　旧制弘前高等学校（以下、旧弘高）の小岩井兼輝教授（写真65）のことは、考古学関係者の間では、昭和初期に亀ヶ岡遺跡を発掘し、その結果を学術誌に発表した旧弘高の先生ということぐらいで、そのほかの経歴や人物像については、あまり知られていなかった研究者である。

　小岩井教授のことがわかってきたのは、東北帝国大学地質学科の同学（1915年卒）で台北帝国大学の早坂一郎教授（1891〜1977）が『地質学雑誌』に寄せた追悼文（早坂1939）の再確認以降のことである。

写真65　小岩井兼輝

写真66　小岩井兼輝が発掘したとみられる漆塗土器

　それによると、小岩井教授は明治2（1869）年、茨城県水戸の生まれで、同25年の東京帝国大学理科大学簡易講習科を卒業後、金沢師範学校教諭や新潟・長野両県の中学校教諭などを勤めたあと、大正元（1912）年になって、あらためて東北帝国大学理科大学に入学している。地質学科卒業後は仙台鉱山監督署、京城工業高等専門学校教授を勤め、旧弘高が開校した同10年から昭和13（1938）年の死去まで、地質学や地理学などを講じた。その間、ダーウインの『ビーグル号航海記』の抄訳（『ダーヰン氏世界一周学術探検実記』同文館　1912年）を刊行し、旧弘高着任後は、鉱物学の教科書・参考書を著したほか、『地質学雑誌』・『日本学術協会報告』等に地質・古生物学の論考を発表した。

　小岩井は、昭和8（1933）年（夏期休暇中か）に亀ヶ岡遺跡を発掘調査した。目的は、低地から完形土器や石器が多数、発見されることで知られるこの遺跡が、どのようにして形成されたのか、その成因を地質学的見地から探ろうとしたものであった。発掘地点は雷電宮下の低地部分で、深さ2〜3ｍまで掘り下げて調査を行なった。そして、その結果を『日本学術協会報告』に発表した（小岩井1934）。小岩井は、このなかで、泥炭層とその下の黒色粘土から土器類が発見されたことにより、当時のムラの一部が、のちの水準上昇（地殻下降）によって水面下に没し、泥炭植物のため被覆されたのであろうと結論づけている。

　この見解は、現在、多勢をしめる祭祀投棄説とは異なるが、自身の問題意識に基づいて発掘調査を行ない、その結果を学術誌に発表するという姿勢は、研究者として当然のことではあるが、当時の諸学会の状況を考えれば、大学関係者以外ではなかなか難しかったはずであり、もっと知られていいことであろう。

第3節　三内丸山遺跡
－保存の決定、特別史跡の指定まで－

1．江戸期

　三内丸山遺跡（青森市大字三内字丸山）は、青森市南西部の沖館川右岸の丘陵部（標高9～20m）にある。沖館川流域は、縄文前・中期の円筒土器文化遺跡の密集地域で、三内地区にはほかにも遺跡があるため、小字名の丸山をあわせ、三内丸山遺跡として遺跡登録されている。

　この遺跡の調査史については、すでに『青森県史　別編　三内丸山遺跡』のなかにまとめられている（岡田2002）が、ここでは、その後新たに確認された明治期の報告例もくわえ、三内丸山遺跡の保存・特別史跡の指定にいたるまでを中心にして述べる。

　三内地区の遺跡に関する記録は、江戸後期の18世紀後半にまで遡る。歌人・国学者として知られた菅江真澄（1754～1829）の日記『栖家能山』（内田・宮本編1972a）である。これは、本市域における縄文遺跡に関する最古の記録であると同時に、円筒土器文化に関する最古の記録でもある。

　寛政八（1796）年4月14日、真澄が三内村（現青森市三内）を訪れた際の記録である。この記録は、既に第Ⅰ章に紹介したが、あらためて述べる。「此村の古堰の崩れより、縄形、布形の古き瓦、あるは甕の破れたらんやうの形なせるものを、掘り得しを見き。陶作のこゝに住たらんなどいへり。おもふに、人の頭、仮面などのかたちせしものもあり、はた頚鎧に似たるものあり……。」という記載で、さらに、付した絵には、「其一、卒堵濱蒼杜（外ヶ浜青森）に近き三内の村ハ古名寒苗の里也。此村の渠のほとりより瓦陶のごとなるものを堀り出る。其形ハ頚鎧のごとし、所謂幰延ちふものに似たり。美加弊乃與呂比といひしや、甕甲ならん」の記載もなされている。

　これは、220年以上も前に、三内村から出土した土器や土偶などを見た際の日記であるが、「此村の古堰の崩れ……」とあるだけで、三内村のどこであるのか具体的な地名は記されていない。しかし、日記には小三内の稲荷社で桜をみたという記載もあり、小三内の遺跡は、のちに三内丸山遺跡に統合されたことを考えると、「此村の古堰の崩れ……」が三内丸山遺跡に含まれる可能性があるが、断定はできない。

2．明治～大正期の調査

　三内村から土器等が出ることは、その後明治中頃には、中央の学界にも知られるようになった。明治22（1889）年の『東京人類学会雑誌』（以下、『東人誌』）第5巻第45号には、当時考古資料の収集家として知られていた弘前の佐藤蔀（1852～1944）が、花巻村（黒石市）より出土した円筒土器について発表し、これに類似した土器口縁部の出土地として、三内村（現青森市三内）字オオイシナガレ（大石流、三内丸山遺跡稲荷林地点か）と同村字丸山をあげている（佐藤1889）。しかし、実際に、三内丸山遺跡を調査したかどうかは不明である。三内地区を調査し、学界に出土品を紹介したのは角田猛彦（1852～1925）である。角田は弘前の出身で、細越尋常小学校（現青森市立栄山小学校）の校長を務める傍ら東津軽郡内を中心に遺跡調査を行ない、その結果を、24年4月5日に山形県鶴岡で開かれた奥羽人類学会第6会で「陸奥国東津軽郡石器時代ノ遺跡探究略報」と題して発表

した（角田1891）。奥羽人類学会ではこの内容は全国誌に紹介すべきと判断し、同年7月の『東人誌』第6巻第64号に、「陸奥国東津軽郡石器時代遺跡探究報告」（角田1891）として掲載した。これは、現在の青森市細越・内長沢遺跡で行なった調査の報告であるが、このなかに角田が東津軽郡内で行なった調査を基に、遺跡が所在する村として、安田・細越・四ツ石・大矢沢・駒込・諏訪沢（※いずれも現青森市）などとともに三内をあげている。しかし、この三内がどの遺跡を示すのか明記はしていない。角田はこの後、26（1893）年1月8日の奥羽人類学会第27会において、東津軽郡滝内村（現青森市）大字三内字円山採集の石製品について発表した。これも同様に同年26年1月の『東人誌』第8巻第82号に掲載された（図40-2）。図は、包丁形をした縄文時代の石製装身具で、三内地区の遺物を図示したものとしては、真澄以来、実に約100年ぶりのことであり、これが、三内丸山遺跡の遺物の初見である。

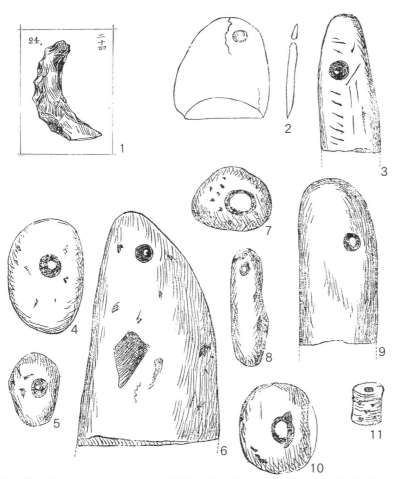

1．異形石器　2〜9．石製装身具　10・11．土製装身具（縮尺不明）

図40　明治時代に発見された遺物

三内丸山遺跡については、その後、翌27年2月の『東人誌』第9巻第95号に、東京帝国大学理科大学人類学教室の八木奘三郎（1866〜1942）（写真20）が、東津軽郡三内村（現青森市）字大石流出土の半月状の異形石器を紹介した（図40-1）（八木1894）。この成果は、明治30年7月になって、わが国初の遺跡地名表『日本石器時代人民遺物発見地名表』（東京帝国大学1897）に東津軽郡三内村字大石流（※出土品は石鏃と記載されたが、異形石器である）として登載され、さらに翌年の『同地名表（第2版）』（東京帝国大学1898）には、東津軽郡滝内村大字三内字円山（出土品に石包丁・石鏃）として登載された。また、角田は、31年3月の『東人誌』第13巻第144号には、「有孔小石器に就きて」（角田1898）と題して三内字円山採集の石製品7点・土製品2点紹介（図40-3〜11）している。三内丸山遺跡を考える際には、まさに角田抜きでは考えられない。

三内丸山遺跡では、その後の明治・大正期、さらに第2次大戦後の文化財保護法施行前においても発掘は行なわれたとみられるが、今とは異なって、土地所有者の承諾さえあれば自由に発掘でき、し

かも発掘報告の提出が義務づけられていない時代のことで、発掘に関する記録はほとんどない。わずかに、大正6年の『同（第4版）』（東京帝国大学1917）に、東津軽郡滝内村三内字円山には石鏃・石包丁・石棒の出土遺物がある旨が記載されているのみである。

3．第2次大戦後の調査

　昭和25（1950）年8月の文化財保護法施行後は、遺跡の発掘調査を行なう場合には、事前に国に届出ることが必要になり、しかも調査結果の報告が義務づけられたため、調査の記録が残されるようになった。以下、それらに基づき、三内丸山遺跡の調査について、遺跡が全国的に知られるようになった平成4（1992）～6年の発掘調査、そして遺跡の保存決定にいたるまでの経過について述べる。

　まず、昭和27（1952）年11月9日には、青森市の医師、成田彦栄（1898～1957）が、僅か一日ではあるが、三内遺跡（現三内丸山遺跡）を調査した。この調査は、翌28年10月24日～26日の慶應義塾大学文学部の清水潤三（1916～88）との合同調査（清水1963）につながり、三内丸山遺跡初の竪穴住居跡の発見に結びつくことになった。この合同調査は、その後、30年8月17日～19日（清水1959）、31年8月9日～12日（清水1961）、33年8月5日～11日（清水1962）と3次にわたって行なわれ、28年に発見された竪穴住居跡は縄文前期であることが判明した。また、遺物包含層からは、縄文前・中期併せて150個に達する復元可能土器や石器・土偶等が出土した。この一連の調査概要は、日本考古学協会の『日本考古学年報』6・8・9・11号等に報告されている。

　成田の調査については、平成21（2009）年9月になって、ご遺族から、成田自身が行なった三内丸山遺跡の発掘資料や写真・記録類などが、弘前大学人文学部附属亀ヶ岡文化研究センター（現人文社会科学部北日本考古学研究センター）に一括寄贈され、現在、「成田彦栄氏考古資料収蔵展示室」で展示・保管されている。

4．行政機関の調査と保存の決定・特別史跡の指定

　昭和36（1961）年からは、青森市教育委員会が埋蔵文化財保護のため、遺跡調査を行なっている。青森市文化財審議会委員の小野忠明（1903～94）らを担当者として昭和42年8月17日～20日に調査し、調査概報を『青森市の埋蔵文化財』シリーズの一冊として刊行した（青森市教育委員会1970）。この調査によって、三内丸山遺跡では前期・中期の土器破片や各種石器や土偶・三角型土版・ヒスイ大珠発見などの成果があった。

　その後、三内丸山遺跡は、県総合運動公園建設事業に伴い、県教育委員会文化課が、51年4月21日～7月31日には、三内丸山（II）遺跡（※のちに三内丸山遺跡に統合）の調査を行ない（青森県教育委員会1977）、中期末葉の列状に並んだ土坑墓群を発見している。また、52年4月26日～10月13日には三内丸山遺跡に隣接する近野遺跡（※のちに一部を三内丸山遺跡に統合）を調査し、中期の大型住居跡を含む集落跡を発見した（青森県教育委員会1979）。三内丸山遺跡ではこの後、62年6月8日～9月21日には青森市教育委員会が三内丸山I遺跡（※のちに三内丸山遺跡に統合）を宅地造成工事に先だって調査している（青森市教育委員会1988）。

　これらの調査を経て、平成4（1992）～6年には県営野球場建設に伴い、県埋蔵文化財調査センターが調査を行なった。平成4年は4月20日～11月30日、平成5年は4月12日～12月7日で、併せ

写真67　北の谷の調査（1994.4.24）

写真68　大型竪穴住居跡（1994.8.25）

写真69　環状配石墓（1999.6.3）

写真70　三内丸山遺跡（2019.10.10）

て40,000㎡にわたる大規模な発掘調査（青森県埋蔵文化財調査センター1994a・b）である。この調査によって、円筒土器文化の大規模集落跡が発見され、全国的に注目されることになった。調査が終了した区域では、既に工事が行なわれてはいたが、その重要性に基き県当局は6（1994）年8月1日に工事を中止し、保存決定を下したのである。

　また、青森市教育委員会も、市都市計画街路事業（3・4・15号里見丸山線）に伴い、4年5月12日〜10月30日に三内丸山(2)遺跡（※のちに三内丸山遺跡に統合）（青森市教育委員会1993）、5年5月11日〜12月3日に三内丸山(2)・小三内遺跡（※のちに三内丸山遺跡に統合）（青森市教育委員会1994b）、5年5月11日〜10月29日には、県運転免許センター取付け道路新設工事に伴い小三内遺跡（青森市教育委員会1994a）を調査している。

　以上のような一連の調査によって、この遺跡は縄文前期中頃から中期末にいたる大規模集落跡であることが判明した。遺構では、多数の竪穴住居跡・掘立柱建物跡、主に貯蔵庫とみられる土坑、土坑墓・環状配石墓・盛り土遺構・道路状遺構などの各種の遺構（写真67〜69）が発見され、遺物では、膨大な数量の円筒土器とともに多数の土偶、土製品・石器類、さらにヒスイなどの石製品や植物製品・骨角製品などの多種多様な遺物が多数出土し、注目されるようになった。

　保存決定の後、この遺跡は平成9年3月5日付けで国史跡に、さらに、12年11月24日付けで国特別史跡に指定され、26年3月18日付けで追加指定を受けている（写真70）。遺跡では、指定後も県教育委員会によって学術目的の調査が行なわれ、現在も続けられている。そして、平成31（2019）

年5月には、展示・収蔵施設である三内丸山遺跡センターが開館した。なお、出土品は、平成15年5月29日付けで1,958点が重文指定をうけている。

第4節　二ツ森貝塚
－昭和30年代までの調査・研究－

はじめに

二ツ森貝塚[1] は、小川原湖（旧小川原沼）南部の西側丘陵にある遺跡で、七戸川と坪川・赤川に挟まれた丘陵部にある。標高は25〜33m。所在地は、旧上北郡天間林村大字榎林字貝塚家ノ前地内であるが、平成17（2005）年3月31日に同郡七戸町と合併して、大字名の榎林がとれ、七戸町字貝塚家ノ前地内となった。

著者がこの貝塚に初めて来たのは昭和54（1979）年10月6日である。アサリ・ハマグリ・シジミなどの貝殻が台地一帯に散らばる状況を目の当たりにして、かつて貝層分布調査を長期にわたって行なったことのある大木囲貝塚（宮城県七ヶ浜町）を思い起こし、感激したのを覚えている。また、近くの県道沿いにバス停「貝塚」（写真71）があることにも興味をひかれた。

写真71　バスの停留所「貝塚」（1979.10.6）

この貝塚は、縄文前・中期の大小12ヶ所の貝塚を伴う全国有数の縄文集落跡である。範囲は、東西約800m、南北約700mで、東側区域が、平成3（1991）年3月13日付けで県史跡に、10年1月16日付けで国史跡（約35,500㎡）に指定され、27年3月10日付け、27年10月7日付けで追加指定されている。

この一部を、青森県立郷土館に勤務していた平成元（1989）年の夏に1週間ほど、約20㎡を調査したことがある（写真72）（青森県立郷土館1992）。目的は、当時の自然環境や人びとの食生活の状況を知ることであり、さらに

写真72　青森県立郷土館の調査（1989.8）

県立の総合博物館の展示資料を充実させるためでもあった。

この貝塚は、その後、平成20年9月26日に世界文化遺産登録の国内候補「暫定リスト」のひとつとなり、以来、県や町などによる周知活動が展開されている。そこで、この遺跡が、今に残る貝塚の地

名、本県初の貝塚調査、榎林式土器の設定、県教育委員会初の発掘調査、そして県・国史跡の指定、その後の試掘調査など、独自の経過をたどってきていることから、かつての調査担当者として、いずれまとめておく必要があると考えていた。しかし、関係資料が比較的多い第２次大戦後〜平成期の調査については、既にまとめられたものがある（七戸町教育委員会2007）ので、本節では資料が余りない明治〜昭和初期の調査を中心にして述べたい。

1．二ツ森貝塚の登場

　この貝塚に係わる最古の文献は、『邦内郷村志』（太田校訂1929）である。本書は、寛政年間（1789〜1801）に、盛岡藩士の大巻秀詮（1740〜1801。花巻の人）が福岡・田名部代官所勤務の折に調査・記録したとされる藩内の地誌である。この第五巻の北郡七戸縣の条に、「榎林村……民戸三十二軒。内三十軒榎林村。二軒貝塚」と記され、貝塚地内に民家が２軒あったことが記されている。この２軒の場所は明らかではないが、貝塚指定区域の西側に、今も「貝塚」地名がバス停の名称（写真71）として残されているあたりかと思われる。海から離れた丘陵部におびただしい量の海の貝が堆積・散布しているという不可思議な状況から付けられた地名とみられる。この地名の成立がいつまで遡るかという点については、不明である。貝の堆積には、貝殻層が地盤の隆起によって化石貝層として残った場合もあり、事実、二ツ森貝塚周辺にもあるが、やはり、遺跡の貝殻・貝層に基づいた地名であると考えられる。

　ついで、この貝塚の記録は、第Ⅲ章第４節に既に紹介したが、『新撰陸奥国誌』（岸編著1876）に登場している。本書は明治４（1871）年９月の青森県成立の翌５年冬から岸俊武（※不明）に調査を命じてつくらせ、９年に完成した本県唯一の官撰地誌である。この巻第六十一の「北郡　七大区之三二小区　榎林村　古蹟　貝塚」に、「支村貝塚の東一丁畑の土中蠣　蛤　蜊　蜆 等の売（※賣で貝のことか）多く出ツ貝塚と云在の名この縁にして由ある古墟なるへしと云ものあれとこのツカとは一里塚糠塚炭ツカなと云るか如く昔人家ありて貝殻をこゝに捨てしか塚のことく積堆せし跡なるへし」とあり、明らかにこの貝塚が、昔の人が食べた貝の殻を捨てた結果できたもの、すなわち遺跡であるという認識が初めて示されたものとして注意される。

2．若林勝邦の発掘調査

　明治10（1877）年、東京・大森貝塚において、米国人の貝類学者E.S.モースによってわが国初の本格的な発掘調査が行なわれ、ついで日本人研究者佐々木忠次郎・飯島魁による12年12月〜13年１月の茨城県美浦町陸平貝塚、26年４月の茨城県稲敷市の椎塚貝塚など各地で貝塚調査が行なわれることになるが、二ツ森貝塚に最初の学術調査のメスが入れられたのは明治26年のことである。７月25・26の両日、帝国大学理科大学（現東京大学理学部）人類学教室の技手で東京人類学会幹事を務める若林勝邦（1862〜1904。江戸生れ。のちに帝国博物館列品監査掛）（写真61）は、大学の命により、上北郡貝塚村字貝盛にあった貝塚の中央部・東部の発掘を行なった。当時の人類学教室の教授は坪井正五郎（1863〜1913）である。坪井は、前年の10月、人類学の勉強のため留学していたイギリスから帰国し、12月には西ヶ原貝塚（現東京都北区）（写真26）の貝塚を発掘するなど、貝塚には大いに興味をもっていたようである。若林も同様で、もともと小学校教員であったが、考古学に興味を

もち、とくに貝塚調査に熱心であったことから坪井の知るところとなり、22年1月から理科大学へ来ることになったという（杉山2003a）。

　二ツ森貝塚の調査について若林は、『東洋学芸雑誌』146号に、8ページにわたって結果を報告し考察を加えている（若林1893）（図41）。出土品として、鹿角（※大型で扁平な2点は、当時の動物学者により馴鹿（となかい）と鑑定された）・獣骨、石器では石斧3個、農民が採集した石鏃数個、土器（※縄文前期円筒下層d式、中期円筒上層a・c～e式、榎林式）、鉱物では褐鉄鉱（かってっこう）を報告し、貝殻は食用・地形の変化をみるため淡水産と鹹水産（かんすい）に分けることが重要であるとし、鹹水産のおもなものにホタテ・ハマグリ・カキ・アカニシの4種があったと述べている。

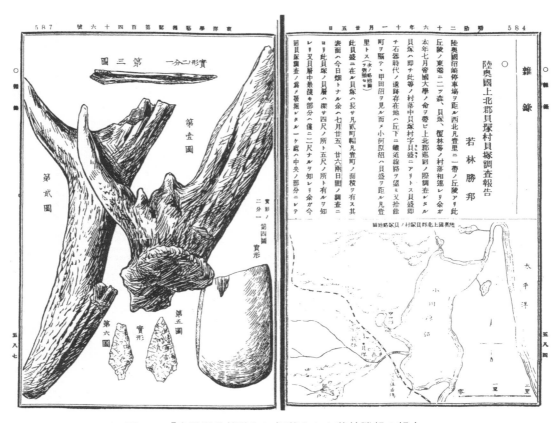

図41　『東洋学芸雑誌』に掲載された若林勝邦の報文

　そしてまた、末尾に、馴鹿が出土した点から当時は今よりも寒い気候であったこと、小川原沼の地形・水質が変わってきていること等の考察を加えている。ただし、この馴鹿とした鑑定結果については、その後どうなったのか、言及したものは目にしていないが、明らかに誤りであった。

　この報告を若林は、4年前に行なった本県亀ヶ岡遺跡の調査と同様、『東洋学芸雑誌』に寄稿している。この報告によって、当貝塚の存在が学界に広く知られることとなり、明治30年7月の『日本石器時代人民遺物発見地名表』（東京帝国大学1897）に記載されるわけであるが、この発掘調査が、ある日突然、たまたま行なわれたわけではない。この調査の実施には、当然のことながら当時の研究者の思い、人と人とのつながりがあったのである。実は、この調査の発端には、戊辰（ぼしん）戦争で敗れ、会津から本県に移住を余儀なくされた2人の人物が関わっていたのである。

3．会津出身者による調査

この貝塚の存在を最初に学界に紹介したのは広澤安任である。

（1）広澤安任の寄稿

広澤安任（1830〜91）は、本県のとくに三沢市ではよく知られた人物である。『青森県人名大事典』（尾崎編1969）等によると、福島県会津若松生れで、戊辰敗戦後の明治3（1870）年に本県に転住した後、下北・上北郡を中心に成立した斗南藩の要職を務めた人物・知識人で、その後の本県成立の立役者の1人でもある。4年の廃藩置県を機にすべての官職から去り、百石町（現三沢市）谷地頭に本県初の民間洋式牧場を開き、自らを牧老人とも称した。この一方、牧場内から出土する古陶片（※土師・須恵器か）・鏃石（※石鏃）・砥石などに興味をもち、20年1月刊行の『東京人類学会報告』（以下、『東人報』）に初めて寄稿した（図42）（広澤1887）。このなかで広澤は、旧南部領の三戸・上北・下北の3郡には古代の遺跡が多いことを紹介するなかで「……又人ノ話ニ貝ヲ堆クシタル處モアリ頗ル鄭重ニ築キテ郭構ノ如クセシ跡モアリ此郭構ハ七戸ニ属セル村田名部ニ属セル村等ニアリ又貝塚村岩屋村等ノ名アリテ貝塚村ニハ畑ニ散ル貝甚多ク岩屋村ニハ岩ニテ築キタル穴アリト云フ皆遺跡ナリ……」と述べ、貝塚村に貝塚遺跡がある旨を述べている。これは、今の二ツ森貝塚の所在を学界に紹介した最初の記載であるが、広澤がこの貝塚を調査したという報告ではない。当時の広澤の年令58歳を考慮すれば、この貝塚には生涯一度も行っていない可能性がたかい。

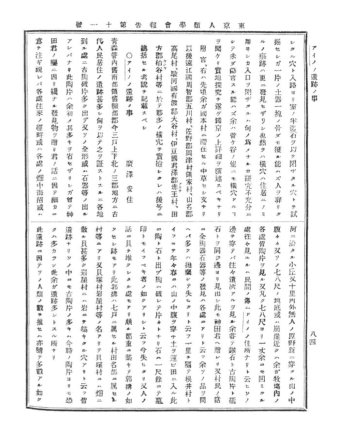

図42　『東京人類学会報告』に掲載された広澤安任の報文

広澤が『東人報』に寄稿したきっかけは、やはり、当時の会誌編集者の神田孝平（1830〜98）とのつながりが考えられる。神田は、明治19年夏に東北地方を巡回した際、8月のある一日、谷地頭に広澤を訪ね旧交を温めている。この旅行の際に、会誌への寄稿を約束していたとみられる。

（2）佐藤重紀の調査

ついで、この貝塚を最初に調査したのは佐藤重紀（1864〜93）である。佐藤は、明治24年2月刊行の『東京人類学会雑誌』に「陸奥国上北郡の貝塚」と題して寄稿（図43）（佐藤1891）している。それによると、21年秋と22年春の2度にわたって発掘を行なっている。調査地は、当時の榎林村支村貝塚で、丘の上に7軒ほど並ぶ民家のなかの貝塚弥助宅側の畑地、地元民が貝盛と名づけた地点である。発掘の結果、貝類ではホタテ・ハマグリ・アサリ・シジミ・カキ・花貝（※サクラ貝）類・タ

ニシの類、獣骨・鹿角、縄紋の付いた精粗の土器片、石器では石弩（※石鏃）・石匙・石斧などが出土している。

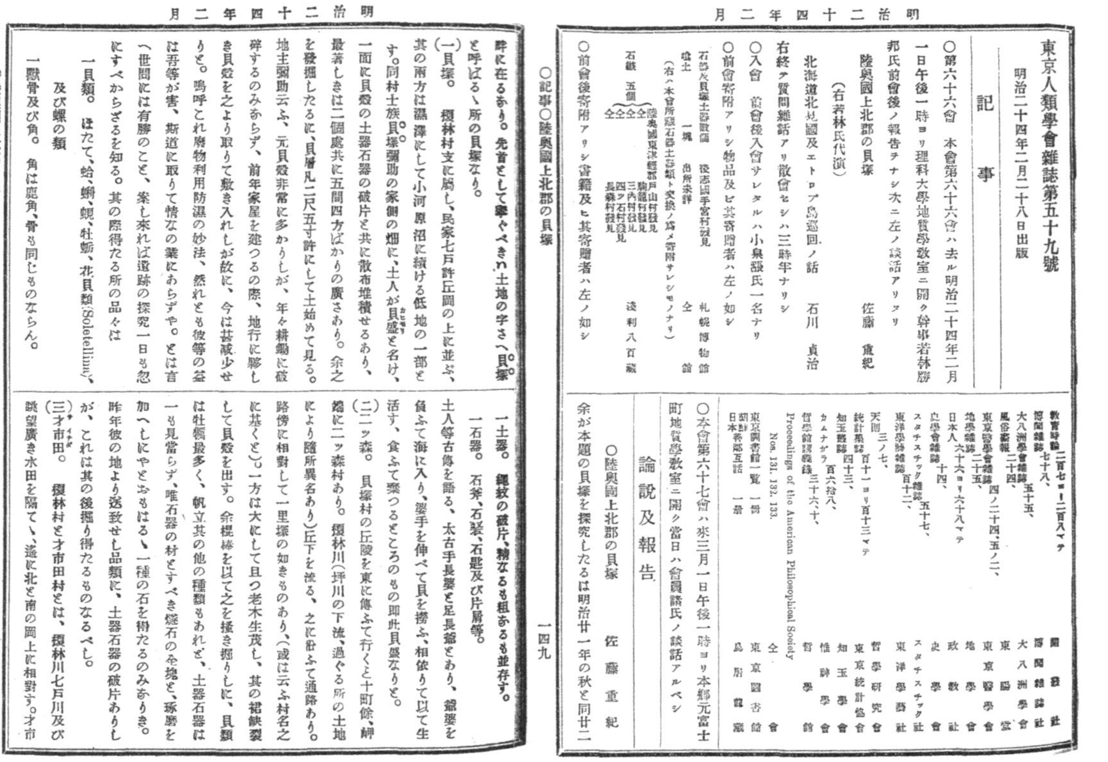

図43　『東京人類学会雑誌』に掲載された佐藤重紀の報文

　佐藤はさらに、遺跡にまつわる伝承として、「土人等古伝を語る、太古手長婆と足長爺とあり、爺婆を負ふて海に入り、婆手を伸べて貝を撈ふ、相依りて以て生活す、食ふて棄つるところのもの即貝盛なりと」という話も紹介している。言いかえると、「地元民が古い言い伝えを語ってくれた。大昔、ここに手の長い婆さんと足の長い爺さんが住んでいた。爺さんは婆さんを背負って海に入り、婆さんは長い手を伸ばして貝を採り、助け合って暮らしていた。日々食べて捨てた貝の殻がうずたかく積み重なったのがこの貝塚だ。」となろう。いわゆる巨人伝説である。中谷治宇二郎の『日本先史学序史』（中谷1935）によれば、巨人伝説や小人伝説はわが国のみならず世界各地にみられ、手長足長の呼称はそのひとつの類型であり、類例は、本県では白神岳（中道1929・川合1970）や相内村（現五所川原市）などにあるが、相内村の手長足長伝説は、貝塚ではなく地質年代の化石貝層の説明であるという。『陸奥の伝説』（森山1976）には、田子町の貝守ヶ岳の頂上には手長婆が住み、手を伸ばして八戸の海から貝を採って食べていたとする伝説があると紹介されている。なお、注意しなければならないのは、二ツ森貝塚の南南東約2.2キロメートル東北町上野地区には手長という小字名が残っている。ただし、この地名がいつ成立したのか、さらに二ツ森貝塚との関係や他の貝塚・化石貝層などと関係があるのかどうかについてはまったく不明である。今のところ、本県で知られている77ヶ所の貝塚のなかで、巨人伝説が伝わっているのは、この遺跡のみである。

　二ツ森貝塚を掘り、このような伝承を採録したのは、佐藤の学識・目的意識のなせるわざで、貝塚

に伝承が伴う場合があることは知っており、調査の際にその有無を地元民に聞いたとみられる。

　この佐藤について簡単に述べる（福田2013・14）と、実は佐藤も会津の出身である。戊辰敗戦後、一家をあげて現在の十和田市三本木に転住してきており、14年に函館師範学校を卒業後、同校附属小学校教員として勤めたあと上京した。しかし、21年の夏に病のために帰郷し、１年以上にわたって療養している。この後、22年春には東京に戻り、秋に東京人類学会に入会した。この郷里での療養中に、佐藤は二ツ森貝塚を掘ったわけである。しかし、二ツ森貝塚調査の報告はあまりに簡略すぎる。しかも出土品の図も付されていない。おそらく、この発掘は、療養中の身である佐藤一人で僅かな面積を掘った程度で、めぼしい成果もなかったということなのであろう。しかし、この報告が、のちの若林の調査につながることになるのである。

（３）佐藤重紀と広澤安任

　ところで、この貝塚については、広澤と同郷の佐藤が寄稿したことから、双方の関わりが推量されるわけであるが、それはどのようなものであったのか。

　佐藤は広澤より30歳以上も年下で、しかも居住地も離れているため、親密な交流を考えることはできないが、佐藤にしてみれば郷土の大先輩であり、その生きざまには尊敬の念を抱いていたとみられる。しかも、広澤が寄稿した明治20年１月の『東人報』の翌月号に、自らが寄稿した「函舘方言」（佐藤1887）が載るなど、同学の士としての親近感も抱いていたはずである。

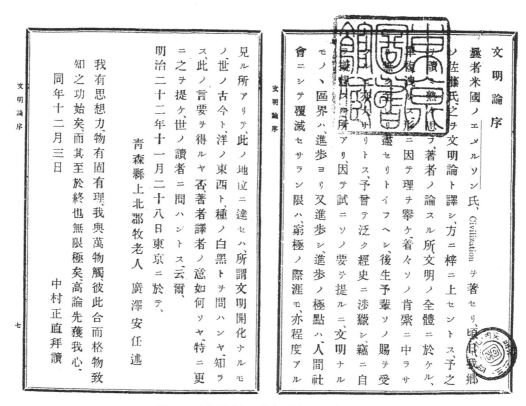

図44　広澤安任が『文明論』に寄せた序

　佐藤と広澤の交遊は、明治23年４月24〜28日に佐藤が小川原湖周辺を調査した際、広澤の谷地頭牧場を訪ねたり（佐藤1890）、さらに佐藤が同年に、アメリカの思想家・哲学者であったラルフ・

ワルド・エマーソンの「Civilization」を訳述した『文明論』（えめるそん著・佐藤訳述1890）には、広澤が序文（図44）を寄せていることからもうかがわれる。

　（4）佐藤重紀と若林勝邦

　つぎに、若林と佐藤との関わりについて述べなければならない。若林は、帝国大学理科大学人類学教室技手のかたわら東京人類学会幹事をつとめており、佐藤のことはよく知っていたわけであるが、双方の関係が決定的になったのは明治23年3月のことであり、それは、前述したが佐藤が七戸郡役所の小林宛てに送った書簡からわかるが、人類学教室に研究・手伝いとして、勤務するようになってからである。

　明治25年10月、坪井は3年4ヶ月に及ぶ留学から帰国し人類学教室の教授となった。そして、東京人類学会の組織づくりに取り組み、委員制度を設けることとなった。委員7名が初めて選出され、その委員に坪井・若林（幹事）とともに佐藤が選出されたのである。しかし、翌26年4月に佐藤は病没し、委員としての活躍はほとんどできなかったのが、残念で惜しまれる。

　また、佐藤の人類学教室時代にあったエピソードも紹介されている。23年5月4日の本会第60会で、佐藤が上北郡の竪穴について談話を行なった際、「……質問雑話アリ教（※散か）会セシハ四時ナリ当日ハ時間ノ都合ニヨリ若林氏ハ談話（※福島県新地貝塚の話）ヲナサヾリシ」ということになり、佐藤のあとに予定されていた若林の談話が次回例会へと送らせることになった（東京人類学会1890b）というものである。当時の例会の雰囲気の一端とともに佐藤のきまじめさも伝わってくる。

　若林は佐藤と同室時代に、佐藤から二ツ森貝塚発掘の話を聞いており、それが明治26年の発掘につながったとみられる。

　4．その後の調査と榎林式土器の提唱

　若林の調査後、本貝塚に関する調査・報告等は、しばらくなかったが、昭和に入ってまた、行なわれるようになった。昭和3（1928）年8月には東京帝国大学理学部人類学科選科生の中谷治宇二郎（1902～36）（写真32）が、夏期休暇を利用して本貝塚（貝塚村貝塚）を調査している（中谷1929a・清野1969a・c・福田2002）。これは、京都帝国大学医学部教授の清野謙次（1885～1955。岡山生れ）の資金援助によるもので、中谷の義弟や県史蹟調査委員の成田券治（1892～1963）とともに行なわれたが、寒さや降雨のため、結局、本貝塚のやや北側の斜面を3×2メートルの範囲で1ヶ所を1日掘っただけに終わった。円筒土器片や鹿角・骨角器あわせて1箱が出土した。ちなみに、調査中の宿泊は、成田が七戸町横町で営む成田旅館（写真37）であった。

　この後、昭和8年5月21日には、著名な古代史学者で東北帝国大学法文学部奥羽資料調査部教授の喜田貞吉（1871～1939。徳島生れ）が、一坪ほど試掘調査し（角田1939）楕円形浅鉢土器を発掘したが、調査結果の発表がないため詳細は不明である。ただし、この調査には、その後この遺跡を発掘調査することになる角田文衞（1913～2008。福島県桑折<ruby>折<rt>こおり</rt></ruby>生れ。当時は成城高等学校生。のちに大阪市立大学教授、（財）古代学協会・古代学研究所長・教授）（写真73）が一緒に来ていた。この後、角田は京都帝国大学大学院（※当時の考古学教室教授は浜田耕作）に進学し、13年8月中旬の夏期休暇の数日間、榎林貝塚（現二ツ森貝塚）のA～C地点と北側の赤川遺跡を発掘調査している。そして、翌14年1月には、出土土器の詳細な分析結果を『考古学論叢』に発表（図45）（角田1939）し、

一群の土器（榎林貝塚第一群）を円筒土器上層a・b式に後続し、東北中・南部の大木8式に併行する「榎林式土器」（図46）として設定した。この型式は、現在では、その後に設定された上層c〜e式に後続し、縄文中期後葉の大木8b式に併行する土器型式として位置づけられている。

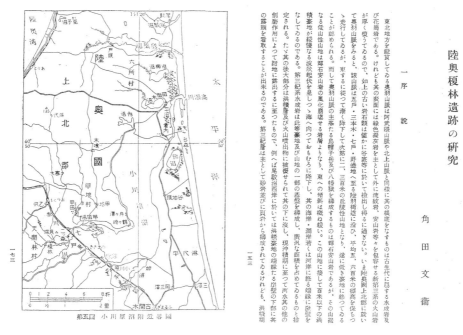

図45　『考古学論叢』に発表された角田文衞の論考

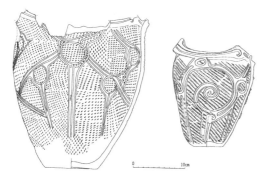

図46　榎林式土器（二ツ森貝塚出土）

写真73　角田文衞

おわりに

　第2次大戦後の昭和25（1950）年5月以降、文化財保護法の施行により、遺跡の発掘は国への届け出制となり、さらに開発には、事前の調査、調査報告の提出が義務づけられることとなった。本貝塚も、昭和37年には2ヶ所で道路改良工事が行なわれることになったため、8月10〜20日、青森県教育委員会は、文化財保護の機関として本県初の調査を行なっている。担当者は弘前大学教育学部の村越潔（1929〜2011）で、調査後には新潟大学医学部（解剖学）の小片保教授（1916〜80）と連名で調査報告書を執筆している（青森県教育委員会1963）。

　この後、昭和40年代後半からの開発の激化に伴い、法の整備がさらになされ、開発工事に伴う

発掘調査が、各都道府県や市町村の教育委員会に委ねられることとなった。二ツ森貝塚においても、50年以降、農地改良、道路改良工事等の開発に伴う調査が行なわれ（福田・小野寺2019）、その後、平成元（1989）年の県立郷土館による学術調査（青森県立郷土館1992）を経て、県史跡指定以降（写真74）は、史跡整備などに伴う調査が天間林村教育委員会、合併後は七戸町教育委員会によって行なわれ現在にいたっている（写真75）。なお、本貝塚の出土品は、骨角製品の一部が県重宝に指定され七戸中央公民館に展示されている。

写真74　地表に散らばる貝殻（1991.6.6）

写真75　二ツ森貝塚史跡公園（2014.8.20）

『註』

1）二ツ森貝塚は、かつて「貝塚」、「貝盛貝塚」などと称されていたが、昭和37年の青森県教育委員会調査時の「発掘届」には「二ツ森貝塚」と明記され、翌年刊行された報告書（青森県教育委員会1963）には、この遺跡名となった経緯が記されている。

第5節　是川石器時代遺跡
－史跡指定までの調査・研究－

　是川石器時代遺跡は、八戸市南部の新井田川左岸の低地・丘陵部にあり、標高は10～90m。中居・一王寺・堀田の3遺跡を総称した史跡名称である。このなかで、古くから注目されたのは中居地区にある中居遺跡（旧是川中居遺跡）である。

　中居遺跡の調査・研究史については、これまでに『新編八戸市史　考古資料編』（村木・小久保2009）や『史跡是川石器時代遺跡発掘調査報告書』（八戸市教育委員会2012）、『新編八戸市史　通史編I　原始・古代・中世』（工藤2015）などに詳細にまとめられているので、それらを見ていただくことにして、ここでは、その調査・研究史のなかで、とくに遺跡の発見から国史跡指定にいたるまでの調査・研究について述べる。

1．明治期の調査

　是川地区の出土遺物が最初に紹介されたのは、津軽地方の縄文遺跡に比べやや遅れて、明治30（1897）年10月のことで、東京帝国大学人類学教室の八木奘三郎（1866〜1942）が、遮光器土偶（図47）1点を『東京人類学会雑誌』に報告している（八木1897）。この土偶は縄文晩期前半のものであることから、中居遺跡の出土品とみられる。その後、明治34年2月には三戸郡の小学校教員、河村（※川村の間違い）末吉（1881〜1947）が、同誌に、三戸郡の他の遺跡発見の遺物とともに中居遺跡のものとみられる遺物を紹介（河村1901）している。また、明治43年1月には、青森県第二尋常中学校（現青森県立八戸高等学校）卒業で東京帝国大学人類学教室の石田収蔵（1879〜1940。大正11年5月頃に、青森市藤戸で発見された丸木舟を調査。のちに東京農業大学教授）が、八木が報告した土偶に注目し、同誌にこの土偶を再掲載し、さらに青竜刀形石器も紹介した（石田1910）。

図47　最初に報告された是川の遺物

2．大正期の調査

　八戸市教育委員会（2012）によると、中居遺跡では大正期に入ってから発掘が行なわれるようになった。2（1913）年には、石田が、現在ある縄文学習館（是川縄文館分館）の西側を発掘調査したことが、土地所有者の泉山岩次郎（1876〜1963）の義弟、泉山斐次郎（1888〜1982）作成の図に記されており、9年11月12日には泉山兄弟が初めて発掘を行ない、以後、同兄弟で大正末年の15年まで数度にわたって発掘を行なっている。とくに、15年11月の低湿地の発掘では、地表下約1.5mにクルミやトチの堆積層を確認し、精巧につくられた土器とともに、篦形木製品や木製腕輪など多数の木製品の出土をみている。また、その間の11年には当時、京都帝国大学文学部の喜田貞吉（1871〜1939）（写真46）も発掘を行なっている。

　中居遺跡では、このほかに、大正10年1月2日には、東北帝国大学医学部の長谷部言人（1882〜1969）も発掘している（小林2011）。しかし、これらの調査内容については発表されなかったため、遺跡・遺物などの具体的内容は不明である。

　中居遺跡は、明治30年7月刊行のわが国初の遺跡地名表『日本石器時代人民遺物発見地名表』（東京帝国大学）への登載には間に合わなかったが、翌31年3月刊行の『同第2版』には、三戸郡是川村（出土品は土偶・磨石斧・石鏃）として登載された。

　この一方、一王寺地区の貝塚（現一王寺遺跡）は、大正15（1926）年4月に、東北帝国大学医学部の長谷部言人・山内清男（1902〜70）（写真43）によって調査されている。4地点（A・A′・B・C地点）で調査され、その結果について山内は、C地点では黒褐色土の上位に砂層があり、その上位の貝層から円筒土器下層式が出土すること、貝類は鹹水産で魚骨も出土することを記載し、当時、付

近に海水が来ていたことが考えられるとした（山内1929）。また、長谷部は、前年5月に山内が調査した五所川原市のオセドウ貝塚や一王寺遺跡の調査例も踏まえ、昭和2年の『人類学雑誌』に、東北地方北部から出土する厚手の円筒形の土器群について円筒土器の名称を与え「円筒土器文化」として発表した（長谷部1927）。

　このように、大正の末年には、是川地区では中居とともに一王寺の遺跡も次第に知られるようになっていたのである。

3．昭和期の調査

　さて、大正以前の本県の発掘調査は、亀ヶ岡遺跡に代表されるようにもっぱら津軽地方を主としていたが、大正末年から昭和初期にかけて、南部地方の中居・一王寺遺跡が注目されるようになった。とくに中居は、大正15年11月の発掘では、低湿地のクルミなどを多量に含む泥炭層から出土した漆塗土器や木製品等が注目を集め、この現場を見学した、鳥居龍蔵門下の大里雄吉（1900～77。盛岡市生まれ。のちに社会教育者）（成田1983）は、昭和2（1927）年6月の『歴史地理』に「陸奥国是川村中居石器時代遺蹟発見の植物質遺物に就いて」を発表している（大里1927）。また、原始文様などの図案家であり考古学研究者・収集家でもある杉山寿栄男（1885～1946）（写真78）も、昭和2年8月の『人類学雑誌』に、前年11月に中居から発掘した箆状木製品や籃胎漆器・編み物を「石器時代の木製品と編物」（杉山1927）として報告し、箆状木製品については、アイヌのアツシペラ（箆）に近似するとした。杉山は、さらに3年2月には、中居・一王寺の遺物を含め『日本原始工芸』（杉山1928a）、6月には、『日本原始工芸概説』を出版した（杉山1928b）。また、12月には東北帝国大学法文学部奥羽資料調査部の喜田貞吉が、自らの主宰する『東北文化研究』第1巻第4号の巻頭図版に、中居の遺物出土状況写真を掲載して簡単な説明をくわえ（喜田1928）、さらに翌4年1月の同誌第1巻第5号には「青森県是川村石器時代遺蹟の一大新発見」（喜田1929a）を発表した。この新発見の遺物というのが、今も中居の目玉となっている植物質遺物の数々で、当時八戸郷土研究会長でもあった岩次郎が、3年10月に中居を発掘した際、地表下約1丈3尺のクルミの層（写真76）から土器・石器類とともに発掘した遺物である。これを、その年の12月、北海道での視察旅行を終えた杉山が東京への帰途、泉山邸に寄り実見し、その重要性から借用

写真76　特殊泥炭層と遺物

写真77　籃胎漆器（重文）

してきたのであるが、喜田はそれを京都大学での講義からの帰途、東京の杉山邸に寄り実見したのである。遺物には、他にも見られる土器・石器類のほかに、珍品として漆塗りの竹籠（※籃胎漆器）（写真77）、朱漆塗りの木椀らしきもの・腕輪らしきもの・櫛・木太刀らしきもの・短弓、木箆もしくは木剣とみるべきもの、さらに編み物などがあったが、杉山は、この遺物を見て、わが東北文化史上の一大新発見、予想以上の発見であるとして驚きとともに述べている。杉山は、この出土品を、高島屋で開催する原始文化展覧会に出品するために借用してきたのであった（喜田1929c）。藤沼邦彦らによれば、昭和4年1月13〜20日に東京・高島屋呉服店で開催された「原始文化展覧会」（日本原始文化研究会主宰）に出品され、会期中は、杉山と史前学研究所主宰の大山柏侯爵（1889〜1969）が説明役にあたったと言う（藤沼・小山1997）。

　中居の調査は、岩次郎らによって昭和11年まで継続して行なわれ、その間、昭和2年6月1日には、中谷治宇二郎も中居を発掘した（中谷1929c）[1]が、その後、4年には史前学研究所による学術調査が行なわれた（写真78）[2]。この調査内容については、翌年7月の同所発行の『史前学雑誌』第2巻第4号「是川研究号」のなかで発表された。それによると、調査は、杉山の幹旋によって泉山氏との協力のなかで行なわれた。調査地は、中居と一王寺の2ヶ所で、東京帝国大学医学部の小金井良精（1858〜1944）、喜田・大山・杉山の指導の下に4月15日から約1週間の予定で行なわれた。中居は、所員の甲野勇（1901〜67）・竹下次作（1911頃〜2000）[3]を中心に行なわれ、甲野によって報告書がまとめられた（図48）。それによると、発掘地点は植物質製品が多数出土した特殊泥炭層地点である。調査の結果、出土した人工遺物は少ないが、石製品として磨製石斧・石匙・石鏃・石錐など、ほかに岩版・骨銛、植物製品には、木製腕輪・櫛・耳飾り・箆状木製品・樹皮製品・網代（あじろ）などがあり、土器はいわゆる亀ヶ岡式で鉢形・壺形を主とし、皿形・注口もあ

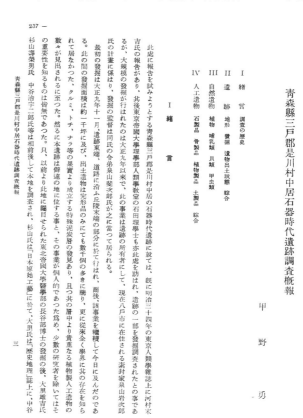

図48　『史前学雑誌』に掲載された中居遺跡調査概報

り、壺形には赤色を塗ったものが多い。また、非常に希であるが一王寺式破片も出土している（甲野1930）。「是川研究号」では、そのほかに泥炭層出土有機質遺物の研究（杉山1930）や動物学者による出土甲虫の研究（鹿野1930）、さらに、大山柏のドイツ語による遺跡紹介（Kashiwa Ohyama 1930）なども掲載された。

　また、一王寺の調査内容は、同年9月『史前学雑誌』第2巻第6号に掲載された（図31）。それによれば、所員の宮坂光次（1903頃か〜）[3]。長野県出身）・池上啓介（1905〜76。三重県出身）（写真78）を中心にして行なわれた。発掘地点は長谷部・山内両氏が調査したときのB・C地点付近で

写真78　一王寺遺跡調査の記念写真（1929.4）

あり、報告書は宮坂によってまとめられた。それによれば、自然遺物では、哺乳類ではシカ・イノシ
シ・ウサギ・クジラなど７種、魚類ではクロダイ・スズキなど４種、貝類ではマガキ・アサリ・イガ
イ・シジミなど８種が記載され、人工遺物では、骨角器として、装飾品や針・釣針など、その他石
器・土器・土製品・石製品について記載され、土器は層位との関わりで記載されている。そして、海
棲哺乳動物・魚類・貝類の大半が鹹水産であることなどから、漁労生活は、当時、遺跡近くに湾入し
ていた海中心の漁であるとし、当時の地理環境・生活についても考察している（宮坂1930）。

　中居遺跡における植物質遺物の発見は、亀ヶ岡文化には土器・石器以外の有機質遺物も含まれるも
のであることが確認され、従来の石器時代文化研究に一新生面を開くこととなった。また、一王寺の
内容は、詳細でしかも、それまでの本県の貝塚の調査報告にはなかった内容を含むものとして評価さ
れる。しかし、第２次大戦時の昭和20（1945）年５月20日のアメリカ軍による東京大空襲によって、
大山邸や史前学研究所が被災し、ほとんどすべての出土品が灰燼に帰してしまったのは、まことに残
念なことであった。

　この史前学会による調査後、中居・一王寺の遺物については、『史前学雑誌』誌上に、山内・池上
らにより、土偶・石器・動物遺体などの出土品の紹介や研究成果が発表されている。また、その他
かには、喜田・杉山両氏が昭和７年１月に刊行した『日本石器時代植物性遺物図録』（喜田・杉山
1932）がある。これは全44葉の大判の図版集で、大半が中居の特殊泥炭層出土の籃胎漆器や漆塗り
製品などの各種の植物質遺物で占められ、しかもカラー図版も多用されている。土器・土偶・土製装
身具・岩版・石剣・石器類・骨角器も掲載されており、是川遺跡の出土品の全貌を知るには、格好の
書となった。

　ここで、是川遺跡（中居・一王寺・堀田遺跡の総称）のエピソードを紹介しておくと、現在、一王寺遺跡の丘陵中腹には「是川遺蹟」の記念碑（写真79）が建てられている。この碑は、大森貝塚碑建立の発起人でもあった本山彦一（1853〜1932。元大阪毎日新聞社長・貴族院議員）の揮毫によるもので八戸郷土研究会が建碑し、昭和7（1932）年11月23日に除幕式が行なわれている。碑文は喜田の撰で、のちに山内と論争する是川遺跡の実年代観が披瀝されており（八戸市博物館編1995）、喜田の当時の石器時代観が窺われる。除幕式には喜田・杉山が参列したが、本山翁は病で欠席し（喜田1933）、翌月にはこの碑を見ることなく死去している。

写真79　是川遺跡記念碑（2007.6.28）

　のちの山内との論争というのは、いわゆる「ミネルヴァの論争」である。昭和11年2〜8月に、雑誌『ミネルヴァ』において、山内と喜田の間で行なわれた亀ヶ岡式土器の実年代をめぐる論争である。きっかけは、「座談会　日本石器時代文化の源流と下限を語る」の席上、帝室博物館（現在の東京国立博物館）の後藤守一（1888〜1960）の発言、「縄紋土器の終りの時代は地方的に差があり、最後は、喜田先生の言うように鎌倉時代と考えても無茶ではない。地方によっては古墳時代の末期にも縄文土器が使われていたと考えてもいいのではないか（大意）」（甲野編1936a）で、これに対し、山内は、「縄紋土器の終末は地方によって大差はない」と反論したこと（山内1936a）に始まるが、喜田はこれに対し、縄文土器と宋銭や鉄製品の共伴例などを論拠として反論（喜田1936a）している。この論拠となったのが堀田から発見された遺物で、宋銭と鉄滓勾玉である。宋銭（景徳元寶）は、昭和7年7月5日に、堀田で県道をつくる際に穴の中から発見されたもので、喜田が16日に杉山とともに現地調査した結果、関東地方の堀之内式などと近い土器と共伴することから石器時代のものとみ、さらに、中居から斐次郎が表面採集した鉄製曲玉についても、石器時代の石製勾玉に類似し、後世に、鉄滓に穴をあけ装身具としたとは思われないとみたうえでの反論であった。この誌上の論争は、亀ヶ岡式土器の型式編年研究を踏まえた、山内の「考古学の正道－喜田博士に呈す」（山内1936b）で、一応の決着をみた形となった。

４．第２次大戦後の史跡指定まで

　是川遺跡のうち、中居の出土品は、昭和8（1933）年8月23日付けで「青森縣三戸郡是川村出土品」として漆塗飾弓・白木弓・漆塗飾木太刀・篦状木製品・漆塗木製容器・漆塗繊維製容器・耳飾・土器・土偶・玉器・骨角器等が国の重要美術品に指定され、遺跡は、昭和32年7月1日付で、中居・一王寺・堀田遺跡を含めた「是川石器時代遺跡」として国史跡に指定された。また、泉山兄弟が発掘し泉山家に保管されていた5,000点以上にのぼる膨大な出土品は、36年に八戸市に寄贈されたのを受け、優品633点が、翌37年2月2日付で、重要文化財「陸奥国是川遺跡出土品」に指定され、47年3月には八戸市教育委員会によって報告書にまとめられ刊行された（保坂編1972）。

写真80　復元住居（2007.6.28）

写真81　是川縄文館（2015.8.20）

　是川遺跡では昭和12年以降、調査は行なわれていなかったが、昭和37年12月の是川考古館建設に伴う中居遺跡の調査で再開された。八戸市教育委員会が慶応義塾大学民族学考古学研究室の清水潤三（1916〜88）を担当者にして行なったものである。これ以降、史跡指定地内外では、歴史民俗資料館・縄文学習館（現是川縄文館分館）の建設予定地等の発掘調査が数次にわたって行なわれ、さらに是川遺跡の史跡整備（写真80）も進められた結果、中居が平成16（2004）年9月30日付け、一王寺が25年10月17日付け、28年10月3日付けで史跡の追加指定が行なわれた。また、出土品も23年6月27日付けで新たに330点が重文の追加指定を受け計963点となり、名称も「青森県是川遺跡出土品」に変更されている。その後、23年7月10日には、八戸市埋蔵文化財センター是川縄文館（写真81）が開館した。

『註』
1）中谷治宇二郎の長女、法安桂子氏からの書簡による。
2）是川縄文館には、この調査時に撮影された記念写真が2枚保管されており（八戸市博物館1995・八戸市教育委員会2012・工藤2019）。1枚（写真78）には大山柏所長（前列左から2人目）・小金井良精（後列右から6人目）・喜田貞吉（前列右から2人目）・杉山寿栄男（後列左から2人目）・宮坂光次（前列左端）・池上啓介（後列左端）・泉山岩次郎（後列左から3人目）・斐次郎（後列右から4人目）らとともに、佐々木新七（当時は県立商業高等学校長）（後列右から3人目）の顔も見え、もう1枚には、宮坂・池上が甲野・竹下と入れ替わって写っている。おそらく、写真78は一王寺遺跡、もう1枚は中居遺跡で撮影されたものとみられる。
　　このなかの佐々木については、本県の昭和初期の教育界では、文化人的教育者・社会教育者、教育行政官としての功績が評価されているが、考古学界ではあまり馴染みがなく、研究業績としては、昭和2年の県立商業高等学校長当時に「七戸町附近先住民族遺跡調査報告」（佐々木1927）を執筆したにすぎず、あとは、8年11月の喜田貞吉博士の青森市山野峠遺跡視察の際の案内役などとして、新聞に載る程度であったため、この記念写真に写っているとは思ってもみなかったのである。それが、一昨年、偶然にも、この写真（八戸市博物館1995）に佐々木を初めて見つけ驚いた次第であった。そこで、その後、佐々木について少しずつ調べていくうちに、彼の経歴等が次第にわかってきたので、ここに紹介しておく。
　　『大分県立宇佐高等学校創立九十周年記念誌』（1987年）によれば、佐々木は明治17（1884）年3月18日、岩手県胆沢郡前沢町（現一関市）生まれで、岩手県師範学校・東京高等師範学校（現筑波大学）地歴部卒業後、

東京府・宮崎県師範学校の教諭を勤め、大正9年4月から青森県師範学校教諭、14年4月からは県立八戸中学校長（現八戸高等学校）、15年4月から県立商業高等学校長（現青森商業高等学校）、昭和5年4月から県視学官（県地方視学官・県学務部教育課・県立図書館事務取扱、9年4月から県学務部教育課長・県立図書館長事務取扱）を勤めたあと、9年10月に大分県に異動し、県立宇佐中学校長を経て、13（1938）年9月18日に別府において死去している。佐々木は、前者（一王寺遺跡）の記念写真撮影当時は県立商業高等学校長であったが、2枚の写真には、前任校の八戸中学校の鈴木安言校長（後列右端）が写っているのは偶然とは考えられない。おそらく、事前に何らかの連絡を取りあっていたものと考えられる。ちなみに、写真78が撮影されたのは、大山・小金井両氏の4月18日の八戸駅着から喜田が仙台に引き上げる21日（喜田1929b）までの間と考えられるが、4月21日付けの『東奥日報』では18日ではなく19日午後2時半に八戸駅に着き、泉山邸で出土品を見たあと、現場を見学したと報じていることから19日午後の可能性が高い。

　　なお、上記佐々木の経歴については、元青森市史編さん室長の工藤清泰氏の教示による。
3）竹下次作・宮坂光次の生没年は、神奈川県考古学会（2003）による。

第6節　そのほかの国史跡と文献

　本県の縄文・弥生遺跡では、以上のほかに5ヶ所の国史跡がある。縄文遺跡は、すべて世界文化遺産候補関連のもので、外ヶ浜町大平山元Ⅰ遺跡、青森市小牧野遺跡、弘前市大森勝山遺跡、八戸市長七谷地貝塚の4遺跡である。また、国史跡としては弥生遺跡の田舎館村垂柳遺跡がある。しかし、いずれも遺跡の発見や発掘調査の実施が、昭和30〜50年代と新しいため、調査研究史については各節を設けては述べず、概要と参考文献を述べるにとどめておく。

　なお、これらの遺跡の検出遺構や出土遺物については、『青森県史　資料編　考古1－旧石器・縄文草創期〜中期－』・『同資料編　考古2－縄文後期・晩期－』・『同資料編　考古3－弥生〜古代－』（青森県史編さん考古部会2017・13・05）に掲載されているので、参照していただきたい。

1．大平山元Ⅰ遺跡

　津軽半島外ヶ浜町の中央部、蟹田川左岸にある縄文草創期初頭の遺跡（旧東津軽郡蟹田町大字大平字山元）にあり、標高は24〜30m（写真82）。昭和46（1971）年秋に、旧蟹田町在住の張山陸奥雄氏のごぼう畑から発見された1本の磨製石斧が、蟹田中学校の一町田工教諭（現三内丸山応援隊会長）を通して、同年12月21日に青森県立郷土館準備室に寄贈されたのが、遺跡発見の発端である。郷土館ではこの石器の重要性に着目し、48年9月の開館後、50年11月に試掘調査、51年8月に発掘調査を行なった。その後、平成10（1998）年7月には蟹田町教育委員会が住宅建設に先立って調査を行ない、さらに12年から16年までは蟹田町教育委員会、合併後の18年から20年までは外ヶ浜町教育委員会が調査を行なった。その結果、縄文草創期初頭の土器（写真42）や旧石器に類似した石器が多数発見され、列島における旧石器時代の終わりから土器使用の始まりに関わる重要な遺跡として注目されるようになった。平成25年3月27日付けで、隣接する後期旧石器時代の大平山元Ⅱ遺跡と

写真82　大平山元Ⅰ遺跡（2019.10.16）　　　　写真83　大山ふるさと資料館（2019.4.23）

ともに「大平山元遺跡」として国史跡に指定され、27年10月7日付けで追加指定された。出土品は一部、県重宝に指定され、遺跡近くの「大山ふるさと資料館」（写真83）及び、青森県立郷土館に収蔵・展示されている。

『文献』

　青森県立郷土館 1979『大平山元Ⅰ遺跡発掘調査報告書』青森県立郷土館調査報告第5集　考古－2

　一町田　工 1991「考古学から見た蟹田」『蟹田町史』蟹田町

　大平山元Ⅰ遺跡発掘調査団 1999『大平山元Ⅰ遺跡の考古学調査－旧石器文化の終末と縄文文化の起源に関する問題の探究－』國學院大學考古学研究室

　蟹田町教育委員会 1999『大平山元Ⅰ遺跡発掘調査報告書－1998年発掘調査－』

　蟹田町教育委員会 2001『大平山元Ⅰ遺跡発掘調査報告書－2000年発掘調査－』

　蟹田町教育委員会 2002『大平山元Ⅰ遺跡発掘調査報告書－2001年発掘調査－』

　蟹田町教育委員会 2003『大平山元Ⅰ遺跡発掘調査報告書－2002年発掘調査－』

　蟹田町教育委員会 2004『大平山元Ⅰ遺跡発掘調査報告書－2003年発掘調査－』

　蟹田町教育委員会 2005『大平山元Ⅰ遺跡発掘調査報告書－2004年発掘調査－』

　川口　潤 2008「青森県大平山元Ⅰ遺跡の石斧について」『第22回東北旧石器文化を語る会予稿集』

　工藤雄一郎 2011「土器出現期の較正年代研究の現状と展望－大平山元Ⅰ遺跡を中心に－」『第25回東北旧石器文化を語る会予稿集』

　駒田　透 2011「大平山元遺跡群について」『第25回東北旧石器文化を語る会予稿集』

　鈴木克彦 1993「大平山元Ⅰ遺跡」『縄文時代研究事典』東京堂出版

　鈴木克彦 2007「大平山元Ⅰ遺跡」『東アジア考古学辞典』東京堂出版

　芹沢長介 2005「大平山元Ⅰ遺跡」『新日本考古学小辞典』ニュー・サイエンス社

　外ヶ浜町教育委員会 2006『大平山元Ⅰ遺跡発掘調査報告書－2000～2004年発掘調査－』

　外ヶ浜町教育委員会 2009『大平山元遺跡発掘調査報告書－2006～2008年発掘調査－』

　外ヶ浜町教育委員会 2011『大平山元　旧石器時代から縄文時代への移行を考える遺跡群』

　外ヶ浜町・外ヶ浜町教育委員会 2016『国史跡大平山元遺跡保存管理計画』

　外ヶ浜町教育委員会 2019『史跡大平山元遺跡』

谷口康浩 2002「日本および極東における土器出現の年代」『國學院大學考古学資料館紀要』第18輯

谷口康浩 2004「日本列島初期土器群のキャリブレーション¹⁴C年代と土器出土量の年代的推移」『月刊考古学ジャーナル』No.519

谷口康浩・川口　潤 2001「長者久保・神子柴文化期における土器出現の¹⁴C年代・較正暦年代」『第四紀研究』第40巻第6号

成田誠治 1996「③大平山元Ⅰ遺跡（東津軽郡蟹田町）」『月刊れじおん青森』No.208

三宅徹也 1977「青森県大平山元Ⅰ遺跡」『日本考古学年報』28

三宅徹也・駒田　透 2017「国史跡　大平山元Ⅰ遺跡」『青森県史　資料編　考古1　旧石器・縄文草創期〜中期』

村越　潔 1982「大平山元遺跡」『青森県の地名』日本歴史地名大系2　平凡社

村越　潔 1995「大平山元遺跡」『日本古代遺跡事典』吉川弘文館

藁科哲男 1889「表館(1)遺跡を中心とした青森県内主要遺跡出土の石材産地分析」『表館(1)遺跡発掘調査報告書Ⅲ』青森県埋蔵文化財調査報告書第120集

２．小牧野遺跡

　青森市南西部の荒川（堤川）と入内川に挟まれた丘陵にあり（青森市大字野沢字小牧野）、標高は80〜160m。縄文後期前半の環状列石（ストーン・サークル）を主とする遺跡である。環状列石は平成元（1989）年に、葛西勵・高橋潤（1951〜2016）を顧問とする青森山田高等学校考古学部の調査によって発見された。その後、平成2年からは、青森市教育委員会が17年まで継続して発掘調査を

写真84　小牧野遺跡（1994.8.25）

写真85　小牧野遺跡（2019.8.21）

行なった。調査によって、隅丸方形状の環状列石1基を主とする遺構が発見された。環状列石は、径2.6mの中央帯、径29mの内帯、径35mの外帯、さらに一部4重の列石からなる構造で、最大長径は約55mである（写真84・85）。石組には、縦・横、階段状に組んだ「小牧野式配列」と称する独特の配列法がとられている。列石は遺跡の近くを流れる荒川から採取した安山岩の自然石である。環状列石のある平場は切り土と盛り土によって造

写真86　縄文の学び舎・小牧野館（2015.5.17）

成されていた。列石中央には、土器棺墓4基もある。また、列石の周囲には、竪穴住居跡や土坑墓、さらに水場遺構なども発見され、一般的な土器・石器のほかに、円形・三角形の土器片加工品や石製品が多数出土した。平成7年3月17日付けで国史跡に指定され、同13年8月13日付けで追加指定を受けた。なお、出土品は一部、県重宝に指定され、遺跡近くの青森市小牧野遺跡保護センター「縄文の学び舎・小牧野館」（写真86）に収蔵・展示されている。

『文献』

青森市教育委員会 1993『小牧野遺跡発掘調査概報』青森市埋蔵文化財調査報告書第20集
青森市教育委員会 1996『小牧野遺跡Ⅰ』青森市埋蔵文化財調査報告書第30集
青森市教育委員会 1997『小牧野遺跡Ⅱ』青森市埋蔵文化財調査報告書第35集
青森市教育委員会 1998『小牧野遺跡Ⅲ』青森市埋蔵文化財調査報告書第40集
青森市教育委員会 1999『小牧野遺跡Ⅳ』青森市埋蔵文化財調査報告書第45集
青森市教育委員会 2000『小牧野遺跡Ⅴ』青森市埋蔵文化財調査報告書第50集
青森市教育委員会 2001『小牧野遺跡Ⅵ』青森市埋蔵文化財調査報告書第55集
青森市教育委員会 2002『小牧野遺跡Ⅶ』青森市埋蔵文化財調査報告書第60集
青森市教育委員会 2003『小牧野遺跡Ⅷ』青森市埋蔵文化財調査報告書第70集
青森市教育委員会 2006『小牧野遺跡Ⅸ』青森市埋蔵文化財調査報告書第85集
江坂輝彌 2005「小牧野環状列石」『新日本考古学小辞典』ニュー・サイエンス社
遠藤正夫 1993「（図版解説）青森県小牧野遺跡環状列石」『古代文化』第45巻第3号
遠藤正夫 1997「青森県小牧野遺跡－その掘削・整地・配石作業－」『月刊考古学ジャーナル』No.412
遠藤正夫 1997「小牧野遺跡環状列石に見る構築理念」『日本考古学協会発表要旨　1997年度大会』
遠藤正夫 1998「縄文の心象を探る－小牧野遺跡環状列石の語るもの－」『市史研究あおもり』1
葛西　勵・高橋　潤 1990『青森市小牧野遺跡調査報告（第1次）－東北北部における縄文後期の土器文化の研究－』青森山田高等学校考古学研究会
葛西　勵・高橋　潤 2006「史跡　小牧野遺跡」『新青森市史　資料編1　考古』青森市
國木田　大・吉田邦夫・児玉大成 2009「小牧野遺跡における土器付着炭化物の^{14}C年代測定」『青森県考古学』第17号
児玉大成 2002「青森県小牧野遺跡」『縄文ランドスケープ』（NPO法人）ジョーモネスクジャパン機構
児玉大成 2007「縄文後期のストーン・サークル　小牧野遺跡」『図説　青森・東津軽の歴史』郷土出版社
児玉大成 2007「雪と環状列石－石材運搬に関する一予察－」『青森県考古学』第15号
児玉大成 2009「縄文時代における環状列石の石材運搬について」『研究紀要』第14号　青森県埋蔵文化財調査センター
児玉大成 2013「国史跡　小牧野遺跡」『青森県史　資料編　考古2　縄文後期・晩期』
稽古館編 1996『季刊稽古館－特集　小牧野環状列石－』第16・17号
成田誠治 1997「⑬小牧野遺跡（青森市）」『月刊れじおん青森』No.225

３．大森勝山遺跡

　弘前市北西部にそびえる岩木山の北東麓の丘陵部にあり（弘前市大字大森字勝山）、標高は130〜150m。縄文晩期前半の環状列石と竪穴住居跡等を伴う遺跡である。昭和34（1959）〜36年に岩木山麓の大規模開発に伴い、弘前市教育委員会に設けられた埋蔵文化財緊急調査特別委員会が調査した。調査は、当時、弘前大学教育学部助手の村越潔（1929〜2011）を担当者として行なわれた。34年には、８〜９月と10月の２回の調査でナイフ形石器などの石器群や縄文晩期前半の長径約13.5mの大型竪穴住居跡が１軒、発見・調査され、翌35年には、環状列石が１基発見された。８〜９月、10〜11月、11月の３回にわたる調査で、縄文晩期前半とみられる長径約40〜48mに及ぶ大型の環状列石で

写真87　大森勝山遺跡（1960。矢印が大型竪穴
　　　　住居跡地点）

写真88　環状列石の再発掘（2008.9.19）

あることが判明した（写真87）。翌年８月には、さらに列石内部も調査された。列石は岩木山麓に豊富な輝石安山岩の自然石を径１〜３ｍ大の石組を60基配列して構築されており、一部では内側にも同様な石組17基を配列していた。ただし、組石下には土坑墓は確認されていない。その後、平成18（2006）〜20年には弘前市教育委員会が再発掘調査を行ない（写真88）、平成24年９月19日付けで国史跡に指定された。なお、出土品は、旧石器が県重宝に指定されて弘前市立博物館に、縄文土器や石器等は遺跡近くの「裾野地区体育文化交流センター」に収蔵・展示されている。

『文献』
　今井冨士雄 1999「環状列石の重要性格つかむ−大森勝山遺跡を発掘して」『雑草苑−無限耳鼻舌身意』（1961年９月12日（火）付け『東奥日報』の再録）今井冨士雄先生米寿記念誌発行委員会
　今井二三夫 1981「大森勝山遺跡」『青森県百科事典』東奥日報社
　岩井浩介 2017「国史跡　大森勝山遺跡」『青森県史　資料編　考古Ⅰ　旧石器・縄文草創期〜中期』
　太田原（川口）潤 2002「青森県大森勝山遺跡」『縄文ランドスケープ』（NPO法人）ジョーモネスクジャパン機構
　斎藤　岳 2013「弘前市大森勝山遺跡の環状列石構成礫について」『青森県考古学』第21号
　斎藤　忠 1984「大森勝山遺跡」『日本考古学史辞典』東京堂出版
　「新編弘前市史」編纂委員会 1995「大森勝山遺跡」『新編弘前市史　資料編１−１　考古編』

鈴木克彦 1993「大森勝山遺跡」『縄文時代研究事典』東京堂出版

成田正彦 2013「国史跡　大森勝山遺跡」『青森県史　資料編　考古2　縄文後期・晩期』

弘前市教育委員会 1962『岩木山麓古代遺跡　昭和36年度発掘調査中間報告書』

弘前市教育委員会 2010『大森勝山遺跡発掘調査報告書』

弘前市・弘前市教育委員会 2015『史跡大森勝山遺跡保存管理計画策定報告書』

弘前市・弘前市教育委員会 2016『史跡大森勝山遺跡整備計画策定報告書』

弘前市教育委員会 2016『大森勝山遺跡シンポジウム』

弘前市教育委員会2020『世界遺産と縄文－大森勝山遺跡の世界遺産登録に必要なものとは？－シンポジウム資料集』

福田友之 2006「旧石器と環状列石の複合遺跡　大森勝山遺跡」『図説　弘前・黒石・中南津軽の歴史』郷土出版社

村越　潔 1959「岩木山麓の大森勝山遺跡で発見した大竪穴住居址」『弘前大学國史研究』第19・20合併号

村越　潔 1971「大森勝山遺跡の環状列石」『北奥古代文化』第3号

村越　潔 1982「大森勝山遺跡」『青森県の地名』日本歴史地名大系2　平凡社

村越　潔 1995「大森勝山遺跡」『新編　弘前市史　資料編1－1　考古編』弘前市

村越　潔 1995「大森勝山遺跡」『日本古代遺跡事典』吉川弘文館

村越　潔・渡辺兼庸・田村誠一・磯崎正彦1968「大森勝山遺跡」『岩木山－岩木山麓古代遺跡発掘調査報告書－』岩木山刊行会

4．長七谷地貝塚

　八戸市北部の五戸川右岸丘陵にあり（八戸市桔梗野工業団地3丁目）、標高は9～19m。縄文早期後半から前期初頭の鹹水産貝塚を伴う遺跡である（写真89）。昭和33（1958）年8月17日～22日に、慶應義塾大学民族学考古学研究室の江坂輝弥（1919～2015）が最初の発掘調査を行なった。その後、52年には桔梗野工業団地造成に先立ち青森県教育委員会が発掘調査を行なった。この調査では、貝類の全量採取など新しい資料の採取法などを取り入れて行なっており、それによると、内湾性のハマグリ・オオノガイ・アサリなどの二枚貝が22種、チジミボラ・イボニシなどの巻貝8種とと

写真89　長七谷地貝塚

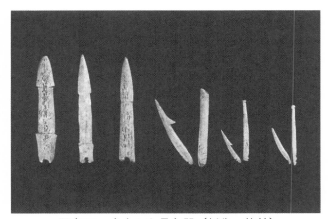

写真90　出土した骨角器（銛先・釣針）

もに、魚類ではスズキ・クロダイ・ウグイなど約20種、鳥類ではアホウドリやガン・カモ科、獣類ではシカ・アシカ類などはあるが少ないという特徴がみられた。また、釣針や銛先・針などの骨角器（写真90）も出土し、当時の動物食料や漁労活動の内容を知るための多くの資料が採集された。

　昭和56年５月25日付けで国史跡に指定され、出土品は「八戸市博物館」に収蔵・展示されている。

　なお、本貝塚は北海道森町鷲ノ木遺跡と同様、世界文化遺産候補と一体で保存管理する関連資産としての扱いである。

『文献』

　青森県教育委員会 1980『桔梗野工業団地造成に伴なう埋蔵文化財試掘調査報告書』青森県埋蔵文化財調査報告書第51集

　青森県教育委員会 1980『長七谷地貝塚遺跡発掘調査報告書』青森県埋蔵文化財調査報告書第57集

　市川金丸 1981「長七谷地貝塚」『青森県百科事典』東奥日報社

　江坂輝弥 1962「青森県八戸市長七谷地貝塚」『日本考古学年報』11

　工藤竹久 2005「長七谷地貝塚」『新日本考古学小辞典』ニュー・サイエンス社

　工藤竹久 2005「縄文海進と古八戸湾　長七谷地貝塚・赤御堂貝塚」『図説　三戸・八戸の歴史』郷土出版社

　熊野正也 1993「長七谷地貝塚」『縄文時代研究事典』東京堂出版

　成田誠治 1996「⑦長七谷地貝塚（八戸市市川町）」『月刊れじおん青森』№212

　八戸市教育委員会 1980『長七谷地貝塚発掘調査報告書（本文編）』八戸市埋蔵文化財調査報告書第３集

　八戸市教育委員会 1980『長七谷地貝塚発掘調査報告書（図版編）』八戸市埋蔵文化財調査報告書第４集

　八戸市教育委員会 1982『長七谷地遺跡発掘調査報告書（長七谷地２・７・８号遺跡）』八戸市埋蔵文化財調査報告書第８集

　八戸市博物館 1988『図録　青森県の貝塚』

　村木　淳 2009「長七谷地遺跡群」『新編八戸市史　考古資料編』八戸市史編纂委員会

　村木　淳 2017「長七谷地遺跡群」『青森県史　資料編　考古１　旧石器・縄文草創期～中期』

　村越　潔 1982「長七谷地貝塚」『青森県の地名』日本歴史地名大系２　平凡社

　村越　潔 1995「長七谷地貝塚」『日本古代遺跡事典』吉川弘文館

　藁科哲男・東村武信 1989「上北郡六ヶ所村表館(1)遺跡を中心とした青森県内主要遺跡出土の石材産地分析」『表館(1)遺跡発掘調査報告書Ⅲ』青森県埋蔵文化財調査報告書第120集

５．垂柳遺跡

　田舎館村の浅瀬石川右岸流域の低地一帯に広がっており（南津軽郡田舎館村大字垂柳字前田、大字高樋字泉ほか）、標高は約30ｍ。弥生中期の水田跡を主とする遺跡である。昭和31（1956）年11月から翌年５月にかけて行なわれた耕地整理によって多数の田舎館式土器が発見された。ここで遺物を収集していた、当時田舎館中学校教諭の工藤正（1925～82）は、土器のなかに籾痕のあるものを発

見し、さらに炭化米10数点も発見した。このことが、当時、弘前市立図書館長の成田末五郎（1895〜1975）を介して、東北大学文学部の伊東信雄教授（1908〜87）（写真92）の知るところとなり、33（1958）年11月の同大学考古学研究室の発掘調査となった。調査により、50個体の復元可能な田舎館式土器とともに200粒を超える焼米が出土したことから、伊東はこの土器は、当地において稲作農耕が行なわれていた証拠で、この遺跡は弥生文化の所産であることを指摘した。しかし、この土器や遺跡について、当時はまだ、山内清男が昭和14年に述べた、縄文文化の伝統を受け継いだ続縄文文化の段階にあるとするもので、出土土器には弥生式土器の影響が認められないとする明治大学の杉原荘介説や弥生文化の影響は認められるが、稲作が行なわれた証拠がないため、弥生式土器と呼ぶことは不適当であるとする慶応義塾大学の江坂輝弥説も根強い状況であった。

　しかし、この問題をめぐる論争は、56年11月に、国道102号バイパス建設に先立って青森県教育委員会が行なった試掘調査による水田跡の発見を踏まえ、翌57・58年に組織された垂柳遺跡発掘調査会の調査によって終止符がうたれた（青森県埋蔵文化財調センター1985）。田舎館式土器（図49）を伴う一辺2〜3mを主とする小区画水田跡が計656枚、約4,000㎡の範囲で発見されたのである（写真91）。疑いようもない稲作文化の存在が確認されたのである。

　弥生時代の水田跡はその後、平成6（1994）年には、東方約1kmの同村高樋（3）遺跡、19年には、1kmほど西方の同村前川遺跡においても発見され、さらに拡大する様相をみせている。弥生中期には、浅瀬石川流域の右岸一帯には、広い面積にわたって水田稲作が行なわれていたことが確認されたのである。水田跡発見の功労者、工藤は、この水田跡を見届けるかのように昭和57（1982）年に死

写真91　弥生時代の水田跡（1982.10.16）

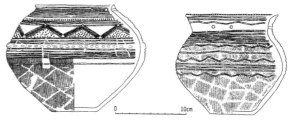

図49　出土した田舎館式土器

写真92　伊東信雄（1984.11.24）

去した。一方、伊東は、この調査会には参与として調査にくわわり、57年12月には、その功績を称える東奥賞の受賞式にも立ち会い、昭和62年に死去した。

　垂柳遺跡では、その後、平成7年には水路跡から木製の鍬や石斧の柄などの農耕具、漆塗りの盾状木製品が出土し、さらに15年10月には竪穴住居跡や高床式建物跡も確認され、一帯に、弥生中期には稲作集落があったことが明らかになった。

　なお、遺跡は、平成12年４月11日付けで国史跡に指定され、出土品は一部、県重宝に指定され、「田舎館村埋蔵文化財センター・博物館」に収蔵・展示されている。

『文献』

　青森県教育委員会・垂柳遺跡発掘調査会 1985『垂柳遺跡発掘調査報告書』青森県埋蔵文化財調査報告書第88集

　青森教埋蔵文化財調査センター 1997『垂柳遺跡・五輪野遺跡』青森県埋蔵文化財調査報告書第219集

　『足跡』編集会 1989『足跡　東北学院における伊東信雄先生』

　伊藤昂平・上條信彦・田中克彦2015「第３節　垂柳遺跡（青森県）」『日本の出土米Ⅱ　佐藤敏也コレクションの研究』冷温帯地域の遺跡資源の保存活用促進プロジェクト研究報告書4

　伊東信雄 1950「東北北部の弥生式土器」『文化』第24巻第１号　東北大学文学会

　伊東信雄 1960「青森県の弥生式土器」『うとう』第50号　青森郷土会

　伊東信雄 1973『古代東北発掘』学生社

　伊東信雄 1979「青森県の弥生式土器」『辰馬考古学研究紀要』１　（財）辰馬考古資料館

　田舎館村教育委員会 1982『垂柳遺跡（昭和56年度遺跡確認調査報告書）』

　田舎館村教育委員会 1987『垂柳遺跡　昭和61年度垂柳遺跡緊急調査報告書（第１年次）』

　田舎館村教育委員会 1988『垂柳遺跡　昭和62年度垂柳遺跡緊急調査報告書（第２年次）』

　田舎館村教育委員会 1989『垂柳遺跡　昭和63年度垂柳遺跡緊急調査報告書（第３年次）』

　田舎館村教育委員会 1990『垂柳遺跡発掘調査報告書（５）平成元年度垂柳遺跡確認緊急調査（第４年次）』田舎館村埋蔵文化財調査報告書第５集

　田舎館村教育委員会 1991『垂柳遺跡発掘調査報告書（６）平成２年度垂柳遺跡確認緊急調査（第５年次）』田舎館村埋蔵文化財調査報告書第６集

　田舎館村教育委員会 1992『垂柳遺跡発掘調査報告書（７）平成３年度垂柳遺跡確認緊急調査（第６年次）』田舎館村埋蔵文化財調査報告書第７集

　田舎館村教育委員会 1993『垂柳遺跡発掘調査報告書（８）平成４年度垂柳遺跡確認緊急調査（第７年次）』田舎館村埋蔵文化財調査報告書第８集

　田舎館村教育委員会 1994『村内遺跡発掘調査報告書　村内遺跡発掘調査第１集』田舎館村埋蔵文化財調査報告書第９集

　田舎館村教育委員会 1997『垂柳遺跡発掘調査報告書（９）』田舎館村埋蔵文化財調査報告書第12集

　田舎館村教育委員会 1998『垂柳遺跡外発掘調査報告書（10）』田舎館村埋蔵文化財調査報告書第13集

　田舎館村郷土誌研究会 1984「特集　田舎館式土器」『館城文化』第21集

　田舎館村埋蔵文化財センター 2005『史跡垂柳遺跡発掘調査概要報告書』田舎館村埋蔵文化財調査報告書第15集

　田舎館村埋蔵文化財センター 2009『史跡垂柳遺跡発掘調査報告書（13）』田舎館村埋蔵文化財調査報告書第16集

　江坂輝彌 2005「垂柳遺跡」『新日本考古学小辞典』ニュー・サイエンス社

　菊池　孝 1981「垂柳遺跡」『青森県百科事典』東奥日報社

工楽善通 1999「垂柳遺跡」『岩波日本史辞典』岩波書店

佐藤敏也 1971『日本の古代米』考古学選書 1　雄山閣

鈴木克彦 2007「垂柳遺跡」『東アジア考古学辞典』東京堂出版

鈴木喜代春 1996『「弥生の村」を探しつづけた男・工藤　正と垂柳遺跡』あすなろ書房

武田嘉彦 1997「田舎館村の弥生時代遺跡　垂柳遺跡」『田舎館村誌　上巻』田舎館村

武田嘉彦 2005『青森県史　資料編　考古 3　弥生〜古代』

田中克典・佐藤洋一郎・上條信彦・弘前大学人文学部北日本考古学研究センター編 2015『日本の出土米Ⅱ　佐藤敏也コレクションの研究』冷温帯地域の遺跡資源の保存活用促進プロジェクト研究報告書 4　六一書房

成田誠治 2000「遺跡は語る25　垂柳遺跡（田舎館村）」『月刊れじおん青森』No.258

日本史広辞典編集委員会 1997「垂柳遺跡」『日本史広辞典』山川出版社

福田友之 2006「北限の弥生稲作文化　垂柳遺跡・高樋（3）遺跡」『図説　弘前・黒石・中南津軽の歴史』郷土出版社

村越　潔 1982「垂柳遺跡」『青森県の地名』日本歴史地名大系 2　平凡社

村越　潔 1995「垂柳遺跡」『日本古代遺跡事典』吉川弘文館

山内清男 1939『日本遠古之文化（新版・補註付）』先史考古學會

和佐野喜久生 2009「炭化米の粒形質の変異分布と古代日本稲作の起源」『日本考古学』第28号日本考古学協会

第Ⅴ章

長い学史をもつ縄文史跡の文献一覧

　本県の縄文・弥生時代のなかで最も長い研究史をもち、三内丸山遺跡の調査以前には、本県を代表する遺跡であった縄文遺跡は、まさに亀ヶ岡石器時代遺跡であった。そこで、最も親しみのあるこの遺跡については、定年退職を機に、関連文献をまとめたことがある（福田2008）。しかし、ちょうどその刊行と相前後して、亀ヶ岡を含む本県の縄文遺跡群が、世界文化遺産登録の国内候補「暫定リスト」のひとつ（構成資産）となったことから、再び脚光が当てられるようになり、さまざまな形で遺跡の情報が発信されるようになってきた。この状況は亀ヶ岡に限ったことではなく、他の遺跡についても同様であるが、とくに三内丸山は、平成4（1992）年の調査以降、劇的に注目されるようになってからは、ぼうだいな量の情報蓄積と発信がなされてきており、亀ヶ岡はその比ではない。また、構成資産の田小屋野・二ツ森貝塚については、かつて両遺跡の調査に携わった経験があり、関連文献を集めたことがあった。このため、亀ヶ岡・田小屋野・二ツ森の3遺跡については、その後の追加・訂正作業のみで比較的、楽に文献一覧を作成することができたが、三内丸山、是川石器時代遺跡については、現役時には調査等で関わったことがなく、一から始めざるをえない状況であった。このため、本一覧には、遺漏が多々あるとみられるのでご寛恕いただきたい。また、三内丸山に関するものに、三内丸山縄文発信の会が発行する月刊情報誌『三内丸山縄文ファイル』があり、令和2（2020）年3月末日現在、239号まで刊行されている。遺跡や世界遺産関連の多くの情報・記事等が掲載されているが、本書には収録していない。

　本一覧の作成にあたっては、令和元年度末までに発行されたもののなかで、遺跡の発掘調査報告・資料報告・研究論文を中心とし、さらに各遺跡を理解するうえで必要な博物館展示図録や新聞記事等を収録することとし、広報・普及的な内容の強いものは除外した。

第1節　田小屋野貝塚

明治29年（1896）
　10月　佐藤傳藏「壚堪層中石器時代の遺物」『東京人類學會雑誌』第12巻第127号
明治30年（1897）
　7月　東京帝國大學編『日本石器時代人民遺物發見 地名表』（以後、昭和3年の第5版まで継続）
昭和4年（1929）
　3月　中谷治宇二郎「東北地方石器時代遺跡調査豫報－特に津軽地方に就て－」『人類學雜誌』第44巻第3号　東京人類學會
　5月　山内清男「関東北に於ける繊維土器」『史前學雑誌』第1巻第2号　史前學會
昭和18年（1943）
　10月　中谷治宇二郎著・梅原末治校『校訂日本石器時代提要』甲鳥書林
昭和31年（1956）
　4月　佐藤公知『龜ガ岡文化』龜ガ岡遺跡顕彰保存会。本書は1976年に文芸協会出版から復刻。
昭和44年（1969）
　9月　清野謙次「第6部第3篇第1章　発掘の経過に関する中谷治宇二郎氏の手紙」『日本貝塚の

研究』岩波書店

昭和48年（1973）

　　9月　青森県立郷土館『風韻堂コレクション目録』

昭和57年（1982）

　　7月　村越　潔「田小屋野遺跡」『青森県の地名』日本歴史地名大系２　平凡社

平成４年（1992）

　　4月　福田友之「木造町田小屋野貝塚の発掘調査（第１次・２次調査）」『青森県立郷土館調査研究年報』第16号

平成５年（1993）

　　9月　鈴木克彦「田小屋野貝塚」『縄文時代研究事典』東京堂出版

平成６年（1994）

　　3月　福田友之「縄文人の物と人の移動」『北日本の考古学』吉川弘文館

平成７年（1995）

・　3月　村越　潔「田小屋野貝塚」『日本古代遺跡事典』吉川弘文館

　　3月　福田友之「北日本におけるベンケイガイ交易－津軽海峡を渡った貝輪－」『北海道考古学の諸問題（『北海道考古学』第31輯）』。本稿は、拙著『津軽海峡域の先史文化研究』（2014年　六一書房）に再録。

　　3月　青森県立郷土館『木造町田小屋野貝塚－岩木川流域の縄文前期の貝塚発掘調査報告書－』青森県立郷土館調査報告第35集　考古－10

平成10年（1998）

　　3月　青森県立郷土館『青森県立郷土館収蔵資料目録 第８集　補遺編』

　　3月　福田友之「本州北辺の鯨類出土遺跡－津軽海峡南岸域における先史鯨類利用－」『青森県史研究』第２号。本稿は、拙著『東北北部先史文化の考古学』（2018年　同成社）に再録。

平成11年（1999）

　　4月　福田友之「北の道・南の道－津軽海峡をめぐる交流」『海を渡った縄文人』小学館

平成18年（2006）

　　12月　福田友之「ベンケイ貝の貝輪製作跡　田小屋野貝塚」『図説　五所川原・西北津軽の歴史』郷土出版社

平成21年（2009）

　　3月　つがる市教育委員会『史跡亀ヶ岡石器時代遺跡・田小屋野貝塚保存管理計画書』

平成22年（2010）

　　3月　つがる市教育委員会2010『田小屋野貝塚２・亀ヶ岡遺跡４・上沢辺（2）遺跡』つがる市遺跡調査報告書5

　　4月　福田友之「田小屋野貝塚」『世界遺産 縄文遺跡』同成社

平成23年（2011）

　　3月　上條信彦編『佐藤 蔀　考古画譜Ⅲ』弘前大学人文学部附属 亀ヶ岡文化研究センター

平成24年（2012）

　３月　つがる市教育委員会『豊富遺跡２・亀ヶ岡遺跡５・筒木坂屏風山遺跡２・田小屋野貝塚３・下相野遺跡』つがる市遺跡調査報告書７

　12月　佐野忠史「史跡田小屋野貝塚」『平成24年度　青森県埋蔵文化財発掘調査報告会資料』青森県埋蔵文化財調査センター

平成25年（2013）

　２月　福田友之「田小屋野貝塚、平成２年・３年の調査」『郷土文化誌　いしがみ』第23号　「いしがみ」刊行会

平成26年（2014）

　11月　佐野忠史「田小屋野貝塚の調査と女性人骨」『平成26年度青森県考古学会秋季大会資料集　あおもりの貝塚を掘る』

平成28年（2016）

　３月　つがる市教育委員会『田小屋野貝塚総括報告書』つがる市遺跡調査報告書９

平成29年（2017）

　３月　佐野忠史「国史跡 田小屋野貝塚」『青森県史　資料編　考古１　旧石器・縄文草創期〜中期』青森県

平成30年（2018）

　３月　つがる市教育委員会『市内遺跡発掘調査報告書』つがる市遺跡調査報告書10

令和元年（2019）

　６月　つがる市教育委員会『史跡亀ヶ岡石器時代遺跡総括調査報告書』つがる市遺跡調査報告書11

令和２年（2020）

　３月　飯塚義之・杉野森淳子「完全非破壊化学分析による石器石材研究－青森県立郷土館収蔵石製品の石材同定」『青森県立郷土館研究紀要』第44号

『新聞』

平成17年（2005）

　福田友之「北の考古学③ベンケイガイの腕輪　見学者が通説覆す」『１月30日付け朝日新聞青森版』。本稿は、拙著『北の考古学』（2009年４月）に再録。

　福田友之「北の考古学⑲寄り鯨　危険な猟せず漂着期待？」『６月12日付け朝日新聞青森版』。本稿は、拙著『北の考古学』（2009年４月）に再録。

平成18年（2006）

　福田友之「ベンケイガイの貝輪　田小屋野貝塚　つがる市（旧木造町）　北の縄文遺跡８」『３月13日付け陸奥新報』

平成24年（2012）

　佐野忠史「田小屋野貝塚（つがる市）　世界遺産を目指して　あおもり縄文紀行105」『12月２日付け東奥日報朝刊』

第2節　亀ヶ岡石器時代遺跡

安永7年（1778）

　山崎立朴改編「元和9（1623）年正月の条」『永禄日記』（館野越本）。ただし、この記事は、寛政8年以降（村越2007）、同8・9年頃（藤沼2013）に加筆された可能性が指摘されている。

天明3年（1783）

　9月　比良野貞彦「坊間より得たる筐蓋の裏面の記載」（佐藤1900a）

天明8（1788）〜寛政元年（1789）

　5〜3月　比良野貞彦「亀岳陶器」『奥民図彙』（青森県立図書館1973）

寛政8年（1796）

　7月2・3日に菅江真澄踏査、内田・宮本編『外浜奇勝（仮題）』（内田・宮本編1972b）

寛政10年（1798）

　正月〜8月　内田・宮本編『追柯呂能通度』（内田・宮本編1972c）

文化6年（1809）

　冢田　虎（大峰）『随意録』巻五（佐藤1900a、斎藤1984）。ただし、上野（1983）・村越（1994年4月15日付『陸奥新報』）は文政8年とする。

文化9年（1812）

　3月29日　山形宇兵衛長年『本藩事実集』第一二巻（青森県立図書館蔵・福田1993）

文化11年（1814）

　大槻磐水（玄澤）『伊波比倍考證』（藤沼2013）

文政4・5年（1821・22）頃

　菅江真澄『新古祝甕品類の図』（内田・宮本編1973b）。ただし、斎藤（1984）では文政7・8年頃とする。

文政7年（1824）

　・5月15日の会合に出品。西原好和（松蘿舘）「津軽亀ヶ岡にて掘出たる土偶人二躯」『耽奇漫録』第一集（清野1954・小出解題1993では西原梭江とする）。

　・11月14日の会合に出品。関　思亮（海棠菴）「津軽亀ヶ岡より堀出す古磁器」『耽奇漫録』第八集（清野1954・小出解題1993）

文政8年（1825）

　11月13日の会合に出品。臺谷「奥州瓶岡山古陶器」『耽奇漫録』第二十集（清野1954・小出解題1994）

文政11年（1828）

　10月7日に備後福山藩山養堂実見。水戸藩関係者か「古瓦瓶之圖」『乗合船』（清野1954）

嘉永3年（1850）

　12月25日に踏査。松浦武四郎『東奥沿海日誌〈付〉鹿角日誌』（松浦著・吉田編1969）

嘉永6〜安政2年（1853〜1856）

平尾魯仙「合浦奇談巻之二」『谷の響　附合浦奇談』（青森県立図書館1969a）

万延元年（1860）

平尾魯仙「谷の響五之巻　地中に希器を掘る」『谷の響　附合浦奇談』（青森県立図書館1969b）

明治４年（1871）

３月　横山由清『尚古圖録』二編（斎藤編1979a）。ただし、清野（1954）は明治８年刊とする。

明治10年（1877）

９月　松浦武四郎『撥雲余興一集』（斎藤編1979a）

明治15年（1882）

８月　松浦武四郎『撥雲餘興二集』（斎藤編1979a）

明治17年（1884）

12月　T.KANDA,TRANSLATED BY N.KANDA,B.A.『NOTES ON ANCIENT STONE IMPLEMENTS OF JAPAN』Printed by KOUBUNSHA, TOKIO（斎藤編1979a）

明治19年（1886）

３月　坪井正五郎「津軽瓶ヶ岡ヨリ出ツの土偶」『人類學會報告』第１巻第２号

４月　神田孝平『日本大古石器考』叢書閣（斎藤編1979a）

明治20年（1887）

６月　簑　虫「陸奥瓶岡ニテ未曾有ノ發見－津軽ノ簑虫翁ノ手束」『東京人類學會報告』第２巻第16号

６月　淡　崖「曲玉圖解」同上

７月　神田孝平「古土器圖解」『東京人類學會報告』第２巻第17号

11月　佐藤　蔀「陸奥瓶ヶ岡にて獲たる土偶の圖　瓦偶人之圖」『東京人類學會雜誌』第３巻第21号

12月　淡　厓「瓶ヶ岡土偶圖解－前号石版圖の解－」『東京人類學會雜誌』第３巻第22号

明治22年（1889）

８月　淡　厓「第二十八版圖解」『東京人類學會雜誌』第４巻第42号

10月　若林勝邦「陸奥龜岡探究記」『東洋學藝雜誌』第97号　東京學藝社

明治23年（1890）

７月　坪井正五郎「龜岡と云ふ地名」『東京人類學會雜誌』第５巻第52号

７月　坪井正五郎「瓶ヶ岡土偶の面貌」同上

９月　若林勝邦「貝塚土器図解（木版圖附）」『東京人類學會雜誌』第５巻第54号

明治24年（1891）

５月　坪井正五郎「ロンドン通信、雪中遮光器」『東京人類學會雜誌』第６巻第62号

明治25年（1892）

４月　若林勝邦「磨り截りし痕を存する石斧」『東京人類學會雜誌』第７巻第73号

８月　若林勝邦「石器時代の釣鉤」『東京人類學會雜誌』第７巻第77号

明治27年（1894）

２月　工藤祐龍「龜ヶ岡發見の奇形石器」・「小形の石槍」『東京人類學會雜誌』第９巻第95号

明治28年（1895）

11月　坪井正五郎「北海道石器時代土器と本州石器時代土器との類似」『東京人類學會雜誌』第11

巻第116号（斎藤編1971に再録）

明治29年（1896）

　　1月　佐藤傳藏「陸奥龜ヶ岡發掘報告」『東京人類學會雜誌』第11巻第118号

　　7月　佐藤傳藏「陸奥國龜ヶ岡第二回發掘報告」『東京人類學會雜誌』第11巻第124号

　　8月　佐藤傳藏「陸奥龜ヶ岡の地形地質及び發見物　附石器時代の海嘯」『太陽』第2巻第16号
（斎藤編1979b）

　　8月　佐藤傳藏「陸奥國龜ヶ岡第二回發掘報告（前號の續き）」『東京人類學會雜誌』第11巻第125号

　　11月　若林勝邦「石器時代ノ土器中に入リシモノハ何カ」『東京人類學會雜誌』第12巻第128号

　　12月　佐藤傳藏「陸奥龜ヶ岡石器時代遺跡地勢地質及ビ發見品」『東京地學協會報告』第18年第2号

　　12月　佐藤傳藏「日本石器時代石棒頭部彫刻考」『東京人類學會雜誌』第12巻第129号

明治30年（1897）

　　1月　下村三四吉・大野延太郎「本邦石器使用人民ノ美術思想」『東京人類學會雜誌』第12巻第
130号

　　2月　大野延太郎「土版ト土偶ノ関係」『東京人類學會雜誌』第12巻第131号

　　3月　大野延太郎・下村三四吉「本邦石器使用人民ノ美術思想（承前）」『東京人類學會雜誌』第
12巻第132号

　　4月　工藤祐龍「亀ヶ岡發見の土偶及石鏃」『東京人類學會雜誌』第12巻第133号

　　7月　東京帝國大學編『日本石器時代人民遺物發見　地名表』（以後、昭和3年の第5版まで継続）

　　9月　佐藤傳藏「本邦石器時代の膠漆的遺物に就て」『東京人類學會雜誌』第12巻第138号

　　9月　佐藤傳藏「共同備忘録」同上

　　11月　佐藤傳藏「共同備忘録（第三回）」『東京人類學會雜誌』第13巻第140号

明治31年（1898）

　　4月　沼田頼輔「把手の分類」『東京人類學會雜誌』第13巻第145号

明治32年（1899）

　　8月　大野延太郎「石鋸ニ就テ」『東京人類學會雜誌』第14巻第161号

　　8月　坪井正五郎「日本石器時代の網代形編み物」同上

明治33年（1900）

　　11月　佐藤傳藏「載籍上の亀ヶ岡」『東京人類學會雜誌』第16巻第176号

　　11月　佐藤傳藏「亀ヶ岡より出る青玉の原石産地」同上

　　12月　「石器時代土製仮面」『東京人類學會雜誌』第16巻第177号

明治35年（1902）

　　10月　大野雲外「陸奥亀ヶ岡發見の大土偶」『東京人類學會雜誌』第18巻第199号

明治36年（1903）

　　6月　大野雲外・柴田常恵「図版考説」『東京人類學會雜誌』第18巻第207号

明治37年（1904）

　　10月　大野延太郎「鼻面土偶に就て」『東京人類學會雜誌』第20巻第223号

大正5年（1916）

　1 月　島川觀水編『靑森縣西津輕郡誌』西津輕郡役所

大正 8 年（1919）

　3 月　長谷部言人「宮戸島里濱貝塚の土器に就て」『現代之科學』第 7 巻第 3 号　現代之科學社

大正 9 年（1920）

　7 月　靑森縣教育會編「石器時代遺物發見地の表」『靑森縣地誌』

大正13年（1924）

　6 月　「鈴木岩次郎氏の石器時代遺物寄贈」『人類學雜誌』第39巻第 4 〜 6 号　東京人類學會

大正14年（1925）

　10月　長谷部言人「陸前大洞貝塚（發掘）調査所見」『人類學雜誌』第40巻第10号

昭和 3 年（1928）

　2 月　杉山壽榮男編『日本原始工藝』杉山壽榮男

　4 月　中村良之進「古代美術」『陸奥考古』一　中村良之進

　6 月　杉山壽榮男編『日本原始工藝概説』工藝美術研究會

昭和 4 年（1929）

　3 月　中谷治宇二郎「東北地方石器時代遺跡調査豫報」『人類學雜誌』第44巻第 3 号

　7 月　「亀ヶ岡発見遺物展覧会」『人類學雜誌』第44巻第 7 号

　9 月　喜田貞吉「學窓日誌　五月九日　木　亀が岡出土土器」『東北文化研究』第 2 巻第 3 号　東洋書院

昭和 5 年（1930）

　5 月　山内清男「所謂亀ヶ岡式土器の分布と縄紋式土器の終末」『考古學』第 1 巻第 3 号　東京考古學會

昭和 7 年（1932）

　9 月　山内清男「日本遠古之文化三－縄紋土器の終末」『ドルメン』第 1 巻第 6 号　岡書院

昭和 9 年（1934）

　5 月　小岩井兼輝「龜ヶ岡新石器時代遺跡と過去水準の変化に就て」『日本學術協會報告』第 9 巻第 2 号

　8 月　上田三平（口絵写真）「陸前龜ヶ岡石器時代遺蹟」『考古學雜誌』第24巻第 8 号　日本考古學會

昭和10年（1935）

　5 月　八幡一郎「奥羽地方発見の篦状石器」『人類學雜誌』第50巻第 5 号　東京人類學會

　12月　中谷治宇二郎『日本先史學序史』岩波書店

昭和11年（1936）

　2 月　江上・後藤・山内・八幡／甲野「座談会　日本石器時代文化の源流と下限を語る」『ミネルヴァ』創刊号　翰林書房

　4 月　喜田貞吉「日本石器時代の終末期に就いて」『ミネルヴァ』第 1 巻第 3 号

　5 月　山内清男「日本考古學の秩序」『ミネルヴァ』第 1 巻第 4 号

　5 月　敦賀善丈「西郡地方に於ける先史時代遺跡地と森田村の竪穴に就いて」『郷土號』第 4 号　青森縣師範學校校友會

6月　喜田貞吉「「あばた」も「えくぼ」、「えくぼ」も「あばた」－日本石器時代終末期問題－」
『ミネルヴァ』第1巻第5号

8月　喜田貞吉「又も石器時代遺蹟から宋銭の発見」『ミネルヴァ』第1巻第6・7号

8月　山内清男「考古學の正道－喜田博士に呈す－」同上

昭和16年（1941）

3月　直良信夫・江坂輝彌「龜ヶ岡泥炭層遺蹟出土遺物に就いて」『古代文化』第12巻第3号
日本古代文化學會

昭和18年（1943）

10月　中谷治宇二郎『校訂　日本石器時代提要』甲鳥書院

昭和26年（1951）

4月　「龜ヶ岡遺跡」『考古學辭典』（酒詰仲男・篠遠喜彦・平井尚志編）改造社

昭和27年（1952）

3月　野口義麿「石器時代の琥珀について」『考古學雑誌』第38巻第1号　日本考古學會

昭和29年（1954）

9月　清野謙次『日本考古學・人類學史』上巻　岩波書店

10月　佐藤公知「原子社會Ⅲ、龜ヶ岡について」『西津軽郡史　全』（昭和50年3月復刻版　名著
出版社）

昭和30年（1955）

4月　清水潤三「青森県西津軽郡亀ヶ岡遺跡」『日本考古学年報』3　日本考古学協会

10月　成田彦榮「永禄日記雑考（上）」『東奥文化』第2号　青森県文化財保護協会

昭和31年（1956）

4月　佐藤公知編『龜ガ岡文化』龜ガ岡遺跡顯彰保存會。本書は、昭和51年に文芸協会出版から
復刻。

5月　成田彦榮「永禄日記雑考（中）」『東奥文化』第3号

8月　成田彦榮「永禄日記雑考（下）」『東奥文化』第4号

昭和33年（1958）

11月　江坂輝彌「日本石器時代における骨角製釣針の研究」『史學』第31巻第1～4号　三田史學會

昭和34年（1959）

6月　小林行雄「亀ヶ岡遺跡」『図解考古学辞典』創元社

6月　三田史学会『亀ヶ岡遺蹟－青森県亀ヶ岡低湿地遺蹟の研究－』有隣堂出版

昭和35年（1960）

4月　江坂輝弥『土偶』校倉書房

6月　芹沢長介『石器時代の日本』築地書館

昭和37年（1962）

12月　清水潤三「亀ヶ岡遺跡」『日本考古学辞典』東京堂出版

昭和39年（1964）

3月　山内清男『日本原始美術1　縄文式土器』講談社

昭和42年（1967）

　10月　杉山荘平「蓑虫仙人小伝」『物質文化』第10号　物質文化研究会

昭和44年（1969）

　2月　松浦武四郎著・吉田武三編『東奥沿海日誌〈付〉鹿角日誌』時事通信社

　3月　青森県立図書館「合浦奇談第二巻」『谷の響　附合浦奇談』青森県立図書館郷土双書第1集

　10月　渡辺　誠「燕形離頭銛頭について」『古代文化』第21巻第9・10号　（財）古代學協會

　11月　大高　興『風韻堂収蔵庫－縄文文化遺物蒐成－』

昭和45年（1970）

　4月　村越　潔「永禄日記」『月刊考古学ジャーナル』№43　ニュー・サイエンス社

昭和46年（1971）

　7月　斎藤　忠編『日本考古学選集2　坪井正五郎集－上巻』築地書館

　9月　口絵写真「木の皮を巻いた石棒頭」『月刊考古学ジャーナル』№60

昭和47年（1972）

　7月　内田武志・宮本常一編『菅江真澄全集』第3巻　未来社

昭和48年（1973）

　3月　青森県立図書館『奥民図彙』青森県立図書館郷土双書5

　3月　関西大学文学部編『考古学資料図鑑』

　5月　藤村東男「青森県亀ガ岡遺跡出土の漆塗土器について」『史学』第45巻第3号

　7月　内田武志・宮本常一編『菅江真澄全集』第9巻　未来社

　9月　青森県立郷土館『風韻堂コレクション目録』

昭和49年（1974）

　3月　青森県教育委員会『亀ヶ岡遺跡発掘調査報告書』青森県埋蔵文化財調査報告書第14集

　5月　大高　興「亀ヶ岡遺跡出土の土器及び遺跡周辺粘土の理学的研究」『北奥古代文化』第6号
北奥古代文化研究会

昭和50年（1975）

　6月　鈴木克彦「亀ヶ岡遺跡」『日本考古学年報』26　日本考古学協会

昭和52年（1977）

　3月　磯崎正彦「亀ヶ岡式土器研究小史－亀ヶ岡式土器の基礎的研究（Ⅰ）－」『大阪学院大学人文
自然論叢』第3号

昭和54年（1979）

　2月　林　謙作「亀ヶ岡」『世界考古学事典　上』平凡社

　3月　鈴木克彦「「県重宝指定の亀ヶ岡遺跡出土遺物」について」『青森県立郷土館調査研究年
報』第4号

　3月　藤村東男「青森県亀ガ岡遺跡出土の壺形土器の補修について」『萌木』第14号　慶応義塾女
子高等学校

　11月　斎藤　忠1979a『日本考古学史資料集成2　明治時代一』吉川弘文館

　11月　斎藤　忠1979b『日本考古学史資料集成3　明治時代二』吉川弘文館

11月　藤岡謙二郎1979「亀ヶ岡遺跡」『日本歴史大辞典　第3巻（かた－き）』河出書房新社
昭和55年（1980）
　　3月　福田友之「亀ヶ岡文化研究略史」『考古風土記』第5号　鈴木克彦
　　3月　鈴木克彦「岩版・土版の研究序説－風韻堂コレクション資料編－」『青森県立郷土館調査研究年報』第5号
　　5月　角田芳昭「神田コレクション　亀ヶ岡出土「土偶」」『阡陵』創刊号　関西大学考古学等資料室
昭和56年（1981）
　　3月　鈴木克彦「亀ヶ岡遺跡」『青森県百科事典』東奥日報社
　　3月　考古部門「亀ヶ岡遺跡の調査（1）」『青森県立郷土館調査研究年報』第6号
　　3月　鈴木克彦「土偶の研究序説－風韻堂コレクション資料編－」同上
昭和57年（1982）
　　3月　考古部門「亀ヶ岡遺跡の調査（2）」『青森県立郷土館調査研究年報』第7号
　　3月　鈴木克彦「風韻堂コレクション：岩偶、亀型土製品、土器片利用の円板」『青森県立郷土館調査研究年報』第7号
　　3月　東北大学文学部『東北大学文学部考古学資料図録』第1巻
　　7月　村越　潔「亀ヶ岡遺跡」『青森県の地名』日本歴史地名大系2　平凡社
昭和58年（1983）
　　3月　金子浩昌・鈴木克彦「風韻堂コレクションの骨角器及び自然遺物」『青森県立郷土館調査研究年報』第8号
　　11月　上野　武「亀ヶ岡遺跡」『日本の遺跡発掘物語　第2巻　縄文時代』社会思想社
　　12月　村越　潔『亀ヶ岡式土器』考古学ライブラリー18　ニュー・サイエンス社
昭和59年（1984）
　　2月　金子浩昌「風韻堂コレクションにみる骨角牙製品の特色と動物遺存体について」『青森県考古学』第1号
　　3月　鈴木克彦「風韻堂コレクションの装身具」『青森県立郷土館調査研究年報』第9号
　　3月　村越　潔『亀ヶ岡式遺跡』考古学ライブラリー19　ニュー・サイエンス社
　　3月　青森県立郷土館『亀ヶ岡石器時代遺跡』青森県立郷土館調査報告第17集　考古－6
　　7月　市原・伊関・加藤・大西・金子・那須・山内・日浦・宮武・長谷川「縄文後・晩期における低湿性遺跡の特殊性に関する研究」『古文化財の自然科学的研究』同朋舎出版
　　9月　青森県立郷土館『青森県立郷土館特別展図録　蓑虫山人』
　　9月　斎藤　忠「亀ヶ岡遺跡」『日本考古学史辞典』東京堂出版
昭和60年（1985）
　　3月　鈴木克彦・川口　潤「亀ヶ岡遺跡沢根D区出土の遺物」『青森県立郷土館調査研究年報』第10号
　　3月　鈴木克彦「風韻堂コレクションの石冠と独鈷石」同上
昭和61年（1986）
　　9月　青森県立郷土館『特別展展示図録　亀ヶ岡文化－華ひらいた縄文の世界－』
　　12月　金子浩昌・忍沢成視『骨角器の研究　縄文篇II』考古民俗叢書〈23〉　慶友社

昭和62年（1987）

　2月　鈴木克彦「亀ヶ岡遺跡の彩文皿形土器」『月刊文化財』№281　第一法規出版

　3月　鈴木克彦「風韻堂コレクションの石棒・石刀・石剣」『青森県立郷土館調査研究年報』第11号

　4月　村越　潔「亀ヶ岡遺跡の成因」『論争・学説　日本の考古学第3巻　縄文時代Ⅱ』雄山閣

昭和63年（1988）

　3月　八戸市博物館『図録　青森県の貝塚』

　10月　（財）辰馬考古資料館『考古資料図録』

平成元年（1989）

　7月　藤沼邦彦「亀ヶ岡式土器の文様の描き方－雲形文を中心として－」『考古学論叢Ⅱ』芹沢長介先生還暦記念論文集刊行会

平成3年（1991）

　3月　明治大学考古学博物館『縄文晩期の世界　明治大学考古学博物館蔵品図録2』

平成5年（1993）

　9月　青森県立郷土館『展示図録　漆の美　日本の漆文化と青森県』

　9月　鈴木克彦「亀ヶ岡遺跡」『縄文時代研究事典』東京堂出版

　12月　小出昌洋解題『国立国会図書館所蔵版 耽奇漫録 上（日本随筆大成・第1期別巻）』吉川弘文館

平成6年（1994）

　2月　小出昌洋解題『国立国会図書館所蔵版 耽奇漫録 下（日本随筆大成・第1期別巻）』吉川弘文館

　3月　青森県立郷土館『青森県立郷土館収蔵資料目録　第4集　考古編』

平成7年（1995）

　3月　村越　潔「亀ヶ岡石器時代遺跡」『日本古代遺跡事典』吉川弘文館

平成8年（1996）

　4月　東京国立博物館『東京国立博物館図版目録　縄文遺物篇（土偶・土製品）』中央公論美術出版

　6月　磯前順一・赤澤　威『東京大学総合研究博物館所蔵　縄文時代土偶・その他土製品カタログ（増訂版）』言叢社

　7月　青森県立郷土館『特別展　縄文の玉手箱－風韻堂コレクション図録－』

　11月　田中　琢ほか編『角川　新版日本史辞典』角川書店

平成9年（1997）

　3月　小笠原正明・市田健治「亀ヶ岡遺跡出土のガラス玉の成分分析」『青森県考古学』第10号

　9月　日本史広辞典編集委員会「亀ヶ岡遺跡」『日本史広辞典』山川出版社

平成10年（1998）

　3月　國學院大學考古学資料館『考古学資料図録Ⅱ』

平成11年（1999）

　3月　成田誠治「遺跡は語る22　亀ヶ岡遺跡（西津軽郡木造町）」『月刊れじおん青森』№244（財）青森地域社会研究所

　5・6・8・9月　三井聖史「『永禄日記』異本の問題－元和九年条をめぐって－①～④」『縄文 三内丸山縄文ファイル』№43・44・46・47　三内丸山縄文発信の会

平成12年（2000）

　3月　青森県立郷土館『青森県立郷土館収蔵資料図録　第2集　考古編（1）』

　11月　江坂輝彌「戦前1935年頃　亀ヶ岡遺跡見学の思い出」『青森県史研究』第5号　青森県

平成13年（2001）

　3月　青森県立郷土館『青森県立郷土館収蔵資料図録　第3集　考古編（2）』

　3月　村越　潔「第2章第1節　青森県の考古学研究史」『新編　弘前市史　通史編1（自然・原始）』　弘前市

平成14年（2002）

　3月　村越　潔・福田友之・児玉大成『青森県考古学会30周年記念　青森県考古学関係文献目録』

平成15年（2003）

　3月　東京国立博物館『東京国立博物館図版目録　縄文遺物篇（骨角器）』中央公論美術出版

平成17年（2005）

　5月　江坂輝彌「亀ヶ岡遺跡」『新日本考古学小辞典』ニュー・サイエンス社

平成18年（2006）

　3月　上條信彦「土偶研究事始－学史を飾った土偶を追う－」『第11回　土偶研究会発表資料　八戸市大会資料』

　3月　藤沼邦彦・小川忠博編『ミニ特別展「亀ヶ岡文化の世界」の図録』弘前大学人文学部日本考古学研究室研究報告3　弘前大学人文学部附属　亀ヶ岡文化研究センター

　6月　佐野忠史「つがる市亀ヶ岡遺跡」『研究発表会資料集　亀ヶ岡文化の諸問題』青森県考古学会・弘前大学人文学部日本考古学教室

　11月　関根達人「菅江真澄が描いた「縄文土器」と「土偶」」『真澄学』第3号　東北芸術工科大学東北文化研究センター

　12月　佐野忠史「世界に誇るつがるのKAMEGAOKA　亀ヶ岡遺跡」『図説　五所川原・西北津軽の歴史』郷土出版社

平成19年（2007）

　3月　藤沼邦彦・境沢宏美・山口朋美「つがる市亀ヶ岡遺跡の縄文晩期の土器について」『亀ヶ岡文化遺物実測図集（2）』弘前大学人文学部日本考古学研究室研究報告4　弘前大学人文学部附属　亀ヶ岡文化研究センター

　3月　村越　潔『青森県の考古学史』弘前大学教育学部考古学研究室OB会

　5月　鈴木克彦「亀ヶ岡遺跡」『東アジア考古学辞典』東京堂出版

平成20年（2008）

　3月　藤沼邦彦「江戸時代の文献に見る亀ヶ岡遺跡」『亀ヶ岡文化雑考集（付・研究報告索引）』弘前大学人文学部日本考古学研究室研究報告7

　3月　赤坂朋美・秋山真吾・藤沼邦彦「亀ヶ岡文化の土偶（附、仮面）の紹介」同上

　3月　藤沼邦彦・秋山真吾・赤坂朋美「亀ヶ岡文化における彩文土器」同上

　3月　藤沼邦彦・深見　嶺・工藤清泰「蓑虫山人の「陸奥全国神代石古陶之図」と青森新聞の「第二回弘前博覧会縦覧の記」について」同上

8月　福田友之「縄文期のサケ漁具二例－民俗資料との比較から－」『青森県の民俗』第8号　青森県民俗の会。本稿は、拙著『津軽海峡域の先史文化研究』（六一書房　2014年）に再録。

9月　福田友之「亀ヶ岡遺跡関係文献目録」『私の考古学ノート－北の大地と遺跡と海にひかれて－』弘前大学教育学部考古学研究室OB会

11月　青森県立郷土館『蓑虫山人と青森　放浪の画家が描いた明治の青森』

平成21年（2009）

3月　つがる市教育委員会『史跡　亀ヶ岡石器時代遺跡・田小屋野貝塚保存管理計画書』

3月　関根達人・上條信彦編『成田コレクション考古資料図録』弘前大学人文学部附属 亀ヶ岡文化研究センター

12月　関根達人編『佐藤蔀　考古画譜Ⅰ』弘前大学人文学部附属 亀ヶ岡文化研究センター

平成22年（2010）

3月　関根達人編『佐藤蔀　考古画譜Ⅱ』弘前大学人文学部附属 亀ヶ岡文化研究センター

3月　つがる市教育委員会『田小屋野貝塚2・亀ヶ岡遺跡4・上沢辺（2）遺跡』つがる市遺跡調査報告書5

3月　関西大学博物館『関西大学博物館蔵本山彦一蒐集資料目録』

4月　藤沼邦彦「亀ヶ岡遺跡」『世界遺産 縄文遺跡』同成社

9月　弘前大学人文学部附属 亀ヶ岡文化研究センター『成田彦栄氏考古・アイヌ民族資料図録』弘前大学出版会

平成23年（2011）

3月　上條信彦編『佐藤蔀　考古画譜Ⅲ』弘前大学人文学部附属 亀ヶ岡文化研究センター

平成24年（2012）

3月　つがる市教育委員会『豊富遺跡2・亀ヶ岡遺跡5・筒木坂屏風山遺跡2・田小屋野貝塚3・下相野遺跡』つがる市遺跡調査報告書7

平成25年（2013）

2月　佐野忠史「「古十三湖」を囲む縄文晩期の遺跡について～亀ヶ岡遺跡を中心として～」『郷土文化誌 いしがみ』第23号

3月　藤沼邦彦「江戸時代の亀ヶ岡遺跡研究史」『青森県史 資料編 考古2』青森県

3月　鈴木克彦「国史跡 亀ヶ岡遺跡」『青森県史 資料編 考古2』同上

平成26年（2014）

1月　國學院大學日本文化研究所編『國學院大學學術フロンティア構想　柴田常恵写真資料目録1』

3月　福田友之「亀ヶ岡発掘をめぐる人びと－東京人類学会との関わりを中心にして－」『青森県考古学』第22号

3月　成田滋彦「土器を持つ土偶－青森県亀ヶ岡遺跡－」同上

12月　佐野忠史「縄文遺跡群世界遺産登録推進事業について～史跡田小屋野貝塚・亀ヶ岡石器時代遺跡、そしてつがる市の取り組みを中心として～」『郷土文化誌　いしがみ』第25号　「いしがみ」刊行会

平成27年（2015）

3月　国立歴史民俗博物館『亀ヶ岡遺跡・是川遺跡』国立歴史民俗博物館資料図録11

10月　福田友之・福井敏隆「弘前市立弘前図書館所蔵の神田孝平から下澤保躬にあてた書簡－陸奥考古学界草創期の一断面」『弘前大学國史研究』第139号

平成28年（2016）

　　7月　福田友之「旧制弘前高等学校の考古学－小岩井兼輝の調査・研究－」『弘前大学の考古学　弘大考古のあゆみとその成果』弘前大学人文社会科学部北日本考古学研究センター

平成29年（2017）

　　12月　羽石智治「亀ヶ岡遺跡」『平成29年度　青森県埋蔵文化財発掘調査報告会資料』

平成31・令和元年（2019）

　　3月　福田友之「神田孝平書簡再説（承前）－内耳鉄鍋と亀ヶ岡遮光器土偶報告までの経緯－」『青森県考古学』第27号

　　6月　つがる市教育委員会『史跡亀ヶ岡石器時代遺跡総括報告書』つがる市遺跡調査報告書11

　　12月　工藤清泰「つがる市遺跡探訪①－亀ヶ岡遺跡（1）」『郷土文化誌　いしがみ』第30号「いしがみ」刊行会

令和2年（2020）

　　1月　佐野忠史「柴田常恵と小田原城跡・小田原遺跡・亀ヶ岡遺跡－柴田常恵と初期の文化財保護行政、そして蓑虫山人のこと－」『小田原市郷土文化館研究報告』No.56

『新聞』

平成6年（1994）

　　村越　潔「つがる古代史への招待　旧石器時代から弥生時代へ　□2～4　第1部　考古学の先人たち　津軽の先覚者による調査と研究①～③」『4月15・22・29日付け陸奥新報』

平成15年（2003）

　　鈴木克彦「考古学界に誇れる文化　亀ヶ岡遺跡（上）（つがる市）北の縄文遺跡35」『10月16日付け陸奥新報』

　　鈴木克彦「秀逸性裏付ける遺物　亀ヶ岡遺跡（下）（つがる市）北の縄文遺跡36」『10月23日付け陸奥新報』

　　佐野忠史「亀ヶ岡石器時代遺跡（つがる市）　世界遺産を目指して　あおもり縄文紀行109」『2013年1月13日付け東奥日報朝刊』

第3節　三内丸山遺跡

明治22年（1889）

　　11月　佐藤　蔀「陸奥國津軽郡花巻村ヨリ出デタル大甕」『東京人類學會雑誌』第5巻第45号

明治26年（1893）

　　1月　角田猛彦「石包丁の類か」『東京人類學會雑誌』第8巻第82号

明治27年（1894）

　　2月　八木奘三郎「本邦諸地方より發見せる石器の種類」『東京人類學會雜誌』第9巻第95号

明治30年（1897）

　　7月　東京帝國大學編『日本石器時代人民遺物發見　地名表』（以後、昭和3年の第5版まで継続）

明治31年（1898）

　　3月　角田猛彦「有孔小石器に就きて」『東京人類學會雜誌』第13巻第144号

大正9年（1920）

　　7月　靑森縣教育會編「石器時代遺物發見地の表」『靑森縣地誌』

昭和29年（1954）

　　4月　清水潤三「青森市三内遺跡調査豫報」『日本考古学協会彙報　別篇』2

昭和34年（1959）

　　3月　清水潤三「青森県青森市三内遺跡」『日本考古学年報』8　日本考古学協会

昭和36年（1961）

　　1月　清水潤三「青森県青森市三内遺跡」『日本考古学年報』9

昭和37年（1962）

　　3月　清水潤三「青森県青森市三内遺跡」『日本考古学年報』11

昭和38年（1963）

　　10月　清水潤三「青森県青森市三内遺跡」『日本考古学年報』6

昭和39年（1964）

　　6月　清水潤三「青森県三内出土の大形土偶」『史学』第37巻第1号　三田史學會

昭和42年（1967）

　　1月　内田武志・宮本常一編訳「すみかの山」『菅江真澄遊覧記』3　東洋文庫82　平凡社

昭和45年（1970）

　　7月　青森市教育委員会『三内丸山遺跡調査概報』青森市の埋蔵文化財4

　　7月　石岡憲雄・舘野　孝「青森市三内丸山地区出土の尖頭器」『遮光器』3号　みちのく考古学研究会

昭和47年（1972）

　　7月　内田武志・宮本常一編「栖家能山」『菅江真澄全集』第3巻　未来社

昭和52年（1977）

　　3月　青森県教育委員会『近野遺跡発掘調査報告書（Ⅲ）・三内丸山（Ⅱ）遺跡発掘調査報告書』青森県埋蔵文化財調査報告書第33集

　　3月　小笠原善範「青森市三内丸山遺跡出土の顔面把手について」『遮光器』11号

昭和53年（1978）

　　4月　三浦圭介「三内丸山（Ⅱ）遺跡」『日本考古学年報』29（1976年版）

昭和54年（1979）

　　3月　青森県教育委員会『近野遺跡発掘調査報告書（Ⅳ）』青森県埋蔵文化財調査報告書第47集

昭和57年（1982）

12月　小杉嘉四蔵・小山彦逸『小杉嘉四蔵蒐集考古学資料集　［三内丸山Ⅰ遺跡］』

昭和58年（1983）
　3月　誉田　実「三内丸山遺跡出土の三角柱状土製品」『遺址』第3号　成田滋彦

昭和63年（1988）
　3月　青森市教育委員会『三内丸山Ⅰ遺跡発掘調査報告書』青森市の埋蔵文化財15

平成3年（1991）
　11月　鈴木克彦「動物考古学十選（2）　青森市三内丸山1遺跡出土の動物型（猪）」『古代文化』第43巻第11号　（財）古代學協會

平成5年（1993）
　3月　青森市教育委員会『三内丸山（2）遺跡発掘調査概報』青森市埋蔵文化財調査報告書第18集

平成6年（1994）
　3月　岡田康博「三内丸山（2）遺跡に見る縄文集落の姿」『弘前大学國史研究』第96号　弘前大学國史研究会
　3月　青森市教育委員会『小三内遺跡発掘調査報告書』青森市埋蔵文化財調査報告書第22集
　3月　青森市教育委員会『三内丸山（2）・小三内遺跡発掘調査報告書』青森市埋蔵文化財調査報告書第23集
　3月　青森県埋蔵文化財調査センター『三内丸山（2）遺跡Ⅱ』青森県埋蔵文化財調査報告書第157集
　3月　青森県立郷土館『青森県立郷土館収蔵資料目録』第4集
　3月　青森県埋蔵文化財調査センター『三内丸山（2）遺跡Ⅲ』青森県埋蔵文化財調査報告書第166集
　7月　岡田康博・阿部美杉・小笠原雅行「青森県青森市三内丸山（2）遺跡」『日本考古学年報』45（1992年度）
　7月　岡田康博「青森市三内丸山（2）遺跡の巨木遺構について」『月刊考古学ジャーナル』No.377
　9月　北のまほろばシンポジウム実行委員会事務局『三内丸山遺跡に縄文文化を見直す　北のまほろばシンポジウム』
　9月　『［緊急特集］発見された縄文の都　三内丸山遺跡』アサヒグラフ通巻3775号　朝日新聞社
　9月　鈴木克彦「三内丸山遺跡」『縄文時代研究事典』東京堂出版
　10月　東奥日報社事業局出版部『緊急特集　三内丸山遺跡』
　10月　『［完全記録］よみがえる縄文の都　三内丸山遺跡』アサヒグラフ通巻3780号
　11月　青森銀行編「特集　縄文Ⅱ　三内丸山遺跡」『ASUNARO』
　12月　青森県埋蔵文化財調査センター「特集／日本最大の縄文集落　三内丸山遺跡」『教育こうほう』第45巻第9号　青森県教育庁総務課
　12月　青森県埋蔵文化財調査センター「青森県三内丸山遺跡」『考古学研究』第41巻第3号　考古学研究会

平成7年（1995）
　2月　岡田康博「円筒土器文化の巨大集落－青森県三内丸山遺跡－」『季刊考古学』第50号　雄山閣
　3月　田中忠三郎「民具からみる三内丸山文化」『季刊稽古館』vol.12　稽古館友の会
　3月　橘　善光「"三内丸山"時代消滅の要因についての一考察」『東奥文化』第66号　青森県文化

財保護協会

　　3月　三内丸山遺跡「応援メッセージ」募集実行委員会事務局『三内丸山遺跡「応援メッセージ」集』青森県埋蔵文化財調査センター

　　3月　青森県埋蔵文化財調査センター『三内丸山（2）遺跡Ⅳ』青森県埋蔵文化財調査報告書第185集

　　5月　平山久夫「青森県三内丸山遺跡に関連する考察　1・2」『北奥古代文化』第24号

　　5月　井沢元彦編『古代史大推理　縄文都市国家の謎　驚異の「三内丸山遺跡」全解説』スコラ

　　5月　岡田康博「青森県青森市三内丸山遺跡の調査」『日本考古学協会発表要旨　第61回総会』

　　5月　福田友之「三内丸山遺跡と津軽海峡」『鏡ヶ岡同窓会報』復刊第1号（通巻第7号）青森県立弘前高等学校「鏡ヶ岡同窓会報」編集委員会

　　6月　岡村道雄「三内丸山－さんないまるやま遺跡・青森県青森市」『発掘された日本列島'95新発見考古速報』朝日新聞社

　　6月　岡田康博・伊藤由美子「円筒土器文化の植物利用－三内丸山遺跡の事例」『月刊考古学ジャーナル』№389　ニュー・サイエンス社

　　7月　東奥日報社『増補改訂版　三内丸山遺跡』

　　7月　岡田康博・小笠原雅行「青森県青森市三内丸山遺跡」『日本考古学年報』46

　　8月　三内丸山縄文発信の会『森と海の都「三内丸山」』

　　9月　梅原　猛・安田喜憲編『縄文文明の発見－驚異の三内丸山遺跡－』PHP研究所

　　9月　三内丸山遺跡・縄文フォーラム実行委員会『三内丸山遺跡・縄文フォーラム'95』

　　9月　櫛引直道「おらほの遺跡、三内丸山」『TRAINVERT』95－9月号　JR東日本

　　10月　市川金丸「青森県の縄文文化と三内丸山遺跡」『北奥文化』第16号　北奥文化研究会

　　11月　青森県教育委員会・佐賀県教育委員会『古代史シンポジウム'95　「縄文のまほろば三内丸山遺跡　クニの黎明吉野ヶ里遺跡」』

　　12月　岡田康博「縄文時代における自然の社会化－青森県三内丸山遺跡－」『季刊考古学』別冊

　　12月　山崎　謙『よみがえる縄文の都－三内丸山遺跡の衝撃－』DHC

平成8年（1996）

　　1月　岡田康博「青森県三内丸山遺跡」『日本考古学年報』47

　　3月　青森市教育委員会『三内丸山（2）遺跡発掘調査報告書』青森市埋蔵文化財調査報告書第28集

　　3月　青森県教育庁文化課三内丸山遺跡対策室『三内丸山遺跡Ⅴ』青森県埋蔵文化財調査報告書第204集

　　3月　青森県教育庁文化課三内丸山遺跡対策室『三内丸山遺跡Ⅵ』青森県埋蔵文化財調査報告書第205集

　　4月　岡田康博「三内丸山遺跡と東北の縄文文化」『うきたむ考古』第1号　うきたむ考古の会

　　5月　岡田康博「青森県三内丸山遺跡－大規模集落の成立と生業－」『季刊考古学』第55号

　　6月　田村　信『古代史発見シリーズ2　謎の東北王国・三内丸山遺跡』学習研究社

　　6月　村越　潔「三内丸山遺跡にみる北日本の縄文文化」『山形考古』第5巻第4号　山形考古学会

　　6月　山中慎介・岡田康博・佐藤洋一郎「青森・三内丸山遺跡出土のクリ遺体のDNA解析」『日本文化財科学会第13回大会研究発表要旨集』日本文化財科学会

7月　青森県立郷土館『縄文の玉手箱－風韻堂コレクション図録－』

7月　「縄文まほろば博」実行委員会『縄文まほろば博公式ガイドブック　縄文の扉』

7月　（協）プランニングネットワーク東北「三内丸山から研究者・市民ネットワークへ－歴史遺産の交流拠点化－」『NIRA研究報告書』

7月　小林達雄「三内丸山のモニュメント」『一冊の本』7月号　朝日新聞社

8月　西田正規「過熱する考古ジャーナリズム－三内丸山遺跡報道への疑問」『週刊金曜日』第4巻32号（通巻140号）　金曜日

9月　小笠原雅行「三内丸山遺跡出土土器の数量的研究」『シンポジウム「考古学とコンピュータ」』重点領域「人文科学とコンピュータ」事務局

9月　斎藤　岳「石器分析による三内丸山遺跡の空間分析」『シンポジウム「考古学とコンピュータ」』重点領域「人文科学とコンピュータ」事務局

10月　坂口光男『謎の縄文伝説－三内丸山縄文人の素顔　甦る古神道の謎学』住宅新報社

11月　成田誠治「遺跡は語る⑨　三内丸山遺跡（青森市大字三内）」『月刊れぢおん青森』No.215（財）青森地域社会研究所

11月　岡田康博・小山修三編『縄文鼎談　三内丸山の世界』山川出版社

11月　佐原　真「三内丸山遺跡－空想と学問的現実の間－」『潮』435号　潮出版社

11月　田中　琢ほか編「三内丸山遺跡」『角川新版日本史辞典』角川書店

平成9年（1997）

1月　青森県教育庁文化課三内丸山遺跡対策室『三内丸山遺跡・縄文シンポジウム'96　科学が解き明かす縄文の世界－縄文の森を考える－』

1月　岡田康博・NHK青森放送局編『縄文都市を掘る－三内丸山から原日本が見える』日本放送出版協会

2月　岡田康博「縄文都市・三内丸山遺跡再点検（一）」『東アジアの古代文化』90　大和書房

2月　江坂輝弥「三内遺跡・調査の歴史」『月刊考古学ジャーナル』No.413　ニュー・サイエンス社

2月　村越　潔「三内丸山遺跡」同上

3月　「縄文まほろば博」実行委員会事務局『「縄文まほろば博」90日間の記録』

3月　青森県教育庁文化課三内丸山遺跡対策室『三内丸山遺跡Ⅶ』青森県埋蔵文化財調査報告書第229集

3月　青森県教育庁文化課『三内丸山遺跡Ⅷ』青森県埋蔵文化財調査報告書第230集

3月　青森県教育庁文化課三内丸山遺跡対策室『史跡三内丸山遺跡年報』1

4月　岡田康博「縄文都市・三内丸山遺跡再点検（二）」『東アジアの古代文化』91

4月　福田友之「三内丸山遺跡」『地方史事典』弘文堂

7月　東奥日報社事業局出版部『新版　三内丸山遺跡』

7月　岡田康博「縄文都市・三内丸山遺跡再点検（三）」『東アジアの古代文化』92

7月　ニュー・サイエンス社「特集・三内丸山遺跡」『月刊考古学ジャーナル』No.419

8月　『三内丸山遺跡と北の縄文世界』アサヒグラフ通巻3928号（別冊）　朝日新聞社

9月　村越　潔「三内丸山遺跡と円筒土器文化圏」『5000年前の東アジア』（村川行弘編）大阪経

済法科大学出版部

　9月　冨樫泰時「三内丸山遺跡に見る東北文化の源流」『東北の歴史再発見－国際化の時代をみつめて』河出書房新社

　9月　林　謙作「縄紋巨大施設の意味」『第11回「大学と科学」公開シンポジウム　縄文と弥生』クバプロ

　11月　青森県教育庁文化課三内丸山遺跡対策室『三内丸山遺跡・縄文シンポジウム'97－縄文最前線－』

　12月　林　謙作「縄文社会の資源利用・土地利用－「縄文都市論」批判」『考古学研究』第44巻第3号　考古学研究会

平成10年（1998）

　2月　企画集団ぷりずむ編「三内丸山・縄文のこころ」『あおもり草子』No.109

　3月　青森県教育庁文化課三内丸山遺跡対策室『史跡三内丸山遺跡年報』2

　3月　青森県教育庁文化課『三内丸山遺跡Ⅸ』青森県埋蔵文化財調査報告書第249集

　3月　青森県教育庁文化課『三内丸山遺跡Ⅹ』青森県埋蔵文化財調査報告書第250集

　3月　青森県教育庁文化課『三内丸山遺跡Ⅺ』青森県埋蔵文化財調査報告書第251集

　3月　青森県教育庁文化課『三内丸山遺跡Ⅻ』青森県埋蔵文化財調査報告書第252集

　3月　青森県立郷土館『青森県立郷土館収蔵資料目録　補遺編』第8集

　4月　小杉　康「定住のはじまりから三内丸山まで－列島における後氷期対応－」『科学』第68巻第4号　岩波書店

　5月　成田滋彦「青森県三内丸山遺跡の土坑墓について－平成9年3月31日現在の分析－」『時の絆　石附喜三男先生を偲ぶ　［道を辿る］』石附喜三男先生を偲ぶ本刊行委員会

　7月　大林組プロジェクトチーム編『三内丸山遺跡の復元』学生社

　7月　森　勇一「三内丸山遺跡から発掘された昆虫化石群集について」『日本文化財科学会　第15回大会研究発表要旨集』

　7月　三内丸山遺跡・縄文フォーラム実行委員会『三内丸山から時を超えたメッセージ　三内丸山遺跡・縄文フォーラム'98』

　10月　「国際狩猟採集民会議 青森シンポジウム」実行委員会・国際シンポジウム「岐路に立つ狩猟採集社会」実行委員会『国際狩猟採集民会議 青森シンポジウム－躍動する狩猟採集文化：北太平洋のなかの三内丸山遺跡』

　11月　青森県教育庁文化課三内丸山遺跡対策室『三内丸山遺跡・縄文シンポジウム'98　縄文人のものづくり－縄文のテクノロジー－』

平成11年（1999）

　2月　小笠原雅行「円筒土器文化圏における前期の土偶について－三内丸山遺跡の事例を中心に－」『土偶研究の地平　「土偶とその情報」研究論集（3）』勉誠社

　2月　岡田康博「三内丸山遺跡－利用・活用の実際と到達点－」『緑の読本』50　緑化環境情報センター

　3月　青森県教育庁文化課『三内丸山遺跡ⅩⅢ』青森県埋蔵文化財調査報告書第265集

3月　岡田康博「コラム　三内丸山遺跡との出会い」『市史研究あおもり』2　青森市

　　6月　辻　誠一郎「高精度14C年代測定による三内丸山遺跡の編年」『月刊地球　総特集　高精度年代測定法とその応用－第四紀を中心として－』海洋出版

　　8月　岡田康博「三内丸山遺跡最新情報」『東アジアの古代文化』100　大和書房

　　9月　岡田康博「三内丸山遺跡」『日本民俗写真大系①　北方世界との交流』草の根出版会

　　10月　樋泉岳二「動物遺体からみた環境・生業・食生活－三内丸山遺跡にみる人と自然の関係史－」『食の復元－遺跡・遺物から何を読み取るか－』帝京大学山梨文化財研究所　研究集会報告集2

　　12月　青森県教育庁文化課三内丸山遺跡対策室『三内丸山遺跡・縄文シンポジウム'99　検証三内丸山遺跡』

　　12月　岡田康博「教科書に登場する遺跡－青森県三内丸山遺跡－」『考古学研究』第46巻第3号

平成12年（2000）

　　1月　高島忠平・岡田康博『縄文の宇宙、弥生の世界－三内丸山と吉野ヶ里の原風景－』角川書店

　　2月　森　勇一「三内丸山遺跡から得られた昆虫化石群集とその意義」『考古学と自然科学』38

　　2月　山中慎介・岡田康博・中村郁郎・佐藤洋一郎「植物遺体のDNA多型解析手法の確立による縄文時代前期三内丸山遺跡のクリ栽培の可能性」『考古学と自然科学』38　日本文化財科学会

　　3月　久慈　力『三内丸山は語る－縄文世界の再検証－』新泉社

　　3月　青森県教育庁文化課三内丸山遺跡対策室『史跡三内丸山遺跡年報』3

　　3月　青森県教育庁文化課『三内丸山遺跡ⅩⅣ』青森県埋蔵文化財調査報告書第282集

　　3月　青森県教育庁文化課『三内丸山遺跡ⅩⅤ』青森県埋蔵文化財調査報告書第283集

　　5月　太田原　潤「三内丸山遺跡の6本柱巨木柱列と二至二分一」『縄文時代』11　縄文時代文化研究会

　　5月　「〈特集〉その後の三内丸山遺跡」『月刊れぢおん青森』No.258　（財）青森地域社会研究所

　　7月　青森県教育庁文化課『三内丸山遺跡ⅩⅥ』青森埋蔵蔵文化財調査報告書第288集

　　7月　青森県教育庁文化課『三内丸山遺跡ⅩⅦ』青森県埋蔵文化財調査報告書第289集

　　8月　岡田康博『遙かなる縄文の声　三内丸山を掘る』NHKブックス〔844〕　日本放送出版協会

　　11月　小笠原雅行・斎藤　岳・阿部美杉「本州北端の巨大集落－青森県三内丸山遺跡1－」『白い国の詩』531号　創童社

　　11月　青森県教育庁文化課三内丸山遺跡対策室『三内丸山遺跡・縄文シンポジウム2000　遺跡が語る縄文社会』

　　11月　三内丸山遺跡・縄文フォーラム実行委員会『三内丸山遺跡特別史跡指定記念　三内丸山遺跡・縄文フォーラム2000』

　　11月　「コンピュータグラフィックによる遺跡景観の復元－青森県三内丸山遺跡を例として－」『動物考古学』第15号　動物考古学研究会

　　12月　国立民族学博物館小山研究室・青森県教育庁文化課三内丸山遺跡対策室編『民族学と縄文文化－三内丸山遺跡からの発信－』青森県教育委員会・国立民族学博物館

　　12月　小笠原雅行・斎藤　岳・阿部美杉「本州北端の豊かな縄文文化－青森県三内丸山遺跡2－」『白い国の詩』532号　創童社

平成13年（2001）

　１月　太田原　潤「三内丸山遺跡の６本柱は建物か」『東アジアの古代文化』106　大和書房

　３月　青森県教育庁文化課『三内丸山遺跡ⅩⅧ』青森県埋蔵文化財調査報告書第309集

　３月　青森県教育庁文化課三内丸山遺跡対策室『特別史跡三内丸山遺跡年報』４

　５月　国立歴史民俗博物館『特別史跡指定記念　縄文文化の扉を開く－三内丸山遺跡から縄文列島へ－』青森県教育委員会

　11月　三内丸山遺跡・縄文フォーラム実行委員会『縄文文化。北の回廊を探る　三内丸山遺跡縄文フォーラム2001』

　12月　辻　誠一郎・中村俊夫「縄文時代の高精度編年：三内丸山遺跡の年代測定」『第四紀研究』第40巻第６号　日本第四紀学会

平成14年（2002）

　１月　青森県・青森県教育委員会『三内丸山遺跡・縄文シンポジウム2002　ストーンサークルのなぞ』

　３月　小笠原雅行・秦　光次郎「青森県青森市三内丸山遺跡の道路跡について」『古代交通研究』第11号　古代交通研究会

　３月　青森県教育庁文化財保護課『三内丸山遺跡ⅩⅨ』青森県埋蔵文化財調査報告書第337集

　３月　青森県教育庁文化財保護課『三内丸山遺跡ⅩⅩ』青森県埋蔵文化財調査報告書第338集

　３月　青森県史編さん考古部会『青森県史　別編　三内丸山遺跡』青森県

　３月　青森県教育庁文化財保護課三内丸山遺跡対策室『特別史跡三内丸山遺跡年報』５

　８月　太田原　潤「記念物（モニュメント）－記念物と二至二分－」『季刊考古学』第80号　雄山閣

平成15年（2003）

　２月　小林達雄編『週刊朝日百科36　日本の歴史　三内丸山　縄文人の世界』通巻567号（改訂第１刷）　朝日新聞社

　３月　青森県教育庁文化財保護課『三内丸山遺跡21』青森県埋蔵文化財調査報告書第361集

　３月　青森県教育庁文化財保護課三内丸山遺跡対策室『特別史跡三内丸山遺跡年報』６

　３月　青森県教育庁文化財保護課『三内丸山遺跡22』青森県埋蔵文化財調査報告書第362集

　12月　青森県教育庁文化財保護課三内丸山遺跡対策室『特別史跡三内丸山遺跡・縄文シンポジウム2003　三内丸山遺跡と円筒土器文化』

平成16年（2004）

　１月　「三内丸山遺跡・縄文フォーラム」実行委員会『三内丸山遺跡　縄文フォーラム2004　北の回廊を探るファイナル』

　３月　青森県教育庁文化財保護課三内丸山遺跡対策室『特別史跡三内丸山遺跡年報』７

　３月　青森県教育庁文化財保護課『三内丸山遺跡23』青森県埋蔵文化財調査報告書第381集

　３月　青森県教育庁文化財保護課『三内丸山遺跡24』青森県埋蔵文化財調査報告書第382集

　３月　青森県教育庁文化財保護課『三内丸山遺跡25』青森県埋蔵文化財調査報告書第383集

平成17年（2005）

　１月　「三内丸山遺跡・縄文フォーラム」2005実行委員会『三内丸山遺跡　縄文フォーラム2005　保存決定から10年』

2月　太田原　潤「三内丸山遺跡の大形木柱列と二至二分」『縄文ランドスケープ』アム・プロモーション

3月　成田滋彦「三内丸山遺跡の終焉－縄文時代後期の遺物・遺構－」『研究紀要』第10号　青森県埋蔵文化財調査センター

3月　青森県教育庁文化財保護課『三内丸山遺跡26』青森県埋蔵文化財調査報告書第404集

3月　青森県教育庁文化財保護課『三内丸山遺跡27』青森県埋蔵文化財調査報告書第405集

3月　青森県教育庁文化財保護課『三内丸山遺跡28』青森県埋蔵文化財調査報告書第406集

3月　青森県教育庁文化財保護課三内丸山遺跡対策室『特別史跡三内丸山遺跡年報』8

5月　江坂輝彌「三内丸山遺跡」『新日本考古学小辞典』ニュー・サイエンス社

平成18年（2006）

3月　稲野裕介「三内丸山遺跡の岩偶」『第3回　土偶研究会発表資料』土偶研究会

3月　青森県教育庁文化財保護課三内丸山遺跡保存活用推進室『特別史跡三内丸山遺跡年報』9

3月　青森県教育庁文化財保護課『三内丸山遺跡29』青森県埋蔵文化財調査報告書第422集

3月　青森県教育庁文化財保護課『三内丸山遺跡30』青森県埋蔵文化財調査報告書第423集

3月　遠藤正夫「考古学研究の歩み」『新青森市史　資料編1　考古』青森市

3月　岡田康博「特別史跡　三内丸山遺跡」同上

3月　一町田　工・北林八洲晴・工藤清泰・成田滋彦」「コラム〈三内丸山遺跡の10年〉」『青森県考古学』第14号　青森県考古学会

11月　辻　誠一郎・能城修一編『植生史研究特別第2号　三内丸山遺跡の生態系史』日本植生史学会

平成19年（2007）

1月　川口　潤「姿を現した縄文時代の大規模集落　三内丸山遺跡」『図説　青森・東津軽の歴史』郷土出版社

3月　青森県教育庁文化財保護課三内丸山遺跡保存活用推進室『特別史跡三内丸山遺跡年報』10

3月　青森県教育庁文化財保護課『三内丸山遺跡31』青森県埋蔵文化財調査報告書第443集

3月　青森県教育庁文化財保護課『三内丸山遺跡32』青森県埋蔵文化財調査報告書第444集

5月　鈴木克彦「三内丸山遺跡」『東アジア考古学辞典』東京堂出版

平成20年（2008）

3月　青森県教育庁文化財保護課三内丸山遺跡保存活用推進室『特別史跡三内丸山遺跡年報』11

3月　青森県教育庁文化財保護課『三内丸山遺跡33』青森県埋蔵文化財調査報告書第462集

3月　青森県教育庁文化財保護課『三内丸山遺跡34』青森県埋蔵文化財調査報告書第463集

11月　青森県教育委員会『あおもり縄文展～JOMONを世界へ、三内丸山からの発進～』青森県教育庁文化財保護課

平成21年（2009）

3月　関根達人・上條信彦編『成田コレクション考古資料図録』弘前大学人文学部附属亀ヶ岡文化研究センター

3月　青森県教育庁文化財保護課『三内丸山遺跡35』青森県埋蔵文化財調査報告書第478集

3月　青森県教育庁文化財保護課三内丸山遺跡保存活用推進室『特別史跡三内丸山遺跡年報』12

10月　The Cultural Properties Protection Division Board of Education, Aomori Prefecuture『縄文 The Group of Jomon Archaeological Sites in Aomori Prefecuture』

12月　関根達人編『佐藤　蔀　考古画譜Ⅰ』弘前大学人文学部附属亀ヶ岡文化研究センター

平成22年（2010）

1月　「三内丸山遺跡などの盛土遺構の研究」会事務局編『三内丸山遺跡などの盛土遺構の研究－予稿集－』御所野縄文博物館

3月　青森県教育庁文化財保護課『三内丸山遺跡36』青森県埋蔵文化財調査報告書第494集

3月　青森県教育庁文化財保護課三内丸山遺跡保存活用推進室『特別史跡三内丸山遺跡年報』13

4月　岡田康博「三内丸山遺跡」『世界遺産　縄文遺跡』同成社

9月　弘前大学人文学部附属亀ヶ岡文化研究センター『成田彦栄氏考古・アイヌ民族資料図録』

平成23年（2011）

2月　青森県教育庁文化財保護課『三内丸山遺跡37』青森県埋蔵文化財調査報告書第509集

3月　青森県教育庁文化財保護課三内丸山遺跡保存活用推進室『特別史跡三内丸山遺跡年報』14

3月　上條信彦編『佐藤　蔀　考古画譜Ⅲ』弘前大学人文学部附属亀ヶ岡文化研究センター

3月　青森市史編集委員会『新青森市史　通史編第1巻　原始・古代・中世』青森市

3月　青森県教育庁文化財保護課『三内丸山遺跡特別史跡指定10周年記念誌』

3月　「三内丸山遺跡などの盛土遺構の研究」会事務局編『三内丸山遺跡などの盛土遺構の研究－資料集－』御所野縄文博物館

平成24年（2012）

2月　青森県教育庁文化財保護課三内丸山遺跡保存活用推進室『特別史跡三内丸山遺跡年報』15

3月　北の縄文研究会『北の縄文　円筒土器文化の世界－三内丸山遺跡からの視点－』

3月　青森県教育庁文化財保護課『三内丸山遺跡38』青森県埋蔵文化財調査報告書第519集

3月　青森県教育庁文化財保護課『三内丸山遺跡39』青森県埋蔵文化財調査報告書第520集

8月　福田友之『青森県の貝塚－骨角器と動物食料』北方新社

10月　青森県立郷土館『寄贈記念　成田彦栄コレクション選』

平成25年（2013）

2月　青森県教育庁文化財保護課三内丸山遺跡保存活用推進室『特別史跡三内丸山遺跡年報』16

3月　青森県教育庁文化財保護課『三内丸山遺跡40』青森県埋蔵文化財調査報告書第533集

4月　相馬信吉「青森市三内丸山遺跡における初の学術調査記録写真群」『泥人形』第2号　泥人形刊行会

平成26年（2014）

2月　青森県教育庁文化財保護課三内丸山遺跡保存活用推進室『特別史跡三内丸山遺跡年報』17

3月　岡田康博『三内丸山遺跡』日本の遺跡48　同成社

3月　青森県教育庁文化財保護課『三内丸山遺跡41』青森県埋蔵文化財調査報告書第546集

3月　青森県教育庁文化財保護課『縄文の家づくり体験の記録』

平成27年（2015）

2月　青森県教育庁文化財保護課三内丸山遺跡保存活用推進室『特別史跡三内丸山遺跡年報』18

3月　青森県教育庁文化財保護課『三内丸山遺跡42』青森県埋蔵文化財調査報告書第557集

平成28年（2016）

　2月　青森県教育庁文化財保護課三内丸山遺跡保存活用推進室『特別史跡三内丸山遺跡年報』19

　3月　青森県教育庁文化財保護課『三内丸山遺跡43』青森県埋蔵文化財調査報告書第570集

　3月　青森県教育庁文化財保護課『特別史跡三内丸山遺跡保存管理計画書』

平成29年（2017）

　3月　青森県教育庁文化財保護課三内丸山遺跡保存活用推進室『特別史跡三内丸山遺跡年報』20

　3月　青森県教育庁文化財保護課『三内丸山遺跡44　総括報告書第1分冊』青森県埋蔵文化財調査報告書第588集

　3月　小笠原雅行「縄文前期　特別史跡三内丸山遺跡」『青森県史　資料編　考古1　旧石器・縄文草創期～中期』青森県

　3月　小笠原雅行「縄文中期　特別史跡三内丸山遺跡」同上

平成30年（2018）

　3月　青森県教育庁文化財保護課三内丸山遺跡保存活用推進室『特別史跡三内丸山遺跡年報』21

　3月　青森県教育庁文化財保護課『三内丸山遺跡44　総括報告書第2分冊』青森県埋蔵文化財調査報告書第588集

　12月　鈴木克彦『考古学倫理を考える　前期旧石器捏造事件、考古学犯罪のデパート・三内丸山遺跡－考古学倫理を確立するために』鈴木克彦

平成31年（2019）

　3月　青森県教育庁文化財保護課三内丸山遺跡保存活用推進室『特別史跡三内丸山遺跡年報』22

令和2年（2020）

　3月　三内丸山遺跡センター『特別史跡三内丸山遺跡研究紀要』1

『新　聞』

平成18年（2006）

　岡田康博「日本代表する「三内丸山」－北の縄文遺跡15 三内丸山遺跡①」『5月8日付け陸奥新報』

　岡田康博「縄文人の死生観示す－北の縄文遺跡16 三内丸山遺跡②」『5月15日付け陸奥新報』

　水谷真由美「祭祀・儀礼の拠点－北の縄文遺跡17 三内丸山遺跡③」『5月22日付け陸奥新報』

　中村美杉「豊かな海や山の恵み－北の縄文遺跡18 三内丸山遺跡④」『5月29日付け陸奥新報』

　斎藤　岳「交易・交流の中心地－北の縄文遺跡19 三内丸山遺跡⑤」『6月5日付け陸奥新報』

平成24年（2012）

　岡田康博「青森の構成資産は語る①　三内丸山遺跡（青森市）－世界遺産を目指して　あおもり縄文紀行101」『11月4日付け東奥日報朝刊』

　岡田康博「青森の構成資産は語る②　三内丸山遺跡（青森市）－世界遺産を目指して　あおもり縄文紀行102」『11月11日付け東奥日報朝刊』

第4節　二ツ森貝塚

明治9年（1876）

　岸　俊武編著『新撰陸奥国誌』巻第六十一（青森県文化財保護協会編『新撰陸奥国誌』第4巻、み
ちのく叢書第14巻　1965年）。本書は、1983年に国書刊行会から復刻版。

明治20年（1887）

　1月　廣澤安任「アイノノ遺跡ノ事」『東京人類學會報告』第2巻第11号

明治23年（1890）

　3月　「貝塚村ノ貝塚の貝塚土器、貝殻、獸骨、石斧」『東京人類學會雜誌』第5巻第48号

明治24年（1891）

　2月　「記事　○第六十六會　明治24年2月1日午後1時からの理科大學地質學教室の例会での談
話、佐藤重紀　陸奥國上北郡の貝塚」『東京人類學會雜誌』第6巻第59号

　2月　佐藤重紀「陸奥國上北郡の貝塚」同上

明治26年（1893）

　11月　若林勝邦「陸奥國上北郡貝塚村貝塚調査報告」『東洋學藝雜誌』第146号　東洋學藝社

明治30年（1897）

　7月　東京帝國大學編『日本石器時代人民遺物發見 地名表』（以後、昭和3年の第5版まで継続）

昭和4年（1929）

　2月　大巻秀詮著・太田孝太郎校訂「邦内郷村志　巻五」『南部叢書』第五册　南部叢書刊行会
（代表太田孝太郎）。本書は、昭和46年に歴史図書社から再刊。

　3月　中谷治宇二郎「東北地方石器時代遺跡調査豫報－特に津軽地方に就て－」『人類學雜誌』44
－3。本稿は『日本考古学選集24　中谷治宇二郎集』（1972年。築地書館）に再録。

昭和8年（1933）

　11月　喜田貞吉「随筆目録（14則）」『歴史地理』第62巻第5号　日本學術普及會

昭和14年（1939）

　1月　角田文衞「陸奥榎林遺跡の研究」『考古學論叢』第10輯（京都・考古學研究會。本稿は『角
田文衞著作集第1巻　古代学の方法』（1986年。法蔵館）に再録）

昭和37年（1962）

　10月　村越　潔「古代史ニュース　青森県二ツ森貝塚発掘調査」『古代文化』第9巻第4号　（財）
古代學協會

昭和38年（1963）

　5月　青森県教育委員会『青森県二ツ森貝塚発掘調査概要』

昭和42年（1967）

　3月　村越　潔「青森県上北郡二ツ森貝塚」『日本考古学年報』15　日本考古学協会

昭和44年（1969）

9月　清野謙次「第6部第3篇第1章　発掘の経過に関する中谷治宇二郎氏の手紙、第3章　陸奥国上北郡天間林村榎林貝塚」『日本貝塚の研究』岩波書店

昭和51年（1976）
　5月　鈴木克彦「東北地方北部における大木系土器文化の編年的考察」『北奥古代文化』第8号北奥古代文化研究会

昭和55年（1980）
　3月　村越　潔「青森県の貝塚」『長七谷地貝塚遺跡発掘調査報告書』青森県埋蔵文化財調査報告書第57集

昭和56年（1981）
　3月　村越　潔「二ッ森貝塚」『青森県百科事典』東奥日報社
　3月　天間勝也「第1編　原始」『天間林村史』上巻　天間林村

昭和57年（1982）
　7月　「榎林村」・「文献解題」『青森県の地名』日本歴史地名大系2　平凡社
　7月　村越　潔「二ッ森貝塚」『青森県の地名』同上

昭和58年（1983）
　3月　金子浩昌・鈴木克彦「風韻堂コレクションの骨角器及び自然遺物」『青森県立郷土館調査研究年報』第8号

昭和59年（1984）
　2月　金子浩昌「風韻堂コレクションにみる骨角牙製品の特色と動物遺存体について」『青森県考古学』第1号　青森県考古学会
　3月　鈴木克彦「風韻堂コレクションの装身具」『青森県立郷土館調査研究年報』第9号

昭和62年（1987）
　3月　鈴木克彦「風韻堂コレクションの石棒・石刀・石剣」『青森県立郷土館調査研究年報』第11号

昭和63年（1988）
　3月　八戸市博物館『図録 青森県の貝塚』

平成2年（1990）
　3月　福田友之「三沢市山中(2)貝塚および天間林村二ッ森貝塚の発掘調査」『青森県立郷土館調査研究年報』第14号

平成4年（1992）
　5月　青森県立郷土館『小川原湖周辺の貝塚－三沢市山中(2)貝塚・天間林村二ッ森貝塚発掘調査報告』青森県立郷土館調査報告第31集　考古－9
　11月　八戸市博物館『音喜多コレクション目録』

平成5年（1993）
　3月　天間林村教育委員会『二ッ森貝塚』天間林村文化財調査報告書第1集

平成6年（1994）
　3月　天間林村教育委員会『二ッ森貝塚』天間林村文化財調査報告書第2集
　3月　青森県立郷土館『青森県立郷土館収蔵資料目録第4集　考古編』

平成 7 年（1995）
　3 月　村越　潔「二ツ森貝塚」『日本古代遺跡事典』吉川弘文館
　3 月　天間林村教育委員会『二ツ森貝塚』天間林村文化財調査報告書第 3 集
平成 8 年（1996）
　3 月　天間林村教育委員会『二ツ森貝塚』天間林村文化財調査報告書第 4 集
　7 月　青森県立郷土館『縄文の玉手箱－風韻堂コレクション図録－』
　11月　成田誠治「遺跡は語る⑩　二ツ森貝塚（上北郡天間林村）」『月刊れじおん青森』№.216
（財）青森地域社会研究所
　12月　鈴木克彦「榎林式土器」『日本土器事典』雄山閣出版
平成 9 年（1997）
　3 月　天間林村教育委員会『二ツ森貝塚』天間林村文化財調査報告書第 5 集
平成11年（1999）
　3 月　天間林村教育委員会『二ツ森貝塚』天間林村文化財調査報告書第 6 集
平成12年（2000）
　3 月　天間林村教育委員会『村内遺跡発掘調査概要報告書』天間林村文化財調査報告書第 7 集
平成13年（2001）
　3 月　天間林村教育委員会『村内遺跡発掘調査概要報告書』天間林村文化財調査報告書第 8 集
平成14年（2002）
　3 月　天間林村教育委員会『村内遺跡発掘調査概要報告書』天間林村文化財調査報告書第11集
　3 月　小宮　孟「青森県二ツ森貝塚のフラスコ状土坑底から出土した縄文犬骨の考古学的意味」
『千葉県立中央博物館研究報告－人文科学－』第 7 巻第 2 号（通巻15号）
　10月　福田友之「中谷治宇二郎の津軽－昭和 3 年夏の遺跡調査行－」『海と考古学とロマン－市川
金丸先生古稀記念献呈論文集－』市川金丸先生古稀を祝う会
　10月　栗谷川昭子「秋田コレクション・骨角器について－二ツ森貝塚－」同上
平成15年（2003）
　3 月　天間林村教育委員会『村内遺跡発掘調査概要報告書』天間林村文化財調査報告書第12集
平成16年（2004）
　3 月　天間林村教育委員会『村内遺跡発掘調査概要報告書』天間林村文化財調査報告書第13集
平成17年（2005）
　3 月　天間林村教育委員会『村内遺跡発掘調査概要報告書』天間林村文化財調査報告書第14集
　11月　小山彦逸「縄文時代の貝塚　二ツ森貝塚・古屋敷貝塚」『図説　上北・下北の歴史』郷土出版社
平成18年（2006）
　3 月　七戸町教育委員会『町内遺跡発掘調査概要報告書』七戸町文化財調査報告書第 1 集
平成19年（2007）
　4 月　七戸町教育委員会『二ツ森貝塚－範囲確認調査報告書－』七戸町埋蔵文化財調査報告書第71集
　12月　小笠原雅行「青森市周辺の縄文時代中期後半の土器様相－円筒上層 e 式から榎林式へ－」
『村越　潔先生喜寿記念論集』弘前大学教育学部考古学研究室OB会

平成20年（2008）
　6月　小保内裕之「陸奥大木系土器（榎林式・最花式・大木10式併行土器）」『小林達雄先生古稀記念企画　総覧 縄文土器』アム・プロモーション
平成21年（2009）
　3月　斉藤慶吏2009「青森県域縄文海進期前後における居住様式－小川原湖沼群周辺地域を対象として－」『青森県考古学』第17号　青森県考古学会
平成22年（2010）
　4月　福田友之「二ツ森貝塚」『世界遺産 縄文遺跡』同成社
平成23年（2011）
　3月　福田友之「上北考古学の先駆者、佐藤重紀－東京人類学会で活躍した会津出身の研究者－」『青森県考古学』第19号　青森県考古学会
平成24年（2012）
　8月　福田友之『青森県の貝塚－骨角器と動物食料』北方新社
平成26年（2014）
　3月　小山彦逸「縄文時代中期後葉の「榎林式」土器編年－青森県七戸町二ツ森貝塚出土資料から－」『青森県考古学』第22号
　9月　七戸町教育委員会世界遺産対策室『未来に贈る縄文フォーラム「二ツ森貝塚物語りをつむぐ」』
　11月　小山彦逸「二ツ森貝塚の調査成果と今後の課題」『平成26年度　青森県考古学会秋季大会資料集「あおもりの貝塚を掘る」』
平成27年（2015）
　2月　七戸町教育委員会世界遺産対策室『未来に贈る縄文フォーラム「二ツ森貝塚物語りをつむぐ」記録集』
　3月　福田友之「明治～昭和初期の二ツ森貝塚調査と文献目録」『青森県考古学』第23号
平成28年（2016）
　3月　小山彦逸「二ツ森貝塚出土の石棒と石刀について」『青森県考古学』第24号
　5月　七戸町教育委員会『史跡二ツ森貝塚保存活用計画書』
平成29年（2017）
　3月　小山彦逸「史跡二ツ森貝塚出土の装身具の集成」『青森県考古学』第25号　青森県考古学会
　3月　福田友之「（縄文前期）国史跡　二ツ森貝塚」『青森県史資料編　考古１』青森県
　3月　福田友之「（縄文中期）国史跡　二ツ森貝塚」同上
平成30年（2018）
　3月　小山彦逸「史跡二ツ森貝塚出土の板状土偶と顔面付土器の集成」『青森県考古学』第26号
　3月　七戸町教育委員会『史跡二ツ森貝塚　整備基本構想及び整備基本計画』
平成31年（2019）
　3月　藤澤・澤田・奈良・鈴木・米田・大森・尾嵜・小山・高部・斉藤「史跡二ツ森貝塚から出土した縄文時代中期人骨群」『青森県考古学』第27号
　3月　小山彦逸「史跡二ツ森貝塚の全体像を求めて」同上

　３月　福田友之・小野寺信也「二ツ森貝塚発掘調査概要－昭和50年Ａ・Ｂ地点の調査－」『青森県考古学』第27号

『新　聞』
平成18年（2006）
　小笠原雅行「三内丸山級の巨大集落 二ツ森貝塚－北の縄文遺跡９」『３月20日付け陸奥新報』
平成24年（2012）
　小山彦逸「二ツ森貝塚（七戸町）－世界遺産を目指して あおもり縄文紀行106」『12月９日付け東奥日報朝刊』

第5節　是川石器時代遺跡

明治30年（1897）
　10月　八木奘三郎「共同備忘録」『東京人類學會雜誌』第13巻第139号
明治31年（1898）
　３月　東京帝國大學編『日本石器時代人民遺物發見　地名表（第二版）』
明治34年（1901）
　２月　河村末吉「陸奥國三戸郡地方に於ける石器時代遺物に就て」『東京人類學會雜誌』第16巻第179号
明治43年(1910)
　１月　石田収藏「石器時代遺物（口繪説明）」『東京人類學會雜誌』第25巻第286号
昭和２年（1927）
　１月　長谷部言人「圓筒土器文化」『人類學雜誌』第42巻第１号　東京人類學會
　６月　大里雄吉「陸奥國是川村中居石器時代遺蹟發見の植物質遺物に就いて」『歷史地理』第49巻第６号　日本學術普及會
　８月　杉山壽榮男「石器時代の木製品と編物」『人類學雜誌』第42巻第８号　東京人類學會
昭和３年（1928）
　２月　杉山壽榮男編著『日本原始工藝』・『日本原始工藝圖版解説』工藝美術研究會（復刻版1981年・北海道出版企画センター）
　６月　杉山壽榮男篇『日本原始工藝概説』工藝美術研究會（復刻版1981年・北海道出版企画センター）
　12月　喜田貞吉「巻頭圖版　青森縣是川村中居遺物包含状況（圖版説明）」『東北文化研究』第１巻第４号　東洋書院
昭和４年（1929）
　１月　喜田貞吉「青森縣是川村石器時代遺蹟の一大新發見（報道）」『東北文化研究』第１巻第５号

5月　山内淸男「關東北に於ける繊維土器」『史前學雜誌』第１巻第２号　史前學會

9月　中谷治宇二郎『日本石器時代提要』岡書院

昭和５年（1930）

7月　甲野　勇「青森縣三戸郡是川村中居石器時代遺跡調査概報」『史前學雜誌』第２巻第４号

7月　杉山壽榮男「石器時代有機質遺物の研究概報－特に「是川泥炭層出土品」に就て」同上

7月　鹿野忠雄「是川泥炭層出土甲蟲の一種に就て」同上

7月　Kashiwa　Ohyama「Korekawa- Funde」同上

11月　宮坂光次「青森縣是川村一王寺史前時代遺跡發掘調査報告」『史前學雜誌』第２巻第６号

11月　草野俊助「一王寺式土器破片に殘存する植物繊維」同上

昭和７年（1932）

1月　喜田貞吉・杉山壽榮男『日本石器時代植物性遺物圖録』刀江書院（復刻版1980年。北海道出版企画センター）

3月　杉山壽榮男「是川発見の鉄滓の曲玉」『考古學雜誌』第23巻第３号　考古學會

昭和８年（1933）

3月　喜田貞吉「本山翁と「是川遺蹟」」『史前學雜誌』第５巻第１号

3月　杉山壽榮男「是川遺蹟記念碑と本山松陰先生」同上

昭和９年（1934）

7月　山内淸男「石器時代土偶」『ドルメン』第３巻第７号　岡書院

11月　池上啓介「青森縣三戸郡是川村一王寺發見の石包丁樣石器」『史前學雜誌』第６巻第６号

昭和11年（1936）

4月　喜田貞吉「日本石器時代の終末期に就いて」『ミネルヴァ』第１巻第３号　翰林書房

7月　大給　尹「青森縣下一王寺遺跡發見の家猫に非ざる猫科の一下顎骨（予報）」『史前學雜誌』第８巻第４号

昭和18年（1943）

10月　中谷治宇二郎『校訂日本石器時代提要』甲鳥書林

昭和34年（1959）

6月　小林行雄「是川遺跡」『図解考古学辞典』創元社

昭和36年（1961）

3月　音喜多富寿『石器時代のはちのへ』文化財シリーズNo.2　八戸市教育委員会

昭和37年（1962）

8月　清水潤三講述「是川遺跡出土品について」『五島美術館美術講座』No.6

12月　伊東信雄「是川一王寺遺跡」『日本考古学辞典』東京堂出版

12月　伊東信雄「是川中居遺跡」『日本考古学辞典』同上

昭和41年（1966）

2月　清水潤三『是川遺跡』美術文化シリーズ　中央公論美術出版

昭和42年（1967）

3月　清水潤三「青森県八戸市是川遺跡」『日本考古学年報』15　日本考古学協会

　3月　青森県教育委員会『図録青森の文化財　美術工芸品　考古資料』
昭和43年（1968）
　3月　江坂輝弥「青森県八戸市是川，中居泥炭層遺跡出土の線刻絵画らしきものある岩版について」
『北海道考古学』第4輯　北海道考古学会
　10月　青森県立図書館『青森県埋蔵文化財展目録』青森県文化財保護協会
昭和44年（1969）
　3月　サントリー美術館『春の特別展　土偶と土面』
昭和46年（1971）
　3月　青森県教育委員会『図録青森の文化財　史跡・名勝・天然記念物・史料・民俗資料・民俗芸能』
　3月　江坂輝弥「〈速報〉八戸市是川中居遺跡の再調査」『月刊考古学ジャーナル』No.60　ニュー・
サイエンス社
昭和47年（1972）
　3月　保坂三郎編『是川遺跡出土遺物報告書』八戸市教育委員会
昭和48年（1973）
　1月　市川金丸『是川堀田遺跡』文化財シリーズ14　八戸市教育委員会
　10月　滝沢幸長『八戸市歴史民俗資料館建設予定地緊急発掘調査報告書』八戸市教育委員会
昭和49年（1974）
　3月　音喜多富寿「是川堀田遺跡」『日本考古学年報』25
　10月　滝沢幸長「八戸市市川町桔梗野工業団地造に伴なう埋蔵文化財表面採集調査に関して」『青
森県考古学会会報』第6号
昭和50年（1975）
　6月　滝沢幸長「是川中居遺跡」『日本考古学年報』26
昭和51年（1976）
　3月　八戸市史編さん委員会『八戸市史　通史編』八戸市
昭和52年（1977）
　3月　八戸市教育委員会『八戸市歴史民俗資料館管理棟建設に伴う緊急発掘調査概要－土壙墓・赤
染人骨－』文化財シリーズ18
昭和53年（1978）
　9月　栗村知弘「是川遺跡の発掘成果とその展望」『歴史手帖』第6巻第9号　名著出版
昭和54年（1979）
　2月　林　謙作「是川」『世界考古学事典　上』平凡社
昭和56年（1981）
　3月　栗村知弘「是川遺跡」『青森県百科事典』東奥日報社
　3月　八戸市教育委員会『是川中居・堀田遺跡発掘調査報告書』八戸市埋蔵文化財調査報告書第5集
昭和57年（1982）
　3月　八戸市教育委員会『是川中居遺跡試掘調査報告書』八戸市埋蔵文化財調査報告書第7集
　7月　村越　潔「一王寺遺跡」『青森県の地名』日本歴史地名大系2　平凡社

7月　村越　潔「中居遺跡」『青森県の地名』日本歴史地名大系2　平凡社

　9月　稲野裕介「亀ヶ岡文化における内面渦状土（石）製品とその分布」『史学』第52巻第2号

昭和58年（1983）

　3月　八戸市教育委員会『是川中居遺跡発掘調査報告書』八戸市埋蔵文化財調査報告書第10集

昭和59年（1984）

　3月　鈴木克彦「風韻堂コレクションの装身具」『青森県立郷土館調査研究年報』第9号

昭和60年（1985）

　3月　八戸市博物館『目で見る八戸の歴史2　縄文の美－是川中居遺跡出土品図録　土器編』

昭和61年（1986）

　3月　工藤竹久・高島芳弘「是川中居遺跡出土の縄文時代晩期終末期から弥生時代の土器」『八戸市博物館研究紀要』第2号

昭和63年（1988）

　3月　八戸市博物館『目で見る八戸の歴史5　縄文の美－是川中居遺跡出土品図録　第2集－』

　6月　東奥日報社『青森県の文化財－写真集』

　7月　八戸市博物館『開館5周年記念特別展図録　縄文の漆工芸』

平成元年（1989）

　12月　青森県教育委員会『青森県の文化財』

平成2年（1990）

　3月　八戸市教育委員会『遺跡が語る八戸の歴史』文化財シリーズ第31号

平成4年（1992）

　11月　八戸市博物館『音喜多コレクション目録』

平成5年（1993）

　9月　青森県立郷土館『漆の美　日本の漆文化と青森県』

　9月　熊野正也「是川遺跡」『縄文時代研究事典』東京堂出版

平成6年（1994）

　1月　小林和彦「木製品－狩猟具」『白い国の詩』449　創童社

　2月　小林和彦「植物質容器－森の中で生まれた木の文化」『白い国の詩』450

　3月　青森県立郷土館『青森県立郷土館収蔵資料目録』第4集

平成7年（1995）

　1月　八戸市博物館『八戸市縄文学習館、是川考古館・歴史民俗資料館　展示案内』

　3月　村越　潔「是川石器時代遺跡」『日本古代遺跡事典』吉川弘文館

　5月　小林和彦「低湿地遺跡－是川中居遺跡と亀ヶ岡遺跡」『白い国の詩』465

平成8年（1996）

　3月　八戸市教育委員会「一王寺（1）遺跡試掘調査」『八戸市内遺跡発掘調査報告書8』八戸市埋蔵文化財調査報告書第65集

　7月　青森県立郷土館『縄文の玉手箱－風韻堂コレクション図録－』

　8月　「山内清男先生作成　青森県是川一王寺貝塚出土　円筒下・上層式・上層式以後の土器の型

式別写真」『画竜点睛－山内清男先生没後25年記念論集』山内先生没後25年記念論集刊行会

　11月　田中　琢ほか編「是川遺跡」『角川新版日本史辞典』角川書店

平成９年（1997）

　３月　福田友之「現代によみがえる縄文の漆文化－縄文漆器」『立体復元　日本の歴史上巻（原始・古代編）－別冊歴史読本94－』新人物往来社

　３月　八戸市教育委員会「一王寺（1）遺跡試掘調査」『八戸市内遺跡発掘調査報告書９』八戸市埋蔵文化財調査報告書第69集

　３月　藤沼邦彦・小山有希「原始工芸・アイヌ工芸の研究者としての杉山寿栄男（小伝）」『東北歴史資料館研究紀要』第23巻

　９月　日本史広辞典編集員会1997「是川遺跡」『日本史広辞典』山川出版社

平成10年（1998）

　３月　成田誠治「遺跡は語る⑱　是川遺跡（八戸市）」『月刊れじおん青森』№232　（財）青森地域社会研究所

　３月　八戸市教育委員会「一王寺（1）遺跡第５地点」・「一王寺（1）遺跡第６地点」『八戸市内遺跡発掘調査報告書10』八戸市埋蔵文化財調査報告書第74集

平成11年（1999）

　３月　八戸市教育委員会「是川中居遺跡」「是川一王寺（1）遺跡」『八戸市内遺跡発掘調査報告書11』八戸市埋蔵文化財調査報告書第77集

　３月　八戸市教育委員会『是川中居遺跡　八戸市縄文学習館建設等に伴う発掘調査報告書』八戸市埋蔵文化財調査報告書第82集

平成12年（2000）

　８月　斎藤　忠「是川遺跡と喜田貞吉・本山彦一」『古代遺跡の考古学者』学生社

　11月　東奥日報社「泉山岩次郎・斐次郎」『青森20世紀の群像』

平成14年（2002）

　３月　八戸遺跡調査会『是川中居遺跡　長田沢地区』八戸遺跡調査会埋蔵文化財調査報告書第２集

　３月　八戸市教育委員会『是川中居遺跡1　八戸市内遺跡発掘調査報告書15』八戸市埋蔵文化財調査報告書第91集

平成15年（2003）

　３月　八戸市教育委員会『一王寺（1）遺跡８地点　八戸市内遺跡発掘調査報告書16』八戸市埋蔵文化財調査報告書第96集

　12月　八戸市教育委員会「八戸市是川中居遺跡」『平成15年度　青森県埋蔵文化財発掘調査報告会資料』

平成16年（2004）

　３月　八戸遺跡調査会『是川中居遺跡　中居地区Ｇ・Ｌ・Ｍ』八戸遺跡調査会埋蔵文化財調査報告書第５集

　３月　八戸市教育委員会『是川中居遺跡2　八戸市内遺跡発掘調査報告書17』八戸市埋蔵文化財調査報告書第100集

　３月　八戸市教育委員会『是川中居遺跡3　八戸市内遺跡発掘調査報告書19』八戸市埋蔵文化財

調査報告書第103集

　　3月　阿部芳郎『失われた史前学－公爵大山柏と日本考古学－』岩波書店

　　3月　八戸市教育委員会『2003　是川縄文シンポジウム記録集』

　　12月　村木　淳「八戸市是川中居遺跡」『平成16年度　青森県埋蔵文化財発掘調査報告会資料』

平成17年（2005）

　　2月　企画集団ぷりずむ「是川遺跡縄文漆文化」『隔月刊　あおもり草子』通巻158号

　　3月　八戸市教育委員会『2004　是川縄文シンポジウム記録集』

　　3月　八戸市教育委員会『是川中居遺跡4　八戸市内遺跡発掘調査報告書20』八戸市埋蔵文化財調査報告書第107集

　　5月　工藤竹久「是川遺跡」『新日本考古学小辞典』ニュー・サイエンス社

　　6月　国立歴史民俗博物館・東北歴史博物館・新潟県立歴史博物館『水辺と森と縄文人－低湿地遺跡の考古学－』

　　12月　小久保拓也「日本の考古学研究史に残る発掘　是川遺跡をめぐって」『図説　三戸・八戸の歴史』郷土出版社

　　12月　小久保拓也「縄文人の植物利用　是川中居遺跡の出土植物」同上

平成18年（2006）

　　3月　小久保拓也「是川中居遺跡の晩期土偶」『第11回　土偶研究会　八戸市大会資料』

　　3月　八戸市教育委員会「一王寺（1）遺跡第9地点・第8次B地点」『八戸市内遺跡発掘調査報告書22』八戸市埋蔵文化財調査報告書第109集

　　3月　八戸市教育委員会『是川一王寺（1）遺跡　第8次A地点発掘調査報告書』八戸市埋蔵文化財調査報告書第110集

　　3月　八戸市教育委員会『是川中居遺跡5　八戸市内遺跡発掘調査報告書23』八戸市埋蔵文化財調査報告書第111集

　　3月　八戸市教育委員会『2005　是川縄文シンポジウム記録集』

平成19年（2007）

　　3月　八戸市教育委員会「一王寺（1）遺跡10地点」『八戸市内遺跡発掘調査報告書24』八戸市埋蔵文化財調査報告書第114集

　　3月　是川遺跡ジャパンロード調査実行委員会2007『是川遺跡ジャパンロード「漆の道」報告書』東奥日報社

　　3月　八戸市教育委員会『2006　是川縄文シンポジウム記録集』

　　5月　鈴木克彦「是川中居遺跡」『東アジア考古学辞典』東京堂出版

平成20年（2008）

　　3月　八戸市教育委員会「一王寺（1）遺跡11地点」『八戸市内遺跡発掘調査報告書25』八戸市埋蔵文化財調査報告書第117集

　　3月　八戸市教育委員会『2007　是川縄文シンポジウム記録集』

　　12月　小久保拓也「是川一王寺遺跡」『平成20年度　青森県埋蔵文化財発掘調査報告会資料』

平成21年（2009）

　3月　関根達人・上條信彦編『成田コレクション考古資料図録』弘前大学人文学部附属亀ヶ岡文化研究センター

　3月　八戸市教育委員会「一王寺（1）遺跡第12地点」『八戸市内遺跡発掘調査報告書26』八戸市埋蔵文化財調査報告書第120集

　3月　小久保拓也「一王寺（1）遺跡」・「堀田遺跡」『新編　八戸市史　考古資料編』八戸市

　3月　村木　淳・小久保拓也「中居遺跡」同上

　12月　関根達人編『佐藤蔀　考古画譜Ⅰ』弘前大学人文学部附属亀ヶ岡文化研究センター

平成22年（2010）

　3月　八戸市教育委員会「一王寺（1）遺跡第13地点」『八戸市内遺跡発掘調査報告書27』八戸市埋蔵文化財調査報告書第124集

　3月　関西大学博物館『関西大学博物館蔵本山彦一蒐集資料目録』

　4月　小久保拓也「是川遺跡」『世界遺産　縄文遺跡』同成社

　9月　弘前大学人文学部附属亀ヶ岡文化研究センター編『成田彦栄氏考古・アイヌ民族資料図録』弘前大学出版会

平成23年（2011）

　1月　八戸市教育委員会是川縄文館開館準備室『縄文の美　是川中居遺跡出土品図録〜平成の出土品〜』（3月改訂）

　3月　八戸市教育委員会「一王寺（1）遺跡第14地点　堀田遺跡第3地点」『八戸市内遺跡発掘調査報告書28』八戸市埋蔵文化財調査報告書第134集

　10月　小林和彦「是川遺跡の発掘（〜1945）」『青森県考古学会発表資料』

平成24年（2012）

　3月　八戸市埋蔵文化財センター是川縄文館『史跡是川石器時代遺跡発掘調査報告書』八戸市埋蔵文化財調査報告書第135集

　3月　八戸市埋蔵文化財センター是川縄文館『是川縄文館　常設展示図録』（2016年改訂）

平成25年（2013）

　3月　八戸市教育委員会「一王寺（1）遺跡」『八戸市内遺跡発掘調査報告書30』八戸市埋蔵文化財調査報告書第140集

　3月　小久保拓也「縄文後期　是川中居遺跡」『青森県史　資料編　考古2　縄文後・晩期』青森県

　3月　小久保拓也「縄文晩期　是川中居遺跡」同上

平成26年（2014）

　3月　河野摩耶・南　武志・根岸　洋・市川健夫「風張1遺跡・中居遺跡出土の土器付着赤色顔料の成分分析と同位体分析」『研究紀要』第3号　八戸市埋蔵文化財センター是川縄文館

　11月　横山寛剛「一王寺（1）遺跡の調査概報」『平成26年度　青森県考古学会秋季大会資料集「あおもりの貝塚を掘る」』

　12月　横山寛剛「一王寺（1）遺跡」『平成26年度　青森県埋蔵文化財発掘調査報告会資料』青森県埋蔵文化財調査センター

平成27年（2015）

　　2月　工藤竹久「是川遺跡の世界」『新編　八戸市史　通史編Ⅰ　原始・古代・中世』八戸市

　　3月　国立歴史民俗博物館『亀ヶ岡遺跡・是川遺跡　縄文時代遺物』国立歴史民俗博物館資料図録11

　　7月　是川縄文館『特別展図録　2015　漆と縄文人』

　　9月　片岡太郎・上條信彦・弘前大学人文学部北日本考古学研究センター編『亀ヶ岡文化の漆工芸Ⅱ　北日本における先史資源利用の研究』冷温帯地域の遺跡資源の保存活用促進プロジェクト研究報告書5　六一書房

平成28年（2016）

　　3月　八戸市教育委員会「中居遺跡Ｒ区」『八戸市内遺跡発掘調査報告書33』八戸市埋蔵文化財調査報告書第152集

　　3月　八戸市埋蔵文化財センター是川縄文館『史跡是川石器時代遺跡保存活用計画書』

　　12月　横山寛剛「一王寺（1）遺跡」『平成28年度　青森県埋蔵文化財発掘調査報告会資料』

平成29年（2017）

　　3月　小久保拓也「縄文前期　一王寺（1）遺跡」『青森県史　資料編　考古1　旧石器・縄文草創期〜中期』青森県

　　3月　小久保拓也「縄文中期　一王寺（1）遺跡」同上

平成30年（2018）

　　3月　八戸市教育委員会『八戸市内遺跡発掘調査報告書37　史跡是川石器時代遺跡発掘調査報告書Ⅱ－平成26・28・29年度一王寺遺跡史跡内容確認調査報告書－』八戸市埋蔵文化財調査報告書第164集

　　8月　小久保拓也「縄文時代の漆」『JOMON vol. 7　北の縄文Ⅰ－漆－』国際縄文学協会

　　8月　市川健夫「縄文時代の漆利用」同上

平成31・令和元年（2019）

　　3月　工藤竹久「大森貝塚と是川遺跡の記念碑について」『研究紀要』第8号　八戸市埋蔵文化財センター是川縄文館

　　7月　縄文是川ボランティア『縄文是川ボランティア23年の歩み』

　　12月　横山寛剛「一王寺遺跡」『令和元年度　青森県埋蔵文化財発掘調査報告会』

令和2年（2020）

　　3月　八戸市教育委員会『史跡是川石器時代遺跡内容確認調査概報』八戸市埋蔵文化財調査報告書第175集

　　3月　関根達人・近藤美左紀・柴　正敏「火山ガラス分析を用いた南部地方の土器の胎土に関する基礎的研究」『研究紀要』第9号　八戸市埋蔵文化財センター是川縄文館

　　3月　小久保拓也「是川遺跡の土器と聖火筒」同上

『新　聞』

平成18年（2006）

　　工藤竹久「考古学史に大きく寄与－是川遺跡（上）北の縄文遺跡37」『10月30日付け陸奥新報』

工藤竹久「泉山兄弟が収集品寄贈－是川遺跡（中）北の縄文遺跡38」『11月6日付け陸奥新報』

工藤竹久「次々出土する漆製品－是川遺跡（下）北の縄文遺跡39」『11月20日付け陸奥新報』

平成24年（2012）

小林和彦「是川石器時代遺跡（八戸市）－世界遺産を目指して　あおもり縄文紀行108」『12月23日付け東奥日報朝刊』

あとがき

　筆者が考古学史に興味をもったのは、弘前大学学生の頃、教育学部で聴講した村越潔先生の考古学特殊講義「円筒土器文化の研究」や、東北大学で芹沢長介先生から与えられたゼミのテーマ"亀ヶ岡文化の研究史"がきっかけである。とくに、東北大学附属図書館では、ゼミに使う文献を探す際に、それまでは見たことのなかった『東京人類学会雑誌』や『考古学雑誌』などの学術誌や各地の遺跡発掘報告書などの古い文献が揃っており、それを自由に読むことができたことが、学史への関心を増幅させてくれたものだと思う。

　その後、埋蔵文化財関連の仕事に就いてからは、各地の遺跡の分布調査や発掘調査などを通じて新たな分野に関心をもったり、日々の業務に追われたりするなかで、おのずと学史への関心は薄れていったが、定年退職後は、それから解放されて自由に使える時間が格段に増えるようになった。そして、これとほぼ時を同じくして、青森市在住のご遺族から弘前大学人文学部に、成田彦栄氏のコレクションや佐藤蔀氏の遺物実測画が一括寄贈され、その全貌が公開されたことで、再び関心が湧いてきたのである。

　本書は、これらのコレクションや関連図書を援用して、おもに『青森県考古学』誌に発表してきたものであるが、それには事実誤認や誤り等があり、さらに、そのほかの未発表原稿もあったため、旧稿の訂正・加筆も含め、あらためてこれらを一書にまとめてみたいと思った次第である。

　個々の独立した論考を一書にしたため、各節どうしで記載内容に矛盾が生じたり、同じことを繰り返したり、さらに図・写真の重複があったりで、かなり調整を図ったわけであるが、結果的にはそれが十分でなく、逆に読みにくくなった箇所も見られる点は、お許しいただきたいと思う。

　本書で扱ったのは、本県の考古学史と国指定の先史時代遺跡の調査・研究史に関するものが主で、年代もほぼ昭和30年代頃までのものに限定している。これは、40年後半以降には、各市町村教育委員会による調査件数が激増し、膨大な数の発掘報告書や論考が刊行されるようになり、もはや筆者の能力の及ぶところではないと感じたことが大きい。これらについての学史上の扱い・評価は、今後の研究者に委ねたい。

　末尾にあたり、掲載した写真や資・史料の提供・所蔵者については、巻末の図・写真一覧に記載させていただいたが、それ以外の方々からも暖かいご協力をいただいた。とくに下記の機関や個人の方々にはお世話になった。明記して感謝申し上げる次第である。また、現地調査などに、たびたび付き合ってくれた亡き妻の千鶴子に対しても、あらためて感謝の気持ちを伝えたいと思う。

（写真提供）青森県立郷土館　青森県立弘前中央高等学校　青森市教育委員会文化財課　工藤清泰
　　國學院大學博物館　外ヶ浜町教育委員会　岐阜県タルイピアセンター　つがる市教育委員会
　　東京国立博物館　八戸市博物館　八戸市埋蔵文化財センター是川縄文館　弘前市立弘前図書館
　　弘前大学人文社会科学部北日本考古学研究センター　三沢市先人記念館　村越　潔（故人）
（資料提供・解読）市川健夫　伊野忠昭　上條信彦　斎藤　岳　佐野忠史　関根達人　相馬信吉
　　瀧本壽史　田澤　正　澄月寺　福井敏隆　藤沼邦彦　法安桂子

　　令和2年5月19日

　　　　　　　　　　　　　　　　　　　　　　　　　　　　　　　　　　　　福田　友之

引 用 文 献

・青森オフセット印刷1985『斗南藩の人　小林寿郎翁遺稿　明治中期の上北郡の一側面』

・青森県教育委員会1963『青森県二ツ森貝塚発掘調査概要』

・青森県教育委員会1977『近野遺跡発掘調査報告書（Ⅲ）・三内丸山（Ⅱ）遺跡発掘調査報告書』青森県埋蔵文化財調査報告書第33集

・青森県教育委員会1979『近野遺跡発掘調査報告書（Ⅳ）』青森県埋蔵文化財調査報告書第47集

・青森県教育委員会1980『長七谷地貝塚遺跡発掘調査報告書』青森県埋蔵文化財調査報告書第57集

・青森県教育委員会2009『青森県遺跡地図』

・青森県教育委員会2019『青森県内の貝塚遺跡群重点調査事業報告書』青森県埋蔵文化財調査報告書第606集

・青森県考古学会2002『青森県考古学会30周年記念　青森県考古学関係文献目録』

・青森縣史蹟名勝天然紀念物調査會1924「北津輕郡相内村ノ遺跡」『史蹟名勝天然紀念物調査報告』第１輯　青森縣廳學務兵事課

・青森県史編さん考古部会2002『青森県史 別編　三内丸山遺跡』青森県

・青森県史編さん考古部会2013『青森県史 資料編　考古２』青森県

・青森県史編さん考古部会2017『青森県史 資料編　考古１』青森県

・青森県文化財保護協会1956「口絵解説　県指定亀ヶ岡式土偶」『東奥文化』第４号

・青森県文化財保護協会1962『東奥文化』第23号

・青森県埋蔵文化財調査センター1985『垂柳遺跡発掘調査報告書－昭和59年度－』青森県埋蔵文化財調査報告書第88集

・青森県埋蔵文化財調査センター1994 a 『三内丸山（2）遺跡Ⅱ』青森県埋蔵文化財調査報告書第157集

・青森県埋蔵文化財調査センター1994 b 『三内丸山（2）遺跡Ⅲ』青森県埋蔵文化財調査報告書第166集

・青森県埋蔵文化財調査センター1999『十腰内（1）遺跡』青森県埋蔵文化財調査報告書第261集

・青森県埋蔵文化財調査センター2001『十腰内（1）遺跡Ⅱ』青森県埋蔵文化財調査報告書第304集

・青森県埋蔵文化財調査センター2006『東道ノ上（3）遺跡』青森県埋蔵文化財調査報告書第424集

・青森県立郷土館1979『大平山元Ⅰ遺跡発掘調査報告書』青森県立郷土館調査報告第５集　考古－２

・青森県立郷土館1980『大平山元Ⅱ遺跡発掘調査報告書』青森県立郷土館調査報告第８集　考古－４

・青森県立郷土館1981『大平山元Ⅲ遺跡発掘調査報告書』青森県立郷土館調査報告第11集　考古－５

・青森県立郷土館1984『蓑虫山人』

・青森県立郷土館1992『小川原湖周辺の貝塚』青森県立郷土館調査報告第31集　考古－９

・青森県立郷土館1995『木造町田小屋野貝塚』青森県立郷土館調査報告第35集　考古－10

・青森県立郷土館2005『辺境からのまなざし　笹森儀助展図録』

・青森県立郷土館2007『花の肖像画―植物を描いた青森の人々―』

・青森県立郷土館2008『蓑虫山人と青森』

・青森県立郷土館2013『平尾魯仙　青森のダヴィンチ』

・青森縣立圖書館1953『津輕古今偉業記・津輕興業誌』青森縣叢書第４編　青森縣叢書刊行會

・青森県立図書館1969a「合浦奇談」『谷の響 附合浦奇談』青森県立図書館郷土双書

・青森県立図書館1969b「谷の響き」『谷の響 附合浦奇談』青森県立図書館郷土双書

・青森県立図書館1973『奥民図彙』青森県立図書館郷土双書5

・青森市教育委員会1970『三内丸山遺跡調査概報』青森市の埋蔵文化財 4

・青森市教育委員会1972『大浦遺跡調査報告書』市の文化財 7

・青森市教育委員会1988『三内丸山 I 遺跡発掘調査報告書』青森市の埋蔵文化財

・青森市教育委員会1993『三内丸山 (2) 遺跡発掘調査概報』青森市埋蔵文化財調査報告書第18集

・青森市教育委員会1994a『小三内遺跡発掘調査報告書』青森市埋蔵文化財調査報告書第22集

・青森市教育委員会1994b『三内丸山 (2)・小三内遺跡発掘調査報告書』青森市埋蔵文化財調査報告書第23集

・青森市史編集委員会2004「考古学研究の歩み」『新青森市史　資料編 1　考古』

・赤塚　亨2001「脚付石皿と中高石皿－関西大学博物館所蔵資料の紹介に関連して－」『関西大学博物館紀要』第 7 号

・秋田県立博物館1975『真崎勇助翁コレクション図録』

・秋田県立博物館1996『菅江真澄資料センター図録』

・安西鉦次郎・成田彦市編纂1913『改元記念 東奥人名録』青森交詢社出版部

・石田収藏1910「石器時代遺物（口繪説明）」『東京人類學會雜誌』第25巻第286号

・磯崎正彦1977「亀ヶ岡式土器研究小史－亀ヶ岡式土器の基礎的研究（ I ）」『大阪学院大学人文自然論叢』第 3 号

・市川金丸1969「八戸市内の貝塚遺跡出土の生物群とその考察」『青森県生物学会八戸支部研究資料』 No.11（『考古風土記』第 4 号、1969年に再録）

・伊東信雄1979「青森県田舎館遺跡出土の土器とその性格」『辰馬考古資料館考古学研究紀要』 1

・田舎館村1999『田舎館村誌 中巻』

・井上喜久治1893「貝塚の霰、長歌・短歌」、「佐藤重紀君を吊ふ」『東京人類學會雜誌』第 8 巻第86号

・今井冨士雄1957「感動と古代史（5）」『成城文藝』第 9 号

・今井冨士雄1999「わが半世記」『雑草苑－無眼耳鼻舌身意－』今井冨士雄先生米寿記念誌発行委員会　一穂社

・今井冨士雄・磯崎正彦1968「十腰内遺跡」『岩木山－岩木山麓古代遺跡発掘調査報告書』岩木山刊行会

・岩川友太郎1926「恩師モールス先生を憶ふ」『東洋學藝雜誌』第42巻第 2 号　東洋學藝社

・上野　武1983「亀ヶ岡遺跡」『日本の遺跡発掘物語 第 2 巻 縄文時代』社会思想社

・上野益三1989『日本博物学史』講談社学術文庫859

・内田武志・宮本常一編1971『牧の冬かれ』菅江真澄全集第 2 巻　未来社

・内田武志・宮本常一編1972a『栖家能山』菅江真澄全集第 3 巻　未来社

・内田武志・宮本常一編1972b『外浜奇勝（仮題）』菅江真澄全集第 3 巻　未来社

・内田武志・宮本常一編1972c『追柯呂能通度』菅江真澄全集第 3 巻　未来社

・内田武志・宮本常一編1973a『美香弊の誉路臂』菅江真澄全集第 4 巻　未来社

・内田武志・宮本常一編1973b『新古祝甕品類の図』菅江真澄全集第 9 巻　未来社

・鵜沼わか1991『モースの見た北海道』北海道出版企画センター

・江坂輝弥1955「青森県女館貝塚発掘調査報告」『石器時代』第 2 号　石器時代文化研究会

・江坂輝弥1959「青森県三戸郡平貝塚」『日本考古学年報』 8　日本考古学協会

・江坂輝弥1962「青森県八戸市長七谷地貝塚」『日本考古学年報』11

・江坂輝彌編1970『石神遺跡』ニュー・サイエンス社

・江坂輝彌・笹津備洋・西村正衛1958「青森県蟹沢遺跡調査報告」『石器時代』第 5 号

・江坂輝弥・高山　純・渡辺　誠1965「青森県九曳泊岩陰遺跡調査報告」『石器時代』第 7 号

・江坂輝弥・渡辺　誠・高山　純1967「大間町ドウマンチャ貝塚」『下北－自然・文化・社会－』（九学会

連合下北調査委員会編）　平凡社
・E.S.モース、石川欣一訳1970『日本その日その日』2　平凡社
・E.S.モース著、近藤義郎・佐原　真編訳1983『大森貝塚－付関連資料』岩波文庫
・エドワルド、エス、モールス撰著・矢田部良吉口訳1879『大森介墟（古物）編』理科會粹第1帙、上册、
　東京大學法理文學部印行（西岡編1967、斎藤編1979a。E.S.モース著、近藤・佐原編訳1983に再録）
・えめるそん著・佐藤重紀訳述1890『文明論』博文館
・遠藤正夫2006「考古学研究の歩み」『新青森市史 資料編1 考古』青森市
・大池昭二1974「百石町日ヶ久保貝塚のC－14年代」『青森県考古学会会報』第5号
・大分県立宇佐高等学校1987『大分県立宇佐高等学校創立九十周年記念誌』
・大里雄吉1927「陸奥國是川村中居石器時代遺蹟発見の植物質遺物に就いて」『歴史地理』第49巻第6号
　日本學術普及會
・大田区立郷土博物館1990『私たちのモース　日本を愛した大森貝塚の父』
・大野雲外・松村　瞭1891「陸奥地方旅行見聞録」『東京人類學會雜誌』第17巻第187号
・大場磐雄1931「関東に於ける奥羽薄手式土器（上）」『史前學雜誌』第3巻第5号
・大場磐雄1932「関東に於ける奥羽薄手式土器（下）」『史前學雜誌』第4巻第1号
・大場磐雄1933「縄文式土器論の過去及び現在」『考古學雜誌』第23巻第1号
・大巻秀詮著・太田孝太郎校訂1929「邦内郷村志　巻五」『南部叢書』第五册　南部叢書刊行会（代表　太
　田孝太郎。昭和46年、歴史図書社から再刊）
・岡書院1938「圖版第1　東京人類學會創期の諸氏」（明治26年7月2日撮影。下村三四吉氏藏）『ドルメ
　ン』第4巻第9号（再刊第1号）
・岡田康博2002「第1章1．遺跡の発見と調査の歴史」『青森県史　別編　三内丸山遺跡』青森県
・岡本　勇・加藤晋平1963「青森県野口貝塚の発掘」『MOUSEION－立教大学博物館学研究』No.9
・尾崎竹四郎編1969『青森県人名大事典』東奥日報社
・小沼正俊編1998『会津残影－十和田会津会写真百年史－』十和田会津会
・加賀市中谷宇吉郎雪の科学館1999『中谷宇吉郎 雪の科学館特別展「兄弟展－宇吉郎と治宇二郎－」』
　（財）加賀市地域振興事業団
・角田猛彦1891「陸奥國東津輕郡石器時代遺跡探究報告」『東京人類學會雜誌』第6巻第64号
・角田猛彦1893「石包丁の類か」『東京人類學會雜誌』第8巻第82号
・角田猛彦1898「有孔小石器に就きて」『東京人類學會雜誌』第13巻第144号
・葛西　勵2001「浪岡町廣峯神社所蔵の縄文土器について」『研究紀要』第4号 青森大学考古学研究所
・神奈川県考古学会2003『神奈川県考古学会平成14年度考古学講座「学史を語る」』
・金子浩昌1967「下北半島における縄文時代の漁猟活動」『下北－自然・文化・社会－』（九学会連合下北
　調査委員会編）　平凡社
・金子浩昌・牛沢百合子・橘　善光・奈良正義1978「最花貝塚1次調査報告」『むつ市文化財調査報告』第
　4集
・金子浩昌・忍沢成視1986a『骨角器の研究　縄文篇I』〈考古民俗叢書22〉慶友社
・金子浩昌・忍沢成視1986b『骨角器の研究　縄文篇II』〈考古民俗叢書23〉慶友社
・金子浩昌・橘　善光・奈良正義1975「第2次大間貝塚調査概報」『北海道考古学』第11輯
・金子浩昌・橘　善光・奈良正義1976「大間貝塚第3次調査概報」『考古風土記』第1号　鈴木克彦
・金子浩昌・橘　善光・奈良正義1983「最花貝塚3次調査報告」『むつ市文化財調査報告』第9集

・鹿野忠雄1930「是川泥炭層出土甲蟲の一種に就て」『史前學雜誌』第2巻第4号

・上北町教育委員会1983『上北町古屋敷貝塚・Ⅰ-遺物編』上北町文化財調査報告書1

・上條信彦2015 『縄文時代における脱殻・粉砕技術の研究』六一書房

・上條信彦編2011『佐藤 蔀 考古画譜Ⅲ』弘前大学人文学部附属亀ヶ岡文化研究センター

・川合勇太郎1970『ふるさとの伝説』津軽書房

・川越市総務部市史編纂室1979「明治14年9月9日の条」『朝日之舎日記 川越氷川神社祠官山田衛居日記集』川越市

・河村末吉1901「陸奥國三戸郡地方に於ける石器時代遺物に就て」『東京人類學會雜誌』第16巻第179号

・川村伸秀2013『坪井正五郎-日本で最初の人類学者』弘文堂

・関西大学博物館2010『関西大学博物館蔵 本山彦一蒐集資料目録』

・神田孝平1886『日本大古石器考』叢書閣（斎藤編1979aに再録）

・神田孝平1887a「奥羽巡回報告 明治十九年九月十九日 本會第廿二會ニ於テ述ブ」『東京人類學會報告』第2巻第11号

・神田孝平1887b「岩木山神社石櫃ノ記」『東京人類學會報告』第2巻第12号

・神田孝平1887c「内耳鍋の話 明治廿年二月十三日 本會第廿七會ニ於テ述ブ」『東京人類學會報告』第2巻第14号

・神田乃武編1910『神田孝平略傳』神田乃武（東京市）

・岸 俊武編著1876『新撰陸奥国誌』巻第61（青森県文化財保護協会編『新撰陸奥国誌』第4巻 みちのく叢書第14巻 1965年 P.198。復刻版は1983年5月、国書刊行会）

・喜田貞吉1928「巻頭圖版 青森縣是川村中居遺物包含状況（圖版説明）」『東北文化研究』第1巻第4号 東洋書院

・喜田貞吉1929a「青森縣是川村石器時代遺蹟の一大新發見（報道）」『東北文化研究』第1巻第5号

・喜田貞吉1929b「學窓日誌 九州に於ける俘囚安倍氏の遺蹟」『東北文化研究』第2巻第1号

・喜田貞吉1929c「學窓日誌 石器時代の植物性器具」『東北文化研究』第2巻第1号

・喜田貞吉1933「隋筆日録（5則）」『歴史地理』第61巻第4号 日本學術普及會

・喜田貞吉1936a「日本石器時代の終末期に就いて」『ミネルヴァ』第1巻第3号 翰林書房

・喜田貞吉1936b「「あばた」も「えくぼ」、「えくぼ」も「あばた」-日本石器時代終末期問題」『ミネルヴァ』第1巻第5号

・喜田貞吉1936c「又も石器時代遺蹟から宋銭発見」『ミネルヴァ』第1巻第6号 翰林書房

・喜田貞吉・杉山壽榮男編1932 1月『日本石器時代植物性遺物圖録』刀江書院

・木立要左衛門守貞編『津軽編覧日記』八（畑山信一2007『解読本 津軽編覧日記 八』）

・清野謙次1928「二、佐藤氏蒐集の東北地方の石器時代遺物」『日本石器時代研究』岡書院

・清野謙次1954『日本考古學・人類學史 上巻（第3刷1984）』岩波書店

・清野謙次1969a「発掘の経過に関する中谷治宇二郎氏の手紙」『日本貝塚の研究』岩波書店

・清野謙次1969b「陸奥国北津軽郡相内村オセドウ貝塚」『日本貝塚の研究』岩波書店

・清野謙次1969c「陸奥国上北郡天間林村榎林貝塚」『日本貝塚の研究』岩波書店

・草間俊一・森本岩太郎1972『岩手県九戸村 内耳鉄鍋と人骨』九戸村教育委員会

・工藤清泰2001「町史コラム② 蓑虫山人と土器棺」『広報なみおか』vol.544

・工藤竹久2015「是川遺跡の世界」『新編八戸市史 通史編Ⅰ 原始・古代・中世』八戸市

・工藤竹久2019「大森貝塚と是川遺跡の記念碑について」『研究紀要』第8号 八戸市埋蔵文化財センター

　　是川縄文館
・工藤　正1979『青森県尾上町八幡崎・李平遺跡埋蔵文化財発掘調査報告書』尾上町教育委員会
・熊谷常正1998「岩手県における貝塚研究史」『岩手の貝塚』岩手県文化財調査報告書第102集
・慶應義塾大学三田情報センター編1972『慶應義塾図書館史』
・小出昌洋解題1993『国立国会図書館蔵版 耽奇漫録 上（日本随筆大成・第１期別巻）』吉川弘文館
・小出昌洋解題1994『国立国会図書館蔵版 耽奇漫録 下（日本随筆大成・第１期別巻）』吉川弘文館
・小岩井兼輝1934「亀ヶ岡新石器時代遺跡と過去水準の變化に就て」『日本學術協會報告』第９巻第２号
・公益財団法人古代学協会・京都文化博物館2018『平安博物館回顧展　古代学協会と角田文衞の仕事』公
　　益財団法人古代学協会
・校史編纂委員会1980『八十年史－青森県立弘前中央高等学校』
・甲野　勇1924「所謂遮光器模樣其の他」『人類學雜誌』第39巻第７～９号
・甲野　勇1928「埼玉縣柏崎村眞福寺貝塚調査報告」『史前學會小報』２（1968年に小宮山書店復刊）
・甲野　勇1930「青森縣三戸郡是川村中居石器時代調査概報」『史前學雜誌』第２巻第４号　史前学會
・甲野　勇編1936a「座談会　日本石器時代文化の源流と下限を語る」『ミネルヴァ』創刊号　翰林書房
・甲野　勇編1936b「座談会　北海道・千島・樺太の古代文化を検討する（2）」『ミネルヴァ』第1巻第7
　　号
・國學院大學日本文化研究所2014『國學院大學學術フロンティア構想　柴田常恵写真資料目録１』
・國分剛二1936「下澤保躬と羽柴雄輔の交友」『思遠會會報』第５号
・後藤信祐2007「石剣形石製品」『縄文時代の考古学11　心と信仰－宗教的観念と社会秩序－』同成社
・小林和彦2011「是川遺跡の発掘（～1945)」『青森県考古学会発表資料』
・暦の会編著1999『暦の百科事典2000年版』本の友社
・斎藤　忠編1971『日本考古学選集２　坪井正五郎集－上巻』築地書館
・斎藤　忠編1972『日本考古学選集８　喜田貞吉集』築地書館
・斎藤　忠1974『日本考古学史』〈日本歴史叢書34〉吉川弘文館
・斎藤　忠1984『日本考古学史辞典』東京堂出版
・斎藤　忠編1979a『日本考古学史資料集成２　明治時代一』吉川弘文館
・斎藤　忠編1979b『日本考古学史資料集成３　明治時代二』吉川弘文館
・酒詰仲男1961『日本繩文石器時代食料総説』土曜会
・肴倉弥八1967「発掘雑感」『郷土誌 うとう』第69号　青森郷土会
・肴倉彌八編1974『平舘村史』平舘村
・佐々木新七1927「七戸町附近先住民族遺跡調査報告」『青森縣史蹟名勝天然紀念物調査報告』第３輯
・佐藤雨山・工藤親作編1976『浅瀬石川郷土志』歴史図書社
・佐藤公知1956『龜ガ岡文化』龜ガ岡遺跡顯彰保存会（1976年７月に文芸協会出版より復刻）
・佐藤重紀1887「函舘方言」『東京人類學會報告』第２巻第12号
・佐藤重紀1889a「「アイノ」澤遺跡探究記」『東京人類學會雜誌』第５巻第45号
・佐藤重紀1889b「陸奥上北郡「アイノ」澤遺跡探究記（前號ノ續)」『東京人類學會雜誌』第５巻第46号
・佐藤重紀1890「陸奥國上北郡の竪穴」『東京人類學會雜誌』第５巻第51号
・佐藤重紀1891「陸奥國上北郡の貝塚」『東京人類學會雜誌』第６巻第59号
・佐藤　蔀1887a「陸奥國北津輕郡高野村狄館」『東京人類學會報告』第２巻第12号
・佐藤　蔀1887b「陸奥國中津輕郡國吉村風俗」『東京人類學會報告』第２巻第17号

・佐藤　蔀1887c「高野村狄館石器」『東京人類學會雜誌』第２巻第18号
・佐藤　蔀1887d「陸奥瓶ヶ岡にて獲たる土偶の圖　瓦偶人之圖」『東京人類學會雜誌』第３巻第21号巻末石版図
・佐藤　蔀 1889「陸奥國津輕郡花巻村ヨリ出デタル大甕」『東京人類學會雜誌』第５巻第45号
・佐藤　蔀 1890「アイヌノ口碑ヲ駁シ併セテ本邦石器時代ノ遺物遺跡ハアイヌノ物ナルヲ論ス」『東京人類學會雜誌』第５巻第47号
・佐藤達夫・渡辺兼庸1958「青森県上北郡出土の早期縄文土器」『考古学雑誌』第43巻第３号
・佐藤傳藏1896a「陸奥龜ヶ岡発掘報告」『東京人類學會雜誌』第11巻第118号
・佐藤傳藏1896b「陸奥國中津輕郡紙漉澤村遺跡発掘報告」『東京人類學會雜誌』第11巻第119号
・佐藤傳藏1896c「陸奥國龜ヶ岡第二回発掘報告」『東京人類學會雜誌』第11巻第124号
・佐藤傳藏1896d「陸奥國龜ヶ岡第二回発掘報告（前號の續き）」『東京人類學會雜誌』第11巻第125号
・佐藤傳藏1896e「壚坶層中石器時代の遺物」『東京人類學會雜誌』第12巻第127号
・佐藤傳藏1900a「載籍上の龜ヶ岡」『東京人類學會雜誌』第16巻第176号
・佐藤傳藏1900b「龜ヶ岡より出る青玉の原石産地」『東京人類學會雜誌』第16巻第176号
・佐藤東一1951「か里のおとづれ」『羽陽文化』第10号　山形縣文化遺産保存協会
・佐野忠史2020「柴田常恵と小田原城跡・小田原遺跡・亀ヶ岡遺跡」『小田原市郷土文化館研究報告』No.56
・宍倉宣孝1924「青森縣北津輕郡相内村より人骨發見」『人類學雜誌』第39巻第１号　東京人類學會
・七戸町教育委員会2007『二ツ森貝塚－範囲確認調査報告書－』七戸町埋蔵文化財調査報告書第71集
・清水潤三1958「青森県下北郡尻屋遺跡」『日本考古学年報』７　日本考古学協会
・清水潤三1959「青森県青森市三内遺跡」『日本考古学年報』８　日本考古学協会
・清水潤三1961「青森県青森市三内遺跡」『日本考古学年報』９　日本考古学協会
・清水潤三1962「青森県青森市三内遺跡」『日本考古学年報』11　日本考古学協会
・清水潤三1963「青森県青森市三内遺跡」『日本考古学年報』６　日本考古学協会
・下澤保躬1882『津輕古今雜記類纂 完』
・下澤保躬1886「石器彙報 石ノ草鞋ト称フル古石器」『東京人類學會報告』第２巻第10号
・下澤保躬 1890a「陸奥弘前ノ風俗一斑」『東京人類學會雜誌』第５巻第50号
・下澤保躬1890b「陸奥弘前士族某家（世録二百石）年中行事一斑」『東京人類學會雜誌』第６巻第57号
・下澤保躬1893「陸奥弘前地方ニテ忌ム人名」『東京人類學會雜誌』第８巻第90号
・正標堂1892『青森實地明細繪圖』（青森県立郷土館蔵）
・白崎高保1941「青森縣中里村出土の絛痕土器」『古代文化』第12巻第７号　日本古代文化學會
・杉原荘介1954「青森県金木砂礫層出土の偽石器」『INQUA日本支部連絡紙』７　地質学研究連絡委員会第四紀小委員会
・杉原荘介1956『群馬県岩宿発見の石器文化』明治大学文学部考古学研究報告　考古学第１冊
・杉山壽榮男1927「石器時代の木製品と編物」『人類學雜誌』第42巻第８号　東京人類學會
・杉山壽榮男1930「石器時代有機質遺物の研究概報－特に「是川泥炭層出土品」に就て」『史前學雜誌』第２巻第４号　史前學會
・杉山壽榮男編1928a『日本原始工藝』（復刻版1981北海道出版企画センター）
・杉山壽榮男篇1928b『日本原始工藝概説』工藝美術研究會（復刻版1981北海道出版企画センター）
・杉山荘平1967「蓑虫仙人小伝」『物質文化』第10号　物質文化研究会
・杉山博久2003a「探求に熱心なる人（1）－若林勝邦小伝－」『考古学雑誌』第87巻第１号　日本考古学会

・杉山博久2003b「探究に熱心なる人（2）－若林勝邦小伝－」『考古学雑誌』第87巻第2号

・杉山博久2007a「「石狂」の先生（1）－羽柴雄輔小伝－」『考古学雑誌』第91巻第1号

・杉山博久2007b「「石狂」の先生（2）－羽柴雄輔小伝－」『考古学雑誌』第91巻第2号

・杉山博久2007c「「石狂」の先生（3）－羽柴雄輔小伝－」『考古学雑誌』第91巻第3号

・杉山博久2007d「「石狂」の先生（4）－羽柴雄輔小伝－」『考古学雑誌』第91巻第4号

・鈴木克彦1979「「県重宝指定の亀ヶ岡遺跡出土遺物」について」『青森県立郷土館調査研究年報』第4号

・関根達人2008「岩木山神社の石櫃」『あおもり歴史モノ語り』（有）無明舎出版

・関根達人編2009『佐藤　蔀　考古画譜Ⅰ』弘前大学人文学部附属　亀ヶ岡文化研究センター

・関根達人編2010『佐藤　蔀　考古画譜Ⅱ』弘前大学人文学部附属　亀ヶ岡文化研究センター

・関根達人・上條信彦編2009『成田コレクション考古資料図録』弘前大学人文学部附属　亀ヶ岡文化研究センター

・曾根　廣1929「陸奥椿山海岸より發掘せるエオリス様の石片に就いて」『地質學雑誌』第36巻第431号

・大日本人名辞書刊行会1937『新訂版 大日本人名辞書第2巻（増訂11版）』東京経済雑誌社

・高梨勝美・白取尚美・工藤敏博・対馬　誠・相坂泰史1993「十三沿岸のベンケイガイについて」『青森県水産試験場事業報告』青森県水産試験場

・高橋哲華1967『かくれたる勤皇の志士　蓑虫山人』洋々社

・田沢　正編1991『閑雲下澤保躬先生を仰ぐ　御遺稿と関係書簡集』閑雲下澤保躬先生の遺稿を読む会

・橘　善光1967「下北半島尻屋大平貝塚」『月刊考古学ジャーナル』No.15　ニュー・サイエンス社

・橘　善光1987「万人堂貝塚調査報告」『むつ市文化財調査報告』第13集

・橘　善光・奈良正義1974「青森県大間貝塚調査概報」『月刊考古学ジャーナル』No.99

・橘　善光・奈良正義1977「むつ市金谷貝塚調査報告」『むつ市文化財調査報告』第3集

・種市悌三編1962『三厩村誌』三厩村

・淡　厓1887「瓶ヶ岡土偶圖解（前號巻末ノ圖ヲ見ヨ」『東京人類學會雑誌』第3巻第22号

・淡　厓1888「第二十四版圖解」『東京人類學會雑誌』第3巻第26号（付図「陸奥田名部撥顕中高皿之圖　淡厓所藏」）

・淡　厓1891「津輕花巻村發見大甕續報并圖」『東京人類學會雑誌』第6巻第60号

・淡厓迂夫1887「津輕ノ考古家藤田氏ヨリ送ラレタル古物ノ記」『東京人類學會雑誌』第2巻第19号

・つがる市教育委員会2009『史跡亀ヶ岡石器時代遺跡・田小屋野貝塚保存管理計画書』

・つがる市教育委員会2010『田小屋野貝塚2・亀ヶ岡遺跡4、上沢辺（2）遺跡』つがる市遺跡調査報告書5

・つがる市教育委員会2012『豊富遺跡2・亀ヶ岡遺跡5・筒木坂屏風山遺跡2・田小屋野貝塚3・下相野遺跡』つがる市遺跡調査報告書7

・つがる市教育委員会2016『田小屋野貝塚総括報告書』つがる市遺跡調査報告書9

・角鹿扇三・二本柳正一・佐藤達夫1960「早稲田貝塚」『上北考古会報告』1　上北考古会

・角田文衞1935「陸奥に於ける二三の薄手式土器」『考古學評論』第1巻第2号　東京考古學會

・角田文衞1939「陸奥榎林遺跡の研究」『考古學論叢』第10輯　考古學研究會（京都）

・坪井正五郎1886「津輕瓶ヶ岡ヨリ出ツの土偶」『人類學會報告』第1巻第2号　人類學會

・坪井正五郎1891「雪中遮光器」『東京人類學會雑誌』第6巻第62号

・坪井正五郎1893「本會創立第九年會演説」『東京人類學會雑誌』第9巻第92号

・坪井正五郎1894「貝塚土偶の面貌の奇異なる所以を説明す」『東洋學藝雑誌』150号

・坪井正五郎1900「東京人類學會創立第十六回紀念會演説」『東京人類學會雑誌』第16巻第176号

・坪井正五郎1901『はにわ考』東洋社（斎藤編1979bに再録）

・坪井正五郎1904「人類學標本展覽會開催趣旨設計及び効果」『東京人類學會雜誌』第19巻第219号

・寺田和夫1975『日本の人類学』思索社

・東奥日報社編纂1928『御大典奉祝創業四十年記念　青森縣總覽　（一名）青森縣四十年畧史』

・東京人類學會1887a『東京人類學會報告』第 2 巻第 9 号

・東京人類學會1887b「次號原稿」『東京人類學會報告』第 3 巻第21号

・東京人類學會1887c「○東京人類學會々員宿所姓名錄 ○東京人類學會雜誌第二巻索引 合本」『東京人類學會雜誌』第 3 巻第21号附録

・東京人類學會1890a『東京人類學會雜誌』第 5 巻第48号

・東京人類學會1890b「陸奥上北郡竪穴ノ話」『東京人類學會雜誌』第 5 巻第50号

・東京人類學會1895「奥羽人類學會第五十四會兼本會創立第四年會記事」『東京人類學會雜誌』第10巻第109号

・東京帝國大學1897『日本石器時代人民遺物發見地名表』

・東京帝國大學1898『日本石器時代人民遺物發見地名表（第 2 版）』

・東京帝國大學1901『日本石器時代人民遺物發見地名表（第 3 版）』

・東京帝國大學1917『日本石器時代人民遺物發見地名表（第 4 版）』

・東北大学文学部1982『東北大学文学部考古学資料図録』

・外崎覺藏1888a「陸奥津輕郡湯口村古物發見」『東京人類學會雜誌』第 3 巻第27号

・外崎覺藏1888b「陸奥國津輕郡湯口村奇器を出す」（石版図は佐藤蔀画）『東京人類學會雜誌』第 4 巻第34号

・鳥居龍藏1923「石器時代に於ける関東と奥羽との関係」『人類學雜誌』第38巻第 5 号　東京人類學會

・十和田市史編纂委員会1976『十和田市史』下巻

・中道　等1929『奥隅奇譚』郷土研究社

・中谷治宇二郎1929a「東北地方石器時代遺跡調査豫報－特に津軽地方に就て－」『人類學雜誌』第44巻第 3 号

・中谷治宇二郎1929b「海四題」『科學畫報』第13巻第 2 号　誠文堂新光社（中谷治宇二郎1993『考古学研究の道－科学的研究法を求めて－』溪水社（広島）に再録）

・中谷治宇二郎1929c『日本石器時代提要』岡書院（中谷治宇二郎1943『校訂日本石器時代提要』甲鳥書林）

・中谷治宇二郎1935『日本先史學序史』岩波書店（第 2 刷2000年）

・中谷治宇二郎1985『考古学研究への旅－パリの手記』六興出版

・浪岡町史編纂委員会1977『浪岡町史資料編　第 4 集』

・浪岡町史編纂委員会2004「第 6 章 浪岡城の研究と史跡指定」『浪岡町史』第 2 巻

・浪岡町教育委員会1986『浪岡城跡Ⅷ　昭和59年度浪岡城跡発掘調査報告書』

・成田末五郎1938「津輕地方發掘古錢の研究」『青森縣郷土誌料集』第 2 輯　青森縣中央圖書館

・成田末五郎編1977『板柳町誌』板柳町

・成田末五郎・佐藤達夫・渡辺兼庸・佐藤　仁1965「深郷田遺跡発掘概報」『中里町誌』

・成田彦榮1949「蓑虫山人と考古学」『郷土文化』第 4 巻第 2 号

・成田久四郎1983『社会教育者事典』日本図書センター

・西岡秀雄編1967『大森貝塚』中央公論美術出版・大森貝塚保存会

・二本柳正一・佐藤達夫1956「青森県上北郡六ヶ所村唐貝地貝塚調査略報告」（佐藤達夫1983『東アジアの

　先史文化と日本』六興出版）
・二本柳正一・角鹿扇三・佐藤達夫1957「青森県上北郡早稲田貝塚」『考古学雑誌』第43巻第2号
・函館市史編さん室1990『函館市史　通説編第2巻』函館市
・階上町教育委員会1989『白座遺跡・野場（3）遺跡発掘調査報告書』
・長谷川成一校訂1991『御用格（寛政本）』下巻　弘前市・弘前市教育委員会
・長谷部言人1919「宮戸島里浜貝塚の土器に就て」『現代之科學』第7巻第3号　現代之科學社
・長谷部言人1924「石器時代土偶の所謂遮光器に就て」『考古學雑誌』第14巻第10号
・長谷部言人1925「陸前大洞貝塚（發掘）調査所見」『人類學雑誌』第40巻第10号
・長谷部言人1927「圓筒土器文化」『人類學雑誌』第42巻第1号
・畑山信一2007『解読本　津軽編覧日記　八』（木立要左衛門守貞編『津軽編覧日記』八）
・八戸市教育委員会1976『赤御堂遺跡発掘調査概要報告書』
・八戸市教育委員会1983『史跡根城跡発掘調査報告書Ⅴ』八戸市埋蔵文化財調査報告書第11集
・八戸市教育委員会1989『赤御堂遺跡』八戸市埋蔵文化財調査報告書第第33集
・八戸市教育委員会2012『史跡是川石器時代遺跡発掘調査報告書』八戸市埋蔵文化財調査報告書第135集
・八戸市博物館1988『図録　青森県の貝塚』
・八戸市博物館1995『八戸市縄文学習館、是川考古館・歴史民俗資料館　展示案内』
・八戸市立商業高等学校社会科研究会1962「八戸市種差熊ノ林遺跡発掘について」『奥南史苑』第6号
・早坂一郎1939「故小岩井兼輝君を弔ふ」『地質學雑誌』第46巻第568号
・半沢　紀1993「柏村桑野木田出土の遺物」『青森県考古学』第7号　青森県考古学会
・弘前市立博物館1984『昭和58年度 墓確認調査報告書　弘前の墓』
・弘前人物志編集委員会2001『中学生のための 弘前人物志 平成13年度版』弘前市教育委員会
・広澤安任1887「アイノノ遺跡ノ事」『東京人類學會報告』第2巻第11号
・福井敏隆1996「元祖博多人形－井上式地歴標本」『青森県立弘前中央高等学校紀要』第13集
・福士貞藏編1940『板柳町郷土史』
・福田友之1975「弘前城本丸跡発見の石器時代遺物について」『北奥古代文化』第7号
・福田友之1976「東北・北海道の亀ヶ岡文化関係文献目録（1）」『北海道考古学』第12輯
・福田友之1980「亀ヶ岡文化研究略史」『考古風土記』第5号　鈴木克彦
・福田友之1992「木造町田小屋野貝塚の発掘調査（第1次・2次調査)」『青森県立郷土館調査研究年報』第16号
・福田友之1993「弘前藩関係の考古資料記事など」『青森県考古学』第7号　青森県考古学会
・福田友之2002「中谷治宇二郎の津軽－昭和3年夏の遺跡調査行－」『海と考古学とロマン－市川金丸先生古稀記念献呈論文集－』市川金丸先生古稀を祝う会
・福田友之2008「亀ヶ岡遺跡関係文献目録」『私の考古学ノート』弘前大学教育学部考古学研究室OB会
・福田友之2009「下澤保躬の考古学－『東京人類學會報告・雑誌』の記事を中心にして－」『青森県考古学』第17号
・福田友之2010「奥羽人類学会と陸奥の考古家たち」『青森県考古学』第18号
・福田友之2011「上北考古学の先駆者、佐藤重紀－東京人類学会で活躍した会津出身の研究者－」『青森県考古学』第19号
・福田友之2012『青森県の貝塚－骨角器と動物食料』北方新社
・福田友之2013「上北考古学の先駆者、佐藤重紀（続報）」『青森県考古学』第21号

・福田友之2014「亀ヶ岡発掘をめぐる人びと－東京人類学会との関わりを中心にして－」『青森県考古学』第22号

・福田友之2018「青森県の考古学が始まったとき－神田孝平、明治19年夏の奥羽巡回旅行－」『青森県考古学』第26号

・福田友之・小野寺信也2019「二ツ森貝塚発掘調査概要」『青森県考古学』第27号

・福田友之・永嶋　豊・藤原弘明2004「青森市大浦貝塚出土の遺物について」『市史研究あおもり』 7

・福田友之・福井敏隆2015「弘前市立弘前図書館所蔵の神田孝平から下澤保躬にあてた書簡」『弘前大学國史研究』第139号

・福羽美静1887「武藏多摩郡大澤村古穴」『東京人類學會雜誌』第 3 巻第22号

・藤沼邦彦2013「江戸時代の亀ヶ岡遺跡研究史」『青森県史 資料編 考古2 縄文後期・晩期』

・藤沼邦彦・小山有希1997「原始工芸・アイヌ工芸の研究としての杉山寿栄男（小伝）」『東北歴史資料館研究紀要』第23巻

・藤沼邦彦・深見　嶺・工藤清泰2008「蓑虫山人の「陸奥全国神代石古陶之図」と青森新聞の「第二回弘前博覧会縦覧の記」について」『亀ヶ岡文化雑考集（付・研究報告索引）』弘前大学人文学部日本考古学研究室研究報告 7

・藤沼邦彦・小川忠博編2006『ミニ特別展「亀ヶ岡文化の世界」図録』弘前大学人文学部日本考古学研究室研究報告 3

・船水　清1977『青森県の写真事始』北方新社

・船水　清1983『岩川友太郎伝』岩川友太郎伝刊行会

・平凡社1953『大人名事典 3 』

・法安桂子2019『幻の父を追って　早世の考古学者 中谷治宇二郎 物語』AN-Design＆Writing

・保坂三郎編1972『是川遺跡出土遺物報告書』八戸市教育委員会

・松浦武四郎著・吉田武三編1969『東奥沿海日誌〈付〉鹿角日誌』時事通信社

・松本彦七郎1919a「宮戸島里浜及気仙郡獺沢介塚の土器－附特に土器紋様論」『現代之科學』第 7 巻第 5 号　現代之科學社

・松本彦七郎1919b「宮戸島里浜及気仙郡獺沢介塚の土器－附特に土器紋様論（二）」『現代之科學』第 7 巻第 6 号

・松本彦七郎1919c「陸前國宝ヶ峰遺蹟の分層的小発掘成績」『人類學雜誌』第34巻第 5 号　東京人類學會

・松本彦七郎1919d「宮戸島里浜介塚の分層的発掘成績」『人類學雜誌』第34巻第 9 号

・松本彦七郎1919e「宮戸島里浜介塚の分層的発掘成績（續）」『人類學雜誌』第34巻第10号

・三沢市教育委員会1979「三沢市天狗森貝塚発掘調査概報」『考古風土記』第 4 号

・三田史学会1959『亀ヶ岡遺蹟－青森県亀ヶ岡低湿地遺蹟の研究－』有隣堂出版

・簑虫1887「陸奥瓶岡ニテ未曾有ノ発見　津輕ノ簑虫翁ノ手束」『東京人類學會報告』第 2 巻第16号

・宮坂光次1930「青森縣是川村一王寺史前時代遺跡發掘調査報告」『史前學雜誌』第 2 巻第 6 号

・村木　淳・小久保拓也2009「中居遺跡」『新編八戸市史　考古資料編』八戸市

・村越　潔1964「東北北部の新石器時代における海岸線の浸進に関する試論」『弘前大学教育学部紀要』第13号

・村越　潔1968「浮橋貝塚」『岩木山－岩木山麓埋蔵文化財発掘調査報告書』岩木山刊行会

・村越　潔1970「永禄日記」『月刊考古ジャーナル』No.43　ニュー・サイエンス社

・村越　潔1974『円筒土器文化』雄山閣考古学選書10

・村越　潔1975「大森勝山遺跡」『日本の旧石器文化　第2巻　遺跡と遺物（上）』雄山閣

・村越　潔1977『原始時代の人と生活』青森県の文化シリーズ11　北方新社

・村越　潔1980「青森県の貝塚」『長七谷地貝塚遺跡発掘調査報告書』青森県埋蔵文化財調査報告書第57集

・村越　潔1982『青森県考古学関係文献目録』青森県教育委員会

・村越　潔1987「亀ヶ岡遺跡の成因」『論争・学説　日本の考古学第3巻　縄文時代Ⅱ』雄山閣出版

・村越　潔2001「津軽の原始時代」『新編　弘前市史　通史編1（自然・原始）』弘前市

・村越　潔2007『青森県の考古学史－先覚者の足跡を尋ねて－』弘前大学教育学部考古学研究室OB会

・村越　潔・渡辺兼庸・田村誠一・磯崎正彦1968「大森勝山遺跡」『岩木山－岩木山麓古代遺跡発掘調査報告書』岩木山刊行会

・百石町教育委員会1974『百石町日ヶ久保貝塚発掘調査報告書』百石町文化財調査報告書第1集

・森山泰太郎1961「閑雲手簡（1）」『郷土誌　陸奥史談』第31輯　陸奥史談会

・森山泰太郎1962「閑雲手簡（2）－下澤保躬（閑雲）から羽柴雄輔（古香）への手紙－」『郷土誌　陸奥史談』第32輯

・森山泰太郎編1976『陸奥の伝説』第一法規

・八木奘三郎1894「本邦諸地方より發見せる石器の種類」『東京人類學會雑誌』第9巻第95号

・八木奘三郎1897「共同備忘録」『東京人類學會雑誌』第13巻第139号

・八木奘三郎・下村三四吉1894「下総國香取郡阿玉台貝塚探究報告」『東京人類學會雑誌』第9巻第97号

・八木沢誠次・工藤　正1961『猿賀出土古銭について』単（ガリ刷）

・山形県1969『山形県史　資料11篇　考古資料』

・山内清男1929「関東北に於ける繊維土器」『史前學雑誌』第1巻第2号

・山内清男1930「所謂亀ヶ岡式土器の分布と縄紋式土器の終末」『考古學』第1巻第3号　東京考古學會

・山内清男1932「日本遠古之文化三－縄紋土器の終末」『ドルメン』第1巻第6号　岡書院

・山内清男1936a「日本考古学の秩序」『ミネルヴァ』第1巻第4号　翰林書房

・山内清男1936b「考古學の正道－喜田博士に呈す」『ミネルヴァ』第1巻第6・7号

・山内清男1937「縄紋土器型式の細別と大別」『先史考古學』第1巻第1号　先史考古學會

・山内清男1939『日本遠古之文化（新版・補註付）』先史考古學會

・山内清男1964「先史時代の概説（付表3）」『日本原始美術1　縄文式土器』講談社

・山内清男1967『山内清男・先史考古学論文集・第三冊』先史考古学会

・山内清男・佐藤達夫1967「下北の無土器文化－青森県上北郡東北町長者久保遺跡発掘報告－」『下北－自然・文化・社会－』（九学会連合下北調査委員会編）平凡社

・八幡一郎1930a「奥羽文化南漸資料」『考古學』第1巻第1号　東京考古學會

・八幡一郎1930b「奥羽文化南漸資料（二）」『考古學』第1巻第2号

・八幡一郎1930c「奥羽文化南漸資料（三）」『考古學』第1巻第3号

・横山由清1871『尚古図録』2編（斎藤編1979aに再録）

・吉田　格・直良信夫1942「青森縣相内村オセドウ貝塚」『古代文化』第13巻第2号　日本古代文化學會

・歴史図書社1973「津軽俗説選後拾遺」『新編青森県叢書』（二）（工藤白龍の寛政2～7年頃の著）

・若佐谷五郎兵衛2002「角田猛彦先生に就いて」『細越物語』第10号

・若佐谷五郎兵衛編1987『栄山小学校創立110周年校舎・体育館落成　記念誌』青森市立栄山小学校

・若林勝邦1889「陸奥龜岡探究記」『東洋學藝雑誌』第97号　東洋學藝社

・若林勝邦1893「陸奥國上北郡貝塚村貝塚調査報告」『東洋學藝雑誌』第146号

・和田萬吉1887「陸奥弘前下澤保躬氏ヨリノ来書」『東京人類學會報告』第2巻第16号
・渡辺兼庸1960「青森県における縄文文化研究の歴史と現況（一）」『東奥文化』第16号　青森県文化財保護協会
・渡辺　誠1970「青森県類家貝塚における自然遺物の研究」『古代學』第17巻第2号　（財）古代學協會

『英文』
・EDWARD S．MORSE 1879『SHELL MOUNDS OF OMORI』MEMOIRS OF THE SCIENCEDEPARTNENT，UNIVERSITY OF TOKIO』VOLUME I．PART I．THE UNIVERSITY．TOKIO, JAPAN（西岡編1967に再録）
・HIROSHI SONE 1929 On the Human Ruins and Relics of the Stone Age in the Natsudomari Peninsula,and Its Neighbourhood, Province of Mutsu Annual Report of the Work of Saito Ho-on Kai No.4.Sendai Japan
・Kashiwa Ohyama 1930「Korekawa-Funde」『史前學雜誌』第2巻第4号
・NEIL GORDON MUNRO, M．D．1908『PREHISTORIC JAPAN 』YOKOHAMA
・T．KANDA，TRANSLATED BY N．KANDA，B．A．1884『NOTES ON ANCIENT STONE IMPLEMENTS OF JAPAN』Printed by KOKUBUNSHA, TOKIO（斎藤編1979aに再録）

初 出 文 献

第Ⅰ章　　　　新稿。

第Ⅱ章第1節　「青森県の考古学が始まったとき－神田孝平、明治19年夏の奥羽巡回旅行－」（『青森県考古学』第26号、2018年）を一部改変。

第Ⅱ章第2節　「神田孝平書簡再説（承前）」（『青森県考古学』第27号、2019年）を一部改変。

第Ⅱ章第3節　「下澤保躬の考古学－『東京人類學會報告・雑誌』の記事を中心にして－」（『青森県考古学』第17号、2009年）を大幅に改変。

第Ⅱ章第4節　「上北考古学の先駆者、佐藤重紀－東京人類学会で活躍した会津出身の研究者－」・「上北考古学の先駆者、佐藤重紀（続報）」（『青森県考古学』第19・21号、2011・2013年）を大幅に改変・統合。

第Ⅱ章第5節　「奥羽人類学会と陸奥の考古家たち」（『青森県考古学』第18号、2010年）を大幅に改変。

第Ⅱ章第6節　「中谷治宇二郎の津軽－昭和3年夏の遺跡調査行－」（『海と考古学とロマン－市川金丸先生古稀記念献呈論文集－』市川金丸先生古稀を祝う会、2002年）を一部改変。

第Ⅲ章第1節　新稿。

第Ⅲ章第2節　「円筒土器文化研究史」（『青森県史　資料編　考古1』2017年）を大幅に改変。

第Ⅲ章第3節　「亀ヶ岡文化研究略史」（『考古風土記』第5号、1980年）を大幅に改変。

コラム1　「弘前で再発見された埴輪模型－坪井正五郎と関わりをもつ教材模型－」（『青森県考古学』第10号、1997年）を一部改変。

第Ⅲ章第4節　「青森県内の貝塚遺跡調査研究史」（『青森県内の貝塚遺跡群重点調査事業報告書』青森県埋蔵文化財調査報告書第606集、2019年）を大幅に改変。

コラム2　新稿。

第Ⅳ章第1・3・5・6節　新稿。

第Ⅳ章第2節　「亀ヶ岡発掘をめぐる人々」（『青森県考古学』第22号、2014年）を大幅に改変。

コラム3　「旧制弘前高等学校の考古学－小岩井兼輝の調査・研究－」（『弘前大学の考古学　弘大考古のあゆみとその成果』弘前大学人文社会科学部北日本考古学研究センター、2016年）を一部改変。

第Ⅳ章第4節　「明治～昭和初期の二ツ森貝塚調査と同貝塚文献目録－」（『青森県考古学』第23号、2015年）を大幅に改変。

第Ⅴ章第1・3・5節　新稿。

第Ⅴ章第2節　「亀ヶ岡遺跡関係文献目録」『私の考古学ノート』（弘前大学教育学部考古学研究室OB会、2008年）に追加。

第Ⅴ章第4節　「明治～昭和初期の二ツ森貝塚調査と同貝塚文献目録－」（『青森県考古学』第23号、2015年）に追加。

人名索引

図・写真図版

旧石器・縄文・弥生遺跡の調査・研究年表

年・月	できごと（調査・研究、学会・機関の創設など）
明和元（1764）年9月	板柳町三千石から石棒3点出土（『津軽編覧日記』八）
寛政8（1796）4月	菅江真澄、青森市三内で土器や土偶を見る（『栖家能山』）
寛政10年	菅江真澄、つがる市亀ヶ岡遺跡踏査（『追柯呂能通度』）
文政4（1821）、5年頃	菅江真澄、『新古祝甕品類の図』を著す
弘化元（1844）年9月	松浦武四郎、亀ヶ岡踏査、土器が出る旨記載（『東奥沿海日誌』1850年）
安政2（1856）年	平尾魯仙、『合浦奇談』を著す
明治9（1876）年	七戸町二ツ森貝塚の紹介（『新撰陸奥国誌』）
明治10年10〜11月	Ｅ．Ｓ．モース、東京大森貝塚発掘
明治11年秋頃	蓑虫（山人）が来県し、各地を遊歴し出土品などを画く、20年まで県内に滞在
明治12年7月	東京帝国大学、『SHELL MOUNDS OF OMORI』、12月に『大森介墟（古物）編』を刊行
明治13年3月	東京帝国大学構内（本郷弥生町）から弥生土器を発見
明治17年1月	神田孝平、『NOTES ON ANCIENT STONE IMPLEMENTS OF JAPAN』出版（明治19年4月に日本語版『日本大古石器考』出版）
明治17年10月	東京帝国大学学生の坪井正五郎ら「じんるいがくのとも」（のちの東京人類学会）を設立
明治19年2月	「人類学会報告」第1号の発刊、神田孝平は持主兼印刷人
明治19年6月	人類学会を東京人類学会に改称（昭和16年に、現在の日本人類学会に改称）
明治19年8月	神田孝平、東北地方を巡回中本県を訪れ、弘前で下澤保躬と佐藤蔀に会う
明治19年11月	佐藤蔀、本県初の東京人類学会会員になる
明治19年12月	下澤保躬、『東京人類学会報告』に県人初の報文（石皿）を発表
明治20年4月	蓑虫、亀ヶ岡遺跡を発掘
明治20年6月	亀ヶ岡遺跡の亀山地区で大型土偶を発見
明治20年7月	神田孝平、東京人類学会初代会長となり、『東京人類学会報告』を8月から『東京人類学会雑誌』、44年4月から『人類学雑誌』に改称
明治20年11月	佐藤蔀、亀ヶ岡遺跡発見の大型土偶図を『東京人類学会雑誌』に発表
明治21年秋・22年春	佐藤重紀、二ツ森貝塚を発掘
明治22年7月	若林勝邦（東京帝国大学）、亀ヶ岡遺跡を発掘
明治23年2月	佐藤蔀、坪井正五郎（東京帝国大学）の石器時代人コロポックル説に対しアイヌ説で反論
明治24年5月	坪井正五郎、亀ヶ岡遺跡の土偶の眼を「遮光器」と解す
明治26年1月	角田猛彦（細越小学校）、三内丸山遺跡の遺物を紹介
明治26年4月	若林勝邦、二ツ森貝塚を発掘
明治28年4月	「考古学会」（のちの日本考古学会）の設立
明治28年10月	佐藤伝蔵（東京帝国大学）、亀ヶ岡遺跡を発掘
明治29年5月	佐藤伝蔵、亀ヶ岡遺跡・田小屋野貝塚を調査
明治30年7月	東京帝国大学編『日本石器時代人民遺物発見地名表』の刊行（〜昭和3年の第5版まで）
明治30年10月	八木奘三郎（東京帝国大学）八戸市是川遺跡の土偶を『東京人類学会雑誌』に発表
大正6（1917）年9月	笠井新也（東京帝国大学）、青森市天狗平遺跡で石棺墓を発掘
大正9年11月	泉山兄弟、八戸市是川中居遺跡の発掘を始める
大正11年5月	石田収蔵（東京帝国大学）、青森市藤戸から発見された丸木舟を調査
大正12年6月	五所川原市オセドウ貝塚から人骨出土
大正14年5月	山内清男（東北帝国大学）、五所川原市オセドウ・笹畑遺跡を発掘
大正15年4月	長谷部言人（東北帝国大学）・山内清男、八戸市一王寺遺跡を発掘

昭和2（1927）年1月　　長谷部言人、『人類学雑誌』に「円筒土器文化」を発表

昭和2年8月　　曽根広（東北帝国大学）、平内町椿山海岸でエオリス（原石器）を発掘

昭和3年4月〜10年1月　　中村良之進・八郎（弘前）、『陸奥考古』1〜7を執筆・発行

昭和3年7・8月　　中谷治宇二郎（東京帝国大学）オセドウ・笹畑遺跡、田小屋野貝塚を発掘

昭和3年8月　　中谷治宇二郎ら本県の遺跡を調査、二ツ森貝塚も発掘

昭和4年4月　　大山史前学研究所、中居・一王寺遺跡を発掘

昭和4年4月　　山内清男（東北帝国大学）、円筒土器を下層4型式・上層2型式に分類（「関東北に於ける繊維土器」）

昭和5年5月　　山内清男、亀ヶ岡式土器を6型式に分類（「所謂亀ヶ岡式土器の分布と縄紋式土器の終末」）

昭和5年7月　　『史前学雑誌』第2巻第4号を是川研究号として刊行

昭和5年11月　　『史前学雑誌』第2巻第6号に一王寺遺跡発掘調査報告を発表

昭和7年1月　　是川中居出土品写真集『日本石器時代植物性遺物図録』（喜田貞吉・杉山寿栄男）刊行

昭和8年　　小岩井兼輝（旧制弘前高等学校）、亀ヶ岡遺跡を発掘

昭和8年11月　　喜田貞吉（東北帝国大学）、青森市山野峠の石棺墓を調査

昭和9年6月　　鳥居龍蔵、旧制弘前高等学校で講演

昭和11年2〜8月　　喜田貞吉と山内清男の間で「ミネルヴァの論争」

昭和12年1月　　山内清男、縄文土器の5期区分を発表（「縄紋土器型式の細別と大別」）

昭和13年8月　　角田文衛（京都帝国大学）、二ツ森貝塚を発掘し、翌年「榎林式土器」を設定

昭和14年8月　　白崎高保（東京の高校生）、中泊町深郷田遺跡を発掘し、16年7月「深郷田式土器」を設定

昭和19年6月　　亀ヶ岡石器時代遺跡・田小屋野貝塚、国史跡に指定

昭和23年4月　　日本考古学協会の設立（会長は藤田亮策）

昭和23年10月　　八幡一郎（資源科学研究所）、むつ市最花貝塚を発掘

昭和24年6月　　江坂輝弥（慶応義塾大学）、東通村物見台遺跡を発掘

昭和24年8月　　江坂輝弥、東通村ムシリ遺跡を発掘

昭和24・25年8月　　江上波夫（東京大学）・江坂輝弥、東通村吹切沢遺跡を発掘

昭和24年　　シカゴ大学リビー、放射性炭素年代測定法を開発（35年にノーベル化学賞受賞）

昭和24年9・10月　　杉原荘介（明治大学）ら、群馬県みどり市岩宿遺跡を発掘、旧石器出土

昭和25年8月　　文化財保護法が施行され、埋蔵文化財に関する規則が盛り込まれる

昭和25年8月　　清水潤三（慶応義塾大学）、つがる市亀ヶ岡遺跡を発掘

昭和26年3月　　江坂輝弥、八戸市白浜遺跡（縄文早期）を発掘

昭和28年10月　　清水潤三、青森市三内丸山遺跡を発掘（〜33年）

昭和28年6月　　杉原荘介（明治大学）、五所川原市藤枝溜池岸の旧石器調査

昭和30年3月　　青森県文化財保護協会の設立

昭和31年8月、33年8月　　六ヶ所村誌編纂委員会・東京大学佐藤達夫、三沢市早稲田貝塚を発掘

昭和31年10月〜37年8月　　青森県文化財保護協会八戸支部、『奥南史苑』第1〜6号発行

昭和31年8・9月　　江坂輝弥、八戸市赤御堂遺跡（縄文早期）を発掘

昭和32年2月　　つがる市亀ヶ岡遺跡出土の遮光器土偶、重文に指定（19日付）

昭和32年7月　　八戸市是川石器時代遺跡、国史跡に指定

昭和32年8月　　江坂輝弥、八戸市日計遺跡（縄文早期）を発掘

昭和33年7月　　村越潔、弘前大学教育学部に着任（〜平成7年3月）

昭和33年10・11月　　伊東信雄（東北大学）、田舎館村垂柳遺跡を発掘、炭化米発見

昭和33〜35年　　弘前市教育委員会、弘前市大森勝山・十腰内遺跡など岩木山麓遺跡群を緊急発掘

昭和35年6月　　芹沢長介（明治大学）『石器時代の日本』を刊行、砂沢式土器設定

昭和37年4・10月　　中里町誌編纂委員会、中泊町深郷田遺跡（縄文前期）を発掘

昭和37年8月　　佐藤達夫（東京国立博物館）ら、東北町長者久保遺跡を発掘

昭和37年8月　　青森県教育委員会、七戸町二ツ森貝塚を発掘

昭和37年12月　　山内清男（成城大学）、縄文早期を2分し、早期前半を草創期に区分（山内・佐藤「縄紋土器の古さ」）

昭和39年３月	山内清男、縄文草創期を加えた縄文式６期区分を発表、江坂輝弥、円筒上層ｃ・ｄ式設定（『日本原始美術』１）
昭和40年３月	村越潔、五所式土器（続縄文）を設定
昭和40・44年	森田村（現つがる市）教育委員会、つがる市石神遺跡（縄文前・中期）を発掘
昭和41年４月	伊東信雄（東北大学）、むつ市二枚橋遺跡（続縄文）を発掘
昭和43年４月〜平成９年10月	平山久夫、『北奥古代文化』第１〜26号発行
昭和43年９月	磯崎正彦（平安博物館）、十腰内第Ⅰ〜Ⅵ群土器の分類発表（『岩木山』）
昭和45年３月	江坂輝弥、円筒上層ｅ式設定（『石神遺跡』）
昭和46年12月	青森県考古学会の設立
昭和47年４月	青森県教育委員会社会教育課に埋蔵文化財担当者配置、６月から六ヶ所村の試掘調査
昭和48年４月	青森県教育委員会文化課（社会教育課から独立。平成13年度から文化財保護課）発足
昭和48年９月	青森県立郷土館の開館
昭和51・52年	青森県立郷土館、外ヶ浜町大平山元Ⅰ遺跡を発掘、縄文草創期遺物出土
昭和51・52年９月、53年８〜９月	青森県立郷土館、外ヶ浜町宇鉄遺跡（続縄文）を調査
昭和52・53年	青森県立郷土館、大平山元Ⅱ遺跡を発掘、旧石器出土
昭和52・53年	青森県教育委員会、八戸市長七谷地貝塚を発掘、のちに保存決定
昭和55年７月	青森県埋蔵文化財調査センターの開所
昭和56年５月	長七谷地貝塚、国史跡に指定
昭和56年10月	青森県教育委員会、垂柳遺跡を試掘し弥生水田跡発見（57・58年、本格調査）
昭和59〜63年	弘前市教育委員会、弘前市砂沢遺跡を発掘、弥生水田跡等発見
昭和62年	青森県埋蔵文化財調査センター、六ヶ所村表舘(1)遺跡を発掘、縄文草創期土器出土
昭和63年５〜７月	八戸市教育委員会、赤御堂遺跡（縄文早期）を発掘

平成４（1992）〜６年	青森県埋蔵文化財調査センター、青森市三内丸山遺跡を発掘、県は６年に工事を中止し、保存を決定
平成５年９月	国立歴史民俗博物館、七戸町森ヶ沢遺跡（続縄文）を発掘
平成７年１月	青森県教育委員会文化財保護課に三内丸山遺跡対策室設置（現三内丸山遺跡センター保存活用課）
平成７年３月	青森市小牧野遺跡、国史跡に指定
平成９年５〜10月	青森県埋蔵文化財調査センター、八戸市櫛引遺跡（縄文草創期）を発掘
平成10年１月	七戸町二ツ森貝塚、国史跡に指定
平成10年４月	弘前大学人文学部（28年から人文社会科学部）に考古学講座開設
平成12年４月	田舎館村垂柳遺跡、国史跡に指定
平成12年11月	三内丸山遺跡、国特別史跡に指定（国史跡指定は平成９年３月）
平成14年３月	『青森県史』（別編 三内丸山遺跡、資料編 考古４・３・２・１の順に）の刊行開始
平成14年〜令和元年	慶応義塾大学、東通村安部遺跡（尻労安部洞窟・旧石器）を発掘
平成16年５〜10月	八戸市教育委員会、田向冷水遺跡（旧石器）を発掘
平成16年７〜11月	青森県埋蔵文化財調査センター、東北町東道ノ上(3)遺跡（縄文前期貝塚）を発掘
平成20年９月	「北海道・北東北の縄文遺跡群」、世界文化遺産登録国内候補「暫定リスト」に入る
平成21年７月	八戸市風張(1)遺跡出土の土偶（合掌土偶）、国宝に指定（10日付）
平成22年７月	縄文時遊館に「さんまるミュージアム」開館（31年４月、三内丸山遺跡センター発足）
平成23年７月	八戸市埋蔵文化財センター是川縄文館の開館
平成24年９月	弘前市大森勝山遺跡、国史跡に指定
平成25年３月	外ヶ浜町大平山元遺跡、国史跡に指定
平成29年３月	『青森県史資料編 考古１』の刊行で資料編完結
平成30年３月	『青森県史通史編１〜３』の刊行で県史完結
令和元（2019）年７月	「北海道・北東北の縄文遺跡群」、世界文化遺産登録国内候補に決定

年表（旧石器・縄文〜古代・中世）

西暦年	時代区分	時期	細分	県内の主な遺跡
B.C.13,000	旧石器	後　期		外ヶ浜町大平山元II・III、つがる市丸山、東通村安部、三沢市五川目(6)、八戸市田向冷水
B.C.9,000	縄　文	草創期		外ヶ浜町大平山元I、東北町長者久保(2)、六ヶ所村表舘(1)、八戸市櫛引
		早　期	前　葉	鰺ヶ沢町平野(2)、八戸市日計
			中・後葉	青森市蛍沢、東通村物見台・吹切沢・ムシリ、三沢市早稲田(1)・野口、八戸市白浜・赤御堂・長七谷地
B.C.4,500		前　期	前　葉	八戸市長七谷地
B.C.3,900			中・後葉	つがる市田小屋野、青森市三内丸山、東北町東道ノ上(3)、七戸町二ツ森、八戸市一王寺
B.C.3,600		中　期	前　葉	青森市三内丸山、つがる市石神、七戸町二ツ森
			中・後葉	青森市三内丸山、むつ市最花、東北町古屋敷、七戸町二ツ森、六ヶ所村富ノ沢(2)、八戸市松ヶ崎
B.C.2,200		後　期	前　葉	八戸市韮窪、弘前市十腰内(2)、青森市小牧野・山野峠
			中・後葉	弘前市十腰内(2)、八戸市風張(1)
B.C.1,200		晩　期	前　葉	弘前市大森勝山
			中・後葉	つがる市亀ヶ岡、五所川原市五月女萢、西目屋村川原平(1)、平川市八幡崎(1)、八戸市是川中居
B.C.500	弥　生 （続縄文）	前　期		弘前市砂沢、南部町剣吉荒町、八戸市風張(1)・是川中居
A.D. 0		中・後期		田舎館村垂柳・高樋(3)、外ヶ浜町宇鉄、むつ市二枚橋・板子塚、東通村念仏間、六ヶ所村大石平
200	古　墳 （続縄文）			青森市細越館、七戸町森ヶ沢、八戸市田向冷水
600	飛　鳥 ・奈　良			おいらせ町阿光坊古墳群・中野平、八戸市根城・丹後平古墳群、平川市原古墳・李平下安原、むつ市大平(4)
800	平　安			田舎館村前川、鰺ヶ沢町杢沢、六ヶ所村発茶沢(1)、八戸市和野前山、五所川原市五所川須恵器窯跡、青森市高屋敷館
1,100	鎌　倉			弘前市中崎館
1,300	南北朝			五所川原市十三湊
1,400	室　町			青森市浪岡城跡、東通村浜尻屋貝塚、南部町聖寿寺館跡、八戸市根城跡
1,500				
1,600	戦　国			弘前市堀越城跡

※年代は較正暦年代、B. C. は紀元前、A.D. 0 は紀元後 0 年を表す。

著者略歴

福田　友之 （ふくだ　ともゆき）

　弘前市生まれ。1972年、東北大学大学院文学研究科修士課程修了。73年から北海道教育委員会、79年から青森県教育委員会職員。前青森県考古学会長・青森県文化財保護審議会委員・青森県史編さん考古部会長。

おもな著作

『海を渡った縄文人』小学館、1999年（共著）

『新青森市史　通史編第1巻　原始・古代・中世』青森市、2011年（共著）

『青森県の貝塚－骨角器と動物食料－』北方新社、2012年

『津軽海峡域の先史文化研究』六一書房、2014年

『青森県史 通史編1　原始 古代 中世』青森県、2018年（共著）

『東北北部先史文化の考古学』同成社、2018年

青森県の考古学史ノート
－研究者たちと先史遺跡の記録－

令和2年7月31日発行

著　者　　福田友之

発　行　　㈲北方新社

〒036-8173　弘前市富田町52
Tel.0172－36－2821

印刷・製本　　㈲小野印刷所

ISBN978-4-89297-275-1 C1020